Джеймс Алисон

ВЕРА БЕЗ ГОРЕЧИ:

фрагменты о католичестве и гомосексуальности

Данный перевод английского издания книги Джеймса Алисона *Faith beyond Resentment: fragments Catholic and Gay* публикуется с согласия издательства *Darton, Longman and Todd Ltd.*

Алисон Джеймс
Вера без горечи: фрагменты о католичестве и гомосексуальности / Пер. с англ. — Лондон: Skaryna Press, 2024. — xvi + 205 с.

ISBN 978-1-915601-32-2 (печатная книга)
ISBN 978-1-915601-35-3 (электронная книга)

Перед нами оригинальный взгляд на христианскую веру одного из ярчайших и интереснейших богословов современности. Джеймс Алисон, чьи работы по основополагающим проблемам католического богословия получили широкое признание, в книге «Вера без горечи» предлагает читателю такое видение христианства, которое побуждает к действию и освобождает сознание, это взгляд глубоко личный, хотя в основе его и лежит церковная традиция. Эта книга обращена к людям, независимо от их происхождения, общественного положения и вероисповедания, в ней обсуждаются вопросы религии во времена, когда вдруг становится явным то, что так тщательно скрывалось.

© James Alison, 2001
© Skaryna Press, 2024

Потрясающая книга. Джеймс Алисон – настоящий глоток свежего воздуха для католического богословия. В его «Фрагментах» внимательный и сочувствующий читатель найдет и откровение, и вдохновение, и вызов.

Энда Макдонах

Многочисленные поклонники Джеймса Алисона найдут в этой книге немало нового, а также все то, к чему привыкли: остроумие, ясность, глубину и непредсказуемость.

Роуэн Уильямс

Как и все книги Джеймса Алисона, «Вера над обидами и возмущением» почти пугающе проникновенна. Как настоящий последователь Жирара, Алисон анализирует тексты, и эти тексты взяты из Священного Писания. Его прочтение готовит нас к долгому и трудному пути навстречу жизни, свободной от злобы, и тем самым к пониманию того, как перенаправить споры о гомосексуальности из русла «мы в отличие от них» в русло «мы в сравнении с нами». Взглянув на проблему в такой перспективе, мы научимся принимать свое спасение во Христе.

Стэнли Хауэрвас

Затронуть самую суть жизни и найти единственно верные слова, чтобы выразить ее, – это необыкновенно. Делать это снова и снова – гениально. Алисону это удается. Очевидная правда состоит в том, что страх перед желанием создает особый «нравственный» мир хороших (поддающихся чувству страха) и плохих людей (в которых это чувство опасно ослаблено). Эти два мира существуют один за счет другого. Иисус не испытывает страха перед желанием и своим учением и деяниями стремится пробудить эту свободу от страха в людях, чтобы желание их было таким, каким должно быть: любовью, стремящейся реализоваться. Поэтому Христа распяли и распинают до сих пор. Мир не желает принимать Бога таким, каким нам показывает Его Иисус. Проблема геев не дает покоя церкви прежде всего потому, что подразумевает одобрение Иисусом желания. Ни в одной из сфер морали страх перед желанием не имеет такой силы, вследствие чего верховная власть приблизилась, насколько это возможно (несмотря на анафему Тридентского собора), к тому, чтобы назвать желание гомосексуалов проявлением зла. Гомофобия – это, по сути, эрофобия.

Себастьян Мур

Джеймс Алисон – самый замечательный богослов, которого я читаю уже целую вечность, он отличается как смелостью, так и интеллектуальной мощью... Давид перед Голиафом!

Моника Фарлонг

faith beyond resentment:
fragments catholic and gay

James Alison

DARTON·LONGMAN+TODD

Содержание

Ссылки и благодарности vii
Введение ix

Часть первая
ВЧИТЫВАЯСЬ В ТЕКСТ

1 Слепой от рождения и переосмысление понятия греха 3
2 Богословие среди камней и праха 25
3 Иисус ставит Бога на уровень братства 51
4 С брызгами по берегу к Ниневии 79
5 Продолжая путь: превращение гнева изгнанника в любовь...... 97
6 Одет и в здравом уме 115

Часть вторая
В ПОИСКАХ ГОЛОСА

7 Назвать Иисуса Господом: исповедь ученика Жирара 133
8 Чтобы не соблазниться 150
9 В поисках сюжета 169
10 Никодим и юноши на площади 182

Указатель 203

Ссылки и благодарности

Первая глава — это версия лекции, написанной в Чикаго и прочитанной в Коста-Рике в мае 1995 года. Позднее она была опубликована на английском языке в журнале *Contagion* 4 (весной 1997 года), а также в *Theology and Sexuality* 7 (в сентябре 1997 года) и приводится здесь с любезного позволения обоих издателей.

Вторая глава — это версия лекции, написанной в Шревепорте и прочитанной в Мексике в ноябре 1997 года. Впервые она была опубликована в журнале *Theology and Sexuality* 11 (в сентябре 1999 года) и приводится здесь с любезного позволения издателя.

Третья глава была написана в Чикаго в январе 1997 года и дополнена в Рио-де-Жанейро в июле 2000 года.

Четвертая глава — измененная версия лекции, написанной и прочитанной в Лондоне в марте 1999 года. Она была опубликована в *Contagion* 7 (весной 2000 года) и приводится здесь с любезного позволения издателя.

Пятая глава — версия речи, написанной в Сантьяго-де-Чили и прочитанной в церкви Святого Григория Нисского в Сан-Франциско в октябре 1999 года.

Шестая глава — измененная версия речи, написанной в Сантьяго-де-Чили и прочитанной в Эдинбурге в мае 2000 года.

Седьмая глава — версия доклада, подготовленного в Сантьяго-де-Чили для коллоквиума по вопросам насилия и религии, проводившегося в мае-июне 2000 года в Бостонском колледже.

Восьмая глава была написана в Лондоне в августе 1999 года и дополнена в Рио-де-Жанейро в августе 2000 года.

Девятая глава была написана в Сантьяго-де-Чили и зачитана на форуме по вопросам насилия в Вудсайде, штат Калифорния, в октябре 1999 года.

Десятая глава была написана в Рио-де-Жанейро в августе 2000 года.

Введение

«Как сделать так, чтобы мои братья смогли разделить со мной все это богатство? — должно быть, думал Иосиф, облачаясь в одежду египетского визиря. — Скорее всего, они считают, что я уже мертв, да и не этого ли они хотели? Они далеко, и даже если бы они чудом, какие обычно случаются в библейских притчах, направили свой тяжкий путь через пустыню из Ханаана в Египет, они, должно быть, все так же завистливы и преисполнены братоубийственной ненависти, как и прежде, и поэтому испугаются, увидев меня. Братья решат, что я желаю отомстить им, и не смогут открыться мне, чтобы получить все то, что я хочу им дать. Сказать им, что мы были неправы, — значит отплатить им той же монетой. Не сказать ничего — значить счесть их безнадежными и лишить их настоящей радости, наполняющей сердце, которая поможет нам стать настоящими братьями. Что мне делать?».

Я не уверен, что какое-нибудь менее значительное начало было бы достойно работы, посвященной проблеме геев, которые только начинают обретать способность осуществлять дар веры. Положение официально мертвого человека, который, лишившись всего и пройдя через тяжкое обучение и тюрьму в неведомом ему государстве, без чьей-либо помощи получил столь почетную должность и богатство, что теперь должен придумать, как поделиться им с другими. Именно это я имел в виду, когда назвал книгу «Вера над обидами и возмущением». Иосиф пользовался щедростью фараона, как будто не было преград на его пути к этому посту. Он был настолько свободен от любых обид, что смог придумать великодушный и надежный план для примирения со своими братьями и осуществить его так, чтобы они наконец все поняли, преодолели проблему, связанную с братоубийством, и помирились.

В своей книге я также пытаюсь поделиться богатством полного отсутствия чувства обиды, к которому я стремлюсь. И все же реальность не совсем соответствует нашим желаниям. Не думаю, что в душе Иосифа не было ни капли обиды, когда братья продали его в рабство. По дороге в Египет у него было время на раздумья, и все легко могло обернуться жестокостью, обидой и отчаяньем. У него были причины ожесточиться и тогда, когда работа, которую он считал надежной, оказалась ловушкой, устроенной ему женой его хозяина Потифара. Терпению любого человека пришел бы конец за время долгого и незаслуженного тюремного заточения. Тем не менее именно во время этих испытаний Иосиф осознал, насколько любим, и понял, что никто из тех людей, кого он имеет полное право ненавидеть, на самом деле не достоин столь сильного чувства. Он пошел еще дальше, достигнув такой свободы, что научился желать не мести, а постоянного прощения как дара делать человечными других.

Я назвал страницы этой книги «фрагментами», потому что именно из них и состоит процесс освобождения от чувства обиды. Свобода от чувства обиды, которую я описал, — это мечта, но процесс освобождения от нее — реальность. Книга, которую вы держите в руках, доказывает, что мне не удалось полностью осуществить то, что я планировал: написать гармоничный и совершенный трактат об освобождении сознания геев. Вместо этого мне пришлось остановиться на самом процессе освобождения сознания. Каждая глава — своего рода привал на караванном пути в Египет, несколько часов, свободных от службы в доме Потифара, время, проведенное в темнице.

«Фрагменты» — хорошее слово, какие любят употреблять богословы и другие ученые, отличающиеся своего рода профессиональной скромностью. То же самое касается названий, начинающихся с «О…» («О новом представлении…», «О радикальном переосмыслении…»). Но за словом «фрагменты» скрывается и нечто отрицательное: оно означает разрушение, раскол, нарушенные обещания, нарушенную способность улавливать смысл. И если написанное не состоит действительно из разрозненных частей, то профессиональная скромность — это просто кокетство. Найти осколки и попытаться соединить их — это одно. Найти себя среди соединяемых осколков — совсем другое.

И в моей книге есть эта фрагментарность, разрозненность. Мне не удалось ее преодолеть, мне не помогло ни мое богословское образование, ни претензия на начитанность. Если бы я этого избежал, то наверняка написал бы свою «гармонично прекрасную книгу об освобождении сознания геев», но она была бы фальшивой.

ВВЕДЕНИЕ

Нет ничего прекрасного в том, чтобы принадлежать к кругу лиц, который с исторической, социальной и богословской точек зрения рассматривался, в лучшем случае, как достойный осмеяния, а в худшем — как порочный. Боюсь, что любое проявление изысканности на страницах этого произведения — признак неудавшейся попытки встать на место гомосексуалов и говорить с их позиции, избавиться от остатков показного искаженного отрицания и позволить вместо этого появиться словам из непроизносимого, неприемлемого, омерзительного. Говорить красивые речи, находясь в пространстве, оскверненном убийством, суицидом и ложью, — просто-напросто дерзость. Не говорить ничего вовсе, не попытаться отнестись с сочувствием к чужим утратам и боли, робко вымолвив слова прощения, которые люди, лишенные голоса, не могут произнести, — значит поддаться отчаянию. Это нужно делать, даже если мне снова и снова недостает нужной силы и глубины прощения.

Мой жизненный опыт до написания этой книги нельзя назвать историей непрекращающейся борьбы с деспотизмом католического учения. Я вырос в консервативной семье среднего класса, в английской протестантской среде. Дар католической веры, которую я принял в возрасте восемнадцати лет, не был стремлением к экзотике, богослужению или эстетизму. Он был и остается даром, позволяющим мне ошибаться, не беспокоясь из-за этого, ошибаться, чтобы быть любимым. Я не припомню, чтобы католичество само по себе порождало великое уничтожение жизни, которое сопровождало однополые связи в монотеистическом мире и за его пределами, как бы сильно католичество ни способствовало ему, и как бы сильно оно ни испытывало нехватку мужества, чтобы противостоять этому уничтожению там, где следовало бы. До принятия католической веры я жил в этом уничтожении, безмолвно и униженно. Я воспринимал его как пустоту, созданную и поддерживаемую молчаливым согласием праведной ненависти. Потому что ненависть может породить лишь пустоту, и она не способна ошибаться. Моя же пустота была пустотой основательной английской респектабельной ненависти, которая казалась мне естественной в детстве, в 60 — 70-е годы, и именно она сформировала мою сущность, которую вера изменила навсегда. Ведь, несмотря на то что ненависть неисправимо праведна, даже у таких уверенных в своей правоте ненавистников, вроде меня, может быть сердце.

Католическая вера не просто спасла меня от самоубийства, но шаг за шагом давала мне средства и слова, необходимые для того, чтобы погрузиться в проблему великого истребления жизни, вжиться в нее и начать обезвреживать хотя бы для себя, но, надеюсь, и для других тоже. Этот дар позволил мне начать понимать, как можно найти утешение в жизни гея, как любить и сохранять достоинство, которого мы были лишены веками. Я считаю, что это открытие со временем будет становиться всеобщим достоянием. Поэтому в данной книге вы не найдете противостояния католической вере. Хотя, вас, как и меня, возможно, изумит тот факт, что самые глубокие и непреложные элементы веры будут указывать в направлении, противоположном тому, на котором так упорно настаивают ревностные хранители ее догм.

Я хочу рассказать вам историю не о протесте и не о героизме. Скорее это рассказ о незавершенном странствии в поисках бытия, странствии, в котором Католическая церковь предоставляет все средства, чтобы можно было совершить это открытие как благодаря, так и вопреки собственной структуре. Судьба преподнесла мне настоящие дары, давшие возможность ненавистнику, который мог легко превратиться в священника, испытывающего отвращение к самому себе, или в кабинетного политика-гомофоба, стать автором этих страниц. Я благодарен судьбе за то, что, кроме дара католической веры, она дала мне возможность присоединиться к монашескому ордену, который принял меня, когда я пребывал на грани отчаяния, научил меня богословию и вооружил необходимыми знаниями, благодаря которым я смог понять, что вера дается нам не для того, чтобы мы могли «принадлежать церкви», а для того, чтобы мы осознали и полюбили человеческую жизнь. Затем мне посчастливилось познакомиться с идеями Рене Жирара, благодаря которым я постиг структуру христианства и в конце концов обрел мужество для того, чтобы переосмыслить его, как оказалось, неожиданно традиционным способом. Именно идеи Рене Жирара легли в основу этой работы и позволили мне не испытывать чувства страха при погружении в мир ненависти, от которого я всегда пытался убежать. Мне не было страшно, потому что я понял, что за мирным пребыванием в этом пространстве придет Слово Божье. Когда мое мужество окрепло, я получил дар отречения от североамериканской ветви монашеского ордена, в котором я в то время состоял. Именно во время этого отречения я осознал, что Господь никак не связан с религиозным принуждением. Настало время выйти из-под укрытия, в котором я скрывался, и наконец стать тем, кем я не решался быть все это время.

ВВЕДЕНИЕ

Даже после отречения я все еще колебался в душе и в это время получил дар, оказавший на меня самое большое влияние. Мой любимый человек умер от СПИДа. Гораздо больше его неожиданной и скоропостижной кончины меня потрясло понимание того, что в нашей любви не было ничего дурного, извращенного, глупого или ложного. Осознание этого пришло сразу после его смерти. Эта любовь была настоящей. И это означало, что мне больше негде было укрыться. Я не мог больше поддаваться трусости и потворствовать клевете на любовь. Я должен был двигаться дальше.

Здесь начинается книга. Я писал ее в течение шести лет после смерти Лаэрцио. В те годы я только начинал свою взрослую жизнь, испытывая сначала робость и неуверенность, затем все большее удовольствие от своей самостоятельности. Периоды безработицы и поиска рабочего места сменялись трудовыми буднями, у меня был счет в банке, и я влезал в долги, выпутывался из них, пытался осесть в деревне, не смог, и снова пытался. В те годы я старался научиться оставаться верным призванию богослова, хоть и не принадлежал при этом ни к одному академическому или церковному учреждению. Это было время, когда я пытался понять, что значит быть священником в изгнании. Это еще одна причина, по которой я могу предложить вам только фрагменты: за шесть лет я переезжал из страны в страну семь раз, и у меня был только один восьмимесячный перерыв на работу со своими книгами. В результате получилось гораздо меньше ссылок, чем обычно принято указывать в богословских книгах.

Семь из десяти глав были предназначены для особой аудитории, остальные либо написаны специально для этой книги, либо адаптированы для нее. Я разместил их в строго хронологическом порядке, поскольку надеюсь, что вам удастся проследить какое-то развитие, что-то вроде постепенного бесстрашного погружения и личного вживания в текст — опыта, который так легко прочесть стороннему человеку. Это своего рода развитие голоса. Я разделил главы на две части. В первой содержится ряд попыток рассмотреть библейские тексты с такого ракурса, чтобы они будоражили воображение и вызывали ассоциации, помогающие нам участвовать в процессе возрождения жизни. Вторая часть появилась, когда я осмелился подумать, что должен научиться говорить за себя, и такой подход, как я считаю, будет становиться все более важным для богословия, написанного геями, когда наше сознание на самом деле освободится. Неуверенность, осторожность первых попыток заявить о своей позиции будут очевидны.

ВВЕДЕНИЕ

Что я стремлюсь донести до вас через эти страницы? Надеюсь, вы поймете, что вашу веру не так легко осквернить, что вам легче обрести спокойствие и позволить себе быть любимыми, что вы еще больше осознаете величайшую милость Господа, который воплотился и поселился среди нас, милость, которая, возможно, проявится по-новому по отношению к геям и лесбиянкам.

Когда я говорю в этой книге «католический», я имею в виду не только «римо-католический», но и «христианский». Когда я говорю «церковь», я имею в виду не только «юридическую структуру», но просто «людей, преданных Богу». Когда я говорю «геи», я иногда включаю в это понятие еще и лесбиянок, а иногда даже «натуралов». В каждом из случаев я связан со своей социальной группой, и только сторонний человек может разглядеть границы моей свободы от обстоятельств. В тех редких случаях, когда я использую слово «гомосексуал», оно почти всегда стоит в кавычках. В этом слове есть что-то непременно указывающее на «них», а в этой книге мы попытаемся прийти к «нам».

Вследствие того что мой доступ к книгам за последние шесть лет был весьма ограничен, я обязан людям, поддерживавшим меня, гораздо больше, чем другим авторам. Это те, кто, приглашая меня к разговору, а в некоторых случаях рискуя ради этого собственной репутацией, не дали угаснуть моему призванию: Амандо Роблес и Карлос Мендоса из ордена проповедников, Мартин Пендергаст, Марк Лодико, преподобный Дональд Шелл, Роберт Хамертон-Келли, преподобный Ричард Киркер, Роберт Дейли из Общества Иисуса. Я очень благодарен своим друзьям, которые оказывали мне поддержку, беседуя со мной, проявляя гостеприимство, помогая в финансовом плане, когда мне казалось, что я брошен на произвол судьбы в открытом море. Это отец Себастиан Мур из ордена св. Бенедикта, Дэвид Отто, Дон и Марина Дюпре, Мико и Дороти Гедройц, доктор Джиллиан Вайтс, отец Питер Харрис, преподобный Роджер Ройл, Дезире Хоуеллс, преподобный Роберт Уиггс, Джим Дэвис, преподобный Эрик Джеймс, преподобный Кенли Макхейл, Альфредо Дореа из Общества Иисуса. Другие сотрудники постоянно снабжали меня информацией, делились рассказами из собственной жизни и вдохновляли меня своим трудом и любовью: Джули Шинник, Питер Макглинн, Мари-Шарлотта Буессо, Анхель Мендес, Даниель Уллоа и Джерри Клитор из ордена проповедников, Нельсон Гонсалес, преподобный Пол Нюштерлайн, Марчело Итурриета, Гектор Тапия. Другие друзья помогли появиться этой книге на свет, отредактировав ее так, чтобы хроническая

ВВЕДЕНИЕ

неуверенность автора в себе не проявлялась в еще большей степени, чем это есть на самом деле: Эндрю и Кэтлин Маккенна, в доме которых была написана одна из глав и отредактированы многие другие, Мэри Гроув, Юджин Роджерс, Анджела Уэст, Брюс Уильямс из ордена проповедников, Линда Хоган, Диана Калбертсон из ордена проповедников, и особая благодарность — Майклу Келли. Гленн Брукс и Хосе Луго Рейес сделали для меня больше, чем могут себе представить, научив братству, идеи которого я попытался передать на этих страницах. Никто из этих людей не несет ответственности за недостатки книги, которую вы держите в руках.

Я также должен выразить огромную благодарность Брендану Уолшу и Барбаре Джеймс, моим друзьям, которые не раз предоставляли мне крышу над головой. Говоря об издании литературы на религиозные темы, можно отметить, что лучше всего продаются книги гневные, обличающие и проповедующие теории заговоров. Поэтому книга, в которой сочетаются богословие, католичество, проблемы священников, геев, Ватикана и т. д., обещала принести немалый доход. Однако Брендан и его команда в «Дартон, Лонгман и Тодд» столкнулись с тем, что все эти самые ходовые ингредиенты были смешаны автором, не верящим в теорию заговоров, стремящимся избежать скандалов и считающим, что его собственная работа настолько же не представляет ценности, насколько выражает чувство обиды. Одним словом, это полная противоположность выгодной сделке. Но данное обстоятельство их не смутило.

Эта книга посвящается памяти моего друга и одноклассника, отца Бенджамина О`Салливана, монаха Амплфортского аббатства, который покончил с собой в 1996 году. Пусть его молитвы принесут частицу его заразительной радости тем, кто больше всех в ней нуждается, и надеюсь, что эта книга вас не разочарует.

Рио-де-Жанейро, август 2000 г.

Часть I
Вчитываясь в текст

Глава первая

СЛЕПОЙ ОТ РОЖДЕНИЯ И ПЕРЕОСМЫСЛЕНИЕ ПОНЯТИЯ ГРЕХА

Введение

Мне хотелось бы разобрать вместе с вами девятую главу Евангелия от Иоанна. Причем наше прочтение будет состоять не просто в том, что я буду пояснять те или иные отрывки, а в том, что мы попытаемся рассмотреть текст с иного ракурса. Мы будем спрашивать себя: «Кто произносит те или иные слова?», «Чью точку зрения мы разделяем?» И цель такого подхода — подтолкнуть всех нас к тому, чтобы начать задумываться о некоторых вопросах общечеловеческой морали, о том, как мы рассуждаем о них или как мы живем, соблюдая эти нормы более или менее последовательно, и считаем их правильными. Я не обещаю, что вы совершите великие открытия, потому что это экспериментальный подход к предмету. Мне также следует сказать, что я не преследую цели вызвать скандальную реакцию, я хочу лишь инициировать обсуждение проблем, которое позволит христианам жить более полной жизнью. В этом смысле я пытаюсь найти богословский подход к рассмотрению этих вопросов — подход, которым я не владею еще в достаточной степени, но который, если его совершенствовать, я надеюсь, приведет всех нас к большей свободе.

Чудо или богословский спор?

Начнем разбор девятой главы Евангелия от Иоанна. На первый взгляд, перед нами рассказ о чудесном исцелении. Это история о человеке, слепом от рождения, которому Иисус даровал зрение однажды в субботу, и о последствиях этого исцеления для людей, которые стали его свидетелями или слышали о нем. Если бы этот рассказ оказался в одном из синоптических Евангелий, возможно, на этом все и закончилось бы — там подобные предания бесчисленны. Я не сомневаюсь в том, что этот рассказ основан на реальном случае исцеления Иисусом, произошедшем давным-давно в субботу. Тем не менее Иоанн не делает особого акцента на элементе «чудесного исцеления», как и на том, что оно произошло в субботу — священный день отдохновения у евреев. Пожалуй, элемент субботы приобретает некоторое значение, как станет ясно чуть позже, в свойственной Иоанну манере изложения. В любом случае, цель этой главы определяется размышлением о грехе, зрении, слепоте и божьей каре: все эти элементы позволяют нам увидеть во всем блеске истинное сокровище исцеления, придавая ему глубокий смысл.

Рассмотрим начало притчи. Иисус видит человека, слепого от рождения, и Его ученики спрашивают:

> Равви! Кто согрешил, он или родители его, что родился слепым? (Ин 9:2).

Иисус отвечает:

> Не согрешил ни он, ни родители его, но это для того, чтобы на нем явились дела Божии (Ин 9:3).

То есть все, что следует после, — лишь иллюстрация к ответу Иисуса своим ученикам. Думаю, все мы слышали этот отрывок раньше, как, скорее всего, и привычный комментарий, суть которого в том, что в те времена люди обычно связывали физические недостатки (или болезни) или стихийные бедствия (такие, как землетрясения или бури) с моральными причинами. В таком случае, получается, что Иисус дает божественное объяснение этому случаю, нарушая тем самым традицию, характерную для древней религиозной культуры, которая все еще встречается и в современном обществе. Будучи частично верным, такое толкование все же не проникает в самую суть притчи, которая мне кажется гораздо более интересной.

Заглянем в самый конец истории, где бывший слепой, увидев Иисуса и поверив в Сына Человеческого, преклоняется перед ним. На что Иисус говорит:

> На суд пришел Я в мир сей, чтобы невидящие видели, а видящие стали слепы. Услышав это, некоторые из фарисеев, бывших с Ним, сказали Ему: неужели и мы слепы? Иисус сказал им: если бы вы были слепы, то не имели бы на себе греха; но как вы говорите, что видите, то грех остается на вас (Ин 9:39-41).

ГЛАВА ПЕРВАЯ. Слепой от рождения и переосмысление понятия греха

Таким образом, в основе притчи лежит разговор о грехе. Слепота и зрение — лишь способ рассуждать о чем-то большем, чем здоровье глаз. Последняя реплика Иисуса кажется совершенно загадочной, если рассматривать ее вне связи с другими событиями этой истории. Давайте вернемся к тому, что произошло между моментами, к которым относятся две приведенные цитаты.

Притча о включении

Перед нами как будто две истории, переплетенные между собой: одна — о включении, другая — об исключении. Притча о включении проста. У одного человека был физический недостаток: он был слеп от рождения, а значит, сотворен не до конца. То есть он не просто был лишен определенного человеческого блага, но из-за своего недостатка не мог полноправно участвовать в жизни Израиля. Так, его слепота служила препятствием для участия в обрядах, поскольку только физически совершенным людям было дозволено проводить богослужения (аналогично тому, как в жертву приносили только незапятнанных ягнят). Например, сын Аарона, несмотря на свое происхождение, не мог совершать богослужение, если обладал каким-либо телесным недостатком. Однако с точки зрения общества недостаток, приводящий к исключению человека из группы лиц, проводящих религиозные обряды, не остается изъяном только на физическом уровне. Поскольку обряд имеет дело с поддержанием чистоты и лучших качеств группы, то физический изъян, вследствие которого человек признавался непригодным для совершения религиозных ритуалов, принимался также и за моральный недостаток. Таким образом, ученики Христа сделали вывод о духовной неполноценности человека из-за его слепоты, как поступил бы на их месте в те времена любой. Отсюда и вопрос: «Кто согрешил, что он родился слепым?» (Ин 9:2).

Теперь обратите внимание на логику. Физический недостаток влечет за собой исключение человека из группы людей. То, что исключает человека из группы, исключает его и из участия в действии, которым эта группа создает себе соответствующее положение; а из этого делается вывод: то, что исключает человека из группы, вызвано серьезными моральными причинами. Таким образом, факт того, что человек лишен благ группы, воспринимается как причина и, следовательно, вина: «Кто согрешил?» Несомненно, это все достаточно логично. Подобный образ мыслей во всем его многообразии без труда можно найти повсюду, это называется «осуждать жертву». Если женщина подверглась насилию, она, должно быть, сама так или иначе спровоцировала это; если черные живут в худших социально-экономических условиях, то это потому, что они на самом деле глупее и ленивее других; если человек заразился СПИДом, то это значит, что Бог покарал его за неправильное поведение. И так порой думает каждый из нас, чаще всего в детстве, когда мы полностью зависим от наших родителей: если дома произошло что-то плохое, если родители ссорятся, или пьют, или разводятся, то в этом каким-то таинственным образом виноваты мы. Если мы будем хорошо себя вести, дадим клятву Богу, святому Иуде или еще кому-то, то все наладится. Психологи называют такой образ мышления «магическим», и нам всем рано или поздно нужно вырасти из него.

Позиция Иисуса не имеет ничего общего с «магическим» мышлением: Он не просто далек от этой идеи, но учит и нас избавляться от подобных заблуждений. Он берется довести до конца процесс включения человека туда, откуда он исключен. Сначала Иисус плюет на землю и замешивает из глины мазь, которой покрывает глаза слепого. В греческом переводе здесь утеряна игра слов. На иврите глина — это *adamah*, из нее Господь вылепил Адама, первого человека (Быт 2:7). Таким образом, действия Иисуса — не что иное, как завершение творения. Очевидно, что рожденный слепым не был сотворен полностью, и Иисус доводит эту работу до конца, добавляя недостающую глину. Слепой еще не прозрел, и Иисус отправляет его к купальне, где расположены ванны ритуального очищения, и только выйдя из воды, слепой начинает видеть. В данном случае интересно значение Силоамской купальни, потому что по традиции она связывается с водами крещения. И, по моему мнению, это правильно, поскольку крещение — это поистине обряд включения (или должен им быть). Тем не менее я считаю, что главное здесь — не намек на священный обряд, а указание на включение: именно через еврейскую купальню слепой полноправно входит в еврейское общество, и это прекрасно продемонстрировано в Священном Писании. До сих пор слепой не вымолвил ни слова. У него нет ни голоса, ни имени: в тексте о нем всегда говорилось «он» или «тот человек», и он отличался от других лишь своей слепотой и тем, что просил милостыню. Даже когда он начинает видеть, люди продолжают называть его «он», пока бывший слепой не прерывает их словами: «Это Я».

С этого момента они снисходят до того, чтобы говорить с ним и обращаться к нему. До сих пор он еще почти ничего не знает об Иисусе, поскольку даже не видел Его, ведь он прозрел только

ГЛАВА ПЕРВАЯ. Слепой от рождения и переосмысление понятия греха

у купальни. В дальнейшем мы наблюдаем, как бывший слепой постепенно осознает, кто такой Иисус. Во время допроса он говорит, что Иисус — пророк. Это вполне логичное умозаключение, как если бы тот из нас, кто получил исцеление, должен был называть своего спасителя святым. Власть предержащие люди сомневаются в том, что этот человек изначально был слепым, и пытаются найти доказательства, которые прояснили бы это обстоятельство. Они вызывают на допрос его родителей, которые заявляют, что их сын — уже взрослый человек и может сам за себя отвечать. Обратим внимание на то, что здесь снова присутствует момент включения: их сын стал взрослым и имеет право говорить и нести ответственность за свои поступки. Поскольку он знает, что действительно был исцелен, то при допросе он твердо стоит на своем. Его ответы становятся длиннее, смелее и настойчивее. Он говорит, что Иисус — пророк, и, разумеется, фарисеи напоминают ему, что признают только главного пророка — Моисея.

> Мы знаем, что с Моисеем говорил Бог; Сего же не знаем, откуда Он (Ин 9:29).

На что бывший слепой отвечает им с неопровержимой логикой:

> Это и удивительно, что вы не знаете, откуда Он, а Он отверз мне очи. Но мы знаем, что грешников Бог не слушает; но кто чтит Бога и творит волю Его, того слушает. От века не слыхано, чтобы кто отверз очи слепорожденному. Если бы Он не был от Бога, не мог бы творить ничего (Ин 9:30-33).

Обратите внимание на важную грамматическую игру в этом моменте. Фарисеи используют слово «мы», чтобы провести границу между собой и бывшим слепым: «мы» и «ты». Тем самым они исключают его из своего круга:

> Ты ученик Его, а мы Моисеевы ученики (Ин 9:28).

То есть их «мы» определяется противопоставлением с «ты». Но бывший слепой не идет у них на поводу и отвечает, используя «мы», имея в виду и себя, и фарисеев:

> Мы знаем, что грешников Бог не слушает; но кто чтит Бога и творит волю Его, того слушает (Ин 9:31).

То есть он использует в споре объективные аргументы, начиная от признанного факта, что он такой же, как и фарисеи, сын Моисея, и его позиция очень любопытна:

> От века не слыхано, чтобы кто отверз очи слепорожденному (Ин 9:32).

Обратите внимание, что под выражением «от века» Иоанн подразумевает «со времени мироздания». Только Создатель мог завершить акт творения, и, если бы Иисус был не от Бога, Ему бы это не удалось. Бывший слепой осознал полное значение глины, *adamah*: Господь закончил в нем сотворение Адама. Из недочеловека, не относящегося ни к какой социальной группе и не обладающего правом голоса, он превратился в полноценного взрослого, принимаемого обществом и, более того, превосходно толкующего божественные явления. Вскоре после этого Иисус приходит к нему и спрашивает, верит ли он в Сына Человеческого. Поскольку бывший слепой не видел Его раньше, то он не узнает того, кто исцелил его. Иисус назвал себя, и бывший слепой пал перед Ним ниц и стал восхвалять Его. Он переходит от умозрительного признания того, что этот человек, должно быть, явился от Бога, чтобы завершить работу Создателя, к абсолютной вере в Господа. Теперь он стал полноценным человеком, или, по-нашему, христианином: одно неотделимо от другого. Христианин — это тот, кто осознает, что его творение было завершено Иисусом, и таким образом он постепенно принимается, то есть включается, в жизнь Господа, которая не имеет конца.

Притча об исключении

До сих пор мы говорили о включении. Но это только полдела. Нам еще предстоит узнать историю об исключении, и эти две части тесно взаимосвязаны друг с другом. Сначала слепой был изгнан. Пока все просто. Он всего лишь привлекает внимание прохожих, заставляя их размышлять о том, что причина физических недостатков таинственным образом связана с нравственностью. Установленный порядок вещей вполне допускает существование людей, исключенных из общества. Как мы поймем позже, он скорее зависит от них в той же степени, в какой наш слепой, стремясь присоединиться к людям, вызывает сначала их любопытство, а затем неприятие.

Прозревшего слепого приводят к фарисеям, у которых уже есть наготове критерий, по которому они собрались судить о том, дано ли это исцеление Богом: оно случилось в субботу и, значит, не может исходить от Бога. Это возражение гораздо интереснее, чем кажется на первый взгляд. В Книге Бытия говорится, что после сотворения мира Господь отдыхал в субботу. Таким образом, заповедь,

ГЛАВА ПЕРВАЯ. Слепой от рождения и переосмысление понятия греха

предписывающая людям отдыхать по субботам, — это строгое требование поступать так же, как Бог. И тот, кто ее нарушает, — грешник, потому что не подчиняется Богу и не подражает ему (что, в принципе, одно и то же). Здесь снова прослеживается особый язык, присущий Иоанну. В пятой главе Евангелия от Иоанна Иисус исцеляет больного в субботу, и власти упрекают Его за это. Иисус заявляет им:

> Отец Мой доныне делает, и Я делаю (Ин 5:17).

Этот ответ гораздо глубже, чем представляется на первый взгляд. В нем содержится формальное отрицание того, что Бог отдыхает в субботу, а также утверждение о том, что творение еще только предстоит завершить и что именно по этой причине Иисус продолжает доводить его до конца в субботу. Вернемся к девятой главе. Когда в самом начале предания ученики спрашивают Иисуса, чей грех привел к тому, что этот человек рожден слепым, тот им отвечает, что ни он, ни его родители не грешны, но:

> Это для того, чтобы на нем явились дела Божии (Ин 9:3).

То есть для Иоанна суббота, исцеление и продолжение творения неразделимы. Исцеление в субботу имеет целью продемонстрировать неиссякаемую созидательную силу Бога, воплощенную через Иисуса. По этой же причине реакция фарисеев — это знак категоричного несогласия с Иисусом по поводу того, кто есть Бог и каковы Его деяния. Для них суббота служит основанием для разделения всех людей на тех, кто ее соблюдает и кто не соблюдает, то есть, соответственно, на праведных и неправедных. Сам Бог вписывается в рамки этого Закона, и, следовательно, ограничен в своих деяниях. Для Иисуса суббота — символ незавершенного еще сотворения мира и возможность для Бога проявить свою любовь и доброту по отношению к людям, для него Бог и неиссякаемое созидание неразделимы.

Осознание этого приводит в итоге к расколу среди фарисеев. Некоторые из них считают:

> Не от Бога Этот Человек, потому что не хранит субботы (Ин 9:16).

В то время как другие сомневаются:

> Как может человек грешный творить такие чудеса? (Ин 9:3)

В рядах фарисеев начало происходить то, чего им хотелось бы меньше всего: внутренний раскол, мешающий им предпринимать совместные действия, поскольку наметились две диаметрально противоположные позиции. Как быстрее всего преодолеть это разногласие? Пока существует человек, который, бесспорно, был исцелен, остаются два возможных толкования его исцеления: божественное и небожественное (плод дьявольского обмана). И эту проблему невозможно разрешить путем разумных дискуссий. Поэтому вопрос нужно было уладить как можно быстрее, отрицая, что исцеление вообще произошло. Если человек не был слеп от рождения, то он и не прозревал: нет исцеления — нет проблемы. Поэтому они обвиняют бывшего слепого во лжи и вызывают его родителей, чтобы попытаться выведать у них «правду» о сыне, то есть то, что он никогда не был слепым.

Представьте себе их реакцию. Они точно знают, что их сын был слеп, а теперь видит. Но, как и любой человек, обладающий хотя бы каплей здравого смысла, они меньше всего хотели бы оказаться в центре негодующего сборища людей, которые явно стремятся найти доказательство своей правоты. Поэтому родители ограничиваются коротким ответом: их сын был рожден слепым, и они не имеют понятия о том, как он прозрел. Они стремятся как можно быстрее убраться из этой толпы, вероятно, способной на жестокие действия, и толкают своего сына обратно в ее гущу. Но теперь он предстает перед всеми в новом статусе — в статусе взрослого человека, которому придется самому объяснить все, что с ним произошло. Так им удается избежать угрозы стать жертвами группы, творящей «праведный суд», предложив ей вместо себя сына.

Первая попытка фарисеев уйти от проблемы, отрицая ее существование, провалилась. Теперь им нужно, чтобы сам исцеленный помог им от нее избавиться. Они вызывают бывшего слепого, но на этот раз меняют тактику. Теперь они обращаются к нему в торжественной судейской манере, как подобает серьезным людям, которым предстоит все тщательно взвесить, опираясь на закон. Сначала они высказывают бывшему слепому свое предположение: этот человек (то есть Иисус), вне всякого сомнения, грешник. Они заклинают бывшего слепого подходящей фразой из Моисеева закона: «Воздай славу Господу», что значит «торжественно признай этот факт»[1]. Обратите внимание на то, как развивается диалог. Фарисеям не удается восстановить единство своих рядов самым подходящим для них способом: то есть доказав, что исцеления не было вообще. Приходится признать, что на самом деле что-то

---

[1] Ирония Иоанна при использовании этой стандартной фразы из закона Моисея тонка, поскольку на самом деле бывший слепой «воздает славу Господу» именно тем, что отказывается называть Иисуса грешником и становится изгоем.

ГЛАВА ПЕРВАЯ. Слепой от рождения и переосмысление понятия греха

произошло. Теперь для них важно прийти к единодушному согласию по поводу того, что же все-таки случилось на самом деле. То есть они должны были сказать примерно так: «Да, ты прозрел, мы не можем отрицать этого, но, пожалуйста, признай, что твое исцеление исходит от дьявола. Не суть важно, что было на самом деле, просто согласись с нашим толкованием. Таким образом нам удастся сохранить единство, и ты тоже можешь примкнуть к нам, стать одним из нас».

Ответ бывшего слепого, пожалуй, можно назвать одним из великолепнейших примеров нашей религиозной традиции, и нам, возможно, следовало бы отнестись к нему серьезнее:

> Грешник ли Он, не знаю; одно знаю, что я был слеп, а теперь вижу (Ин 9:25).

То есть бывший слепой демонстрирует здоровое пренебрежение моральной стороной вопроса, здоровый агностицизм, придерживаясь только того, что бесспорно: его жизнь явно изменилась к лучшему. В то же время он отказывается принимать участие в союзе, направленном против того, кто его исцелил. И это означает, что он отказался подражать своим родителям, которые оставили его среди этих людей как возможную жертву праведного суда. Он мог бы поступить так же, как они, сказав: «Да, разумеется, он грешник». Таким образом он решил бы две проблемы: получил бы зрение и отвлек бы внимание от себя, сделав Иисуса мишенью яростно негодующей толпы, а сам вместо этого стал бы одним из ее участников. Для этого ему пришлось бы дать ложные показания под присягой, поскольку все было очень серьезно, но людей, готовых при возможности солгать, всегда было с избытком.

Бывший слепой отказывается прикрываться версией, предложенной фарисеями, поэтому им приходится искать другой способ избавиться от проблемы. Они спрашивают его еще раз о том, что же именно сделал Иисус. Ведь прозревший раньше ничего не видел и не мог знать всех деталей, и им наверняка удалось бы найти что-то подозрительное в конкретных действиях, производимых во время исцеления, и прийти к единодушному согласию по поводу его объяснения. Возможно, фарисеи надеялись найти в описании деяния что-то, что позволило бы им растолковать его как грех, ведь теперь нечего было рассчитывать на помощь бывшего слепого. Они уже слышали все подробности, но, быть может, на этот раз могли обнаружиться элементы колдовства или чего-то, что позволило бы им сказать: «Вот видишь! Он совершил зло, чтобы сделать добро, поэтому твое исцеление не может быть от Бога».

Теперь бывший слепой начинает высмеивать все более старательные попытки фарисеев получить законное толкование, которое позволило бы им сохранить единство. Он спрашивает, не хотят ли они сами стать учениками Иисуса. В конце концов, такое тщательное исследование произошедшего чуда могло быть вызвано либо льстивым желанием подражать, чтобы научиться делать то же самое, либо, как в данном случае, ревностным желанием избавиться от предмета зависти. Именно эта реплика вызывает бурю оскорблений. Обратите внимание, что до сих пор фарисеи не оскорбляли его, и, если бы мы могли наедине спросить одного из них о том, что происходит в данный момент, то, скорее всего, услышали бы в ответ выражение сочувствия бывшему слепому. В конце концов, бедняга не сделал ничего плохого, он стал жертвой чужого (в данном случае Иисуса) злодеяния и не понимает, в какой он опасности. Самое главное — убедить его принять толкование того, что с ним произошло, которое ему предлагают фарисеи, тогда он будет в безопасности, будет одним из «хороших парней». Все легко и просто. Они проводят допрос ради его же блага и до последнего момента хотят спасти его. Только поняв, что бывший слепой не ценит искренности их попыток наставить его на путь истинный, они меняют свое отношение к нему. Это происходит после того, как фарисеи понимают, что он не разделяет их праведного мнения, хотя официально не является учеником Иисуса, ведь он даже не знает Его. И именно из-за этого он подвергается насмешкам: «Мы пытались переубедить его, мы искали любую возможность указать ему правильный путь, но он не желает избавляться от своего заблуждения». От сладких увещеваний они переходят к оскорблениям.

Первым делом, они воинственно заявляют о том, что будут отстаивать свои праведные убеждения до конца. Именно это позволяет им сплотиться. Бывшему слепому удается устранить проблему их раскола, позволив им объединиться в выступлении против него. До сего момента они не могли убедительно говорить «мы» из-за внутренних разногласий, существовавших между ними по поводу трактовки событий. Теперь они могут сплотиться под торжественным «мы», которое противопоставляется четко определенному «они»:

Ты ученик Его, а мы Моисеевы ученики. Мы знаем... (Ин 9:28).

В то время как фарисеи сплачиваются в еще более фанатичное единство, тот, кто скоро станет их жертвой и на кого они обрушат свой гнев, становится все более здравомыслящим, приводя весомые богословские аргументы, свойственные скорее профессору, чем нищему. В сердце урагана — центр умиротворения и откровения, в то время как ярость, бурлящая вокруг, достигает своего апогея: бывший слепой со всей ясностью говорит, что источник его исцеления очень просто вычислить. Бог не стал бы действовать через Иисуса, если бы Тот был грешником, и неслыханно, чтобы кто-то мог сотворить что-то из ничего, кроме самого Господа. Следовательно:

Если бы Он не был от Бога, не мог бы творить ничего (Ин 9:33).

Логика безупречна, но на данном этапе никакая логика уже не имеет никакого значения. Маховик изгнания раскручен, и самое важное откровение происходит именно в этот момент. «Праведный суд» больше не интересуют аргументы. Фарисеи получили то, что хотели: они сплотились в группу и теперь переходят от простых оскорблений к тому, чтобы прямо назвать бывшего слепого абсолютным порождением греха. Следовательно, он оскверняющий элемент, и они изгоняют его.

Обратите внимание на то, как все происходит. Речь не идет о том, что фарисеи независимо друг от друга приходят к выводу, что этот человек — воплощение греха, а затем, после долгих и серьезных раздумий, решают изгнать его. Скорее это механизм, сплотивший их, одновременно привел к определению бывшего слепого как грешника и к его изгнанию. Его бы не могли отвергнуть, если бы он не считался грешным, и он не считался бы грешным, если бы не было необходимости изгнать его. Мы снова вернулись к «магическому» мышлению: если кто-то отвержен, например, из-за слепоты, то это каким-то образом должно быть вызвано грехом. В результате мы топчемся на месте.

Переосмысление понятия греха

Ну что ж, мы уделили довольно много внимания притче об исключении. Вы, наверное, заметили, что притчи о включении и об исключении не существуют независимо одна от другой, они тесно переплетены между собой. События истории о включении разворачиваются на фоне истории об исключении и даже в некотором смысле провоцируют это исключение. Точно так же история об исключении порождает и завершает историю о включении. Испытав на себе, как работает механизм изгнания, приняв на себя страдания, связанные с ним, бывший слепой действительно прозрел в более широком смысле этого слова: у него открылись глаза на то, что произошло с ним, и на то, кто такой Иисус.

Таким образом, заключительная фраза о зрении и слепоте, произнесенная Иисусом, становится комментарием к этой двойственной истории о включении и исключении. В первую очередь Иисус говорит, что пришел в мир, чтобы свершить суд или правосудие. Этот суд, или правосудие, которое не завершится, пока Он жив, состоит в том, чтобы заставить людей коренным образом переосмыслить такие понятия, как грех, добро и справедливость[2]. Так, после Его смерти люди начнут понимать эти истины с точки зрения отверженного, а не тех, кто отвергает. Невинная жертва вершит суд над теми, кто считал себя судьями. Таким образом, притча о человеке, рожденном слепым, играет роль пророчества о том, что случится с Иисусом и что за этим последует. А последует то, что праведные, добрые, те, кто думает, что они видят, не смогут больше сохранять свою добродетель, изгоняя людей, которых они считают злыми, грешными или слепыми. Мы говорим о том же механизме, который не давал аргентинским и чилийским военным спокойно спать после всего того, что они сделали за время диктаторского правления, сколько бы амнистий и индульгенций они ни получили. Потому что теперь, когда все знают о смерти и воскресении Иисуса, когда понятие справедливого человека и посланца от Бога переосмыслено с точки зрения жертвы, они больше никогда не смогут избавиться от мыслей о том, что их собственные жертвы, которых они бросали в океан с самолетов, были невинны. В конечном счете ни идеология национальной безопасности, ни все доводы о порочности коммунистов не смогли укрепить их когда-то воинственную веру в то, что они — хорошие парни, а их жертвы — плохие[3].

Все это значит, что для Иисуса двойственная история включения и исключения — это не просто интересный случай, а парадигма переосмысления понятия греха изнутри. Давайте взглянем на нее еще раз. Тот, кто был слеп, понимает, кто есть Бог и каковы Его деяния, а также что Его созидательная активность продолжается, неся людям добро, развитие и благополучие. Слепой просто принимает дар: он ничего не сделал для того, чтобы заслужить зрение. Он вырастает духовно в процессе изгнания, стойко следуя основной идее справедливости: нельзя называть злым того, кто сделал

---

[2] Ср. Ин 16:8-11.

[3] Или что они были «зернами», а их жертвы «плевелами», как в удивительно бесчеловечном толковании притчи, которое в то время предложил одному из офицеров аргентинский капеллан.

ГЛАВА ПЕРВАЯ. Слепой от рождения и переосмысление понятия греха

добро, и нельзя вступать в союз с теми, кто называет такого человека злым. Вот и все. У гонителей, в свою очередь, тоже растет убежденность в их правоте, добродетели и единстве в той мере, в какой механизм изгнания руководит ими. В результате понятие греха переворачивается с ног на голову. Грех перестает быть недостатком, мешающим присоединиться к группе праведников, и становится элементом, участвующим в механизме изгнания.

Для Бога не составляет ни малейшего труда завершить процесс творения человека, который в той или иной степени неполноценен и признает это. Трудности возникают с теми, которые считают себя совершенными, которые думают, что творение, по крайней мере в их случае, полностью завершено. Поэтому они полагают, что суть добродетели состоит в поддержании установленного порядка известными средствами: добродетель определяется, исходя из идеи единства группы, за счет изгнанных грешников и в противопоставлении им. Праведные члены общества, думая, что видят, превращаются в слепых именно из-за того, что придерживаются порядка, который, по их мнению, нужно защищать. С этой точки зрения становится понятнее значение субботы в Евангелии от Иоанна. Суббота — символ незавершенного творения. Либо мы цепляемся за нее, используя как критерий для разделения добра и зла, и в таком случае сопротивляемся Богу, который один способен непрерывно созидать что-то из ничего, либо принимаем созидательную добродетель Господа, ведущую нас к совершенству. Грех — сопротивление во имя Бога его созиданию, которое стремится охватить всех нас.

Мне кажется, что такое переосмысление понятия греха заслуживает большего внимания, чем ему обычно уделяют. Позвольте мне вкратце повторить его суть. *Грех перестает быть недостатком, ведущим к изгнанию, и становится элементом, участвующим в механизме изгнания.* Я потратил столько времени, чтобы прийти к этому заключению, потому что хотел разъяснить, что мы говорим о чем-то большем, чем пример великодушия или либерализма, или милосердия со стороны Иисуса. Мы говорим о серьезной богословской проблеме, которая, как любая богословская проблема, состоит в понимании Слова Божьего. Это значит, что перед нами нечто основополагающее: не закон, не моральное наставление, но переосмысление понятия греха. Для людей грех — это одно, для Бога — что-то другое, и это «что-то» не просто отличается от нашего понимания, но коренным образом опровергает наше представление о нем изнутри.

Напомню: перед нами не закон, не утвержденный критерий, не поясняющая теория, а живая история о включении и исключении. Именно эта живая история определяет суждение о нравственности и поведении людей. К тому же ее нельзя постичь или заучить, потому что ее суть состоит в явном выражении механизма соучастия. Вот что важно: сама история выступает как элемент переосмысления. Если она — слово Божье, тогда оно действует на нас как фактор, постоянно опровергающий наши представления о порядке, добродетели, морали и т. д. И духовная жизнь, смысл которой состоит совсем не в том, чтобы в окопах защищать ту или иную неоспоримую добродетель, оказывается чем-то более тонким. Давайте немного углубимся в суть этой тонкости.

Какова наша позиция в этой истории?

Если вы такой же человек, как я, то, читая притчу о слепом от рождения, вы понимаете, что в ней есть положительный герой и несколько отрицательных. То есть, кроме Иисуса, у нас есть положительный герой — слепой, и отрицательные — фарисеи. Вполне естественно, наши симпатии на стороне бывшего слепого, а справедливое презрение направлено против фарисеев. По сути, мы становимся на сторону жертвы, руководствуясь нашим внутренним долгом, который воспитан в нас в соответствии с нашими культурными традициями. И этот долг порой может играть очень важную роль. Действительно, тем, кто ощущает себя ущемленными или ущербными в рамках существующих социальных и моральных норм, крайне важно понять, что это чувство ущербности или ущемления никак не связано с Богом. Это результат исключительно социального механизма, а Господь, наоборот, желает, чтобы все люди были полноценными членами общества и жили полной жизнью, что, возможно, вызовет негодование приверженцев существующего порядка. Думаю, что этот внутренний культурный долг на самом деле чрезвычайно важен, и я не знаю никого, кто был бы неспособен, так или иначе, поставить себя на место жертвы в той или иной ситуации. Проблема заключается в том, что «отождествление с жертвой» может обернуться оружием против других. Жертвы сплачиваются в группу «истинных праведников», чтобы изгнать бедных фарисеев, которые так часто становятся легкой мишенью для насмешек.

Кажется, девятая глава Евангелия от Иоанна уводит нас за пределы описанной в ней смены ролей. В силу культурных причин,

ГЛАВА ПЕРВАЯ. Слепой от рождения и переосмысление понятия греха

которые, слава Богу, непреодолимы, нам легко идентифицировать себя с угнетенным и непросто — с «настоящим праведником». Но по той же самой причине мне кажется, что эта глава требует от нас приложить большие усилия, чтобы взглянуть на все с симпатией по отношению к фарисеям. В конечном счете, мы не поймем даже малейшей части всей этой притчи, если не осознаем, до какой степени она переворачивает привычные для нас понятия о добре и зле. В мире, где никто не понимает точку зрения жертвы, было бы правильно встать на ее сторону. Но мы живем в мире, где практически никто явно не признается в фарисействе или лицемерии, и мне кажется, что путь к пониманию морали лежит в этом направлении.

Я уже говорил о том, как эта притча переворачивает в нашем сознании понятие о грехе, — это несомненно, и мы никогда не должны терять это подсознательное чувство. Однако процесс переосмысления идет гораздо дальше. Благодаря этому подсознательному избавлению от греха, жертва изгнания получает право голоса и право говорить о себе и о Боге. Однако в этот самый момент человек должен научиться тому, чтобы в своих речах не уподобляться фарисеям. Получив право на слово, он перестает быть изгнанником и должен научиться вести себя так, чтобы самому не стать гонителем. Именно в этом заключается гениальность морали притчи, а не в законе или добродетели. Есть две позиции: жертвы и гонителей, так же как в притче о блудном сыне был «плохой» брат, получивший прощение, и «хороший», который не покидал дома и так и не узнал, что нуждается в прощении. Мы не поймем ни смысла этой притчи, ни потребности в ней как в божественном переосмыслении человека, если не взглянем на все с обеих позиций одновременно.

Не верю, что есть на земле человек, который не был бы отчасти изгнанником, а отчасти гонителем, в котором не сочетались бы две крайности, описанные в нашей притче. Ведь, имея доступ к духовным наставлениям (что касается каждого, кто получает богословское образование), мы не можем держаться за «добродетель» изгнанников. Вместо этого мы должны начать задаваться вопросами о том, как использование нами слова, прежде всего богословского и религиозного, участвует в создании добродетели, основанной на изгнании кого-то.

В этом смысле я считаю, что ключевым наставлением Нового Завета, относящимся к вопросам морали, — и это вдвойне священное наставление — является одна из удивительно редких строк, в которых Иисус цитирует Ветхий Завет, причем Он делает это дважды. Главное правило для тех из нас, кто пытается применять Слово Божье в назидательных целях, следующее:

> Пойдите, научитесь, что значит: милости хочу, а не жертвы (Мф 9:13)[4].

Обратите внимание, что теперь это больше не просто наставление для фарисеев, а своего рода руководство для всех, кто занимается нравственным богословием. Добродетель не возникает без попыток шаг за шагом и в реальных жизненных обстоятельствах научиться отделять религиозное и нравственное слово от механизма изгнания, требующего человеческой жертвы, для того чтобы превратить их в слова милосердия, отпускающего грехи, всепрощающего и позволяющего творению завершиться. А это значит, что нельзя достичь добродетели, не осознав собственного участия в лицемерии. Ведь только встав на место «истинных праведников» в притче, мы понимаем, насколько «правильным» был процесс дознания, насколько они были внимательны, скрупулезны, законопослушны и какой гибельной может быть наша добродетель, если мы постепенно не научимся отказываться от участия в механизме построения единства группы путем изгнания из нее тех, кто считается грешным.

Преобразуя слухи в убеждения

Мне хотелось бы завершить наш разговор одной озадачившей меня историей из недавнего прошлого, которая произошла в стране с другой культурой. Однако я полагаю, что эта история может всех нас чему-то научить. Речь идет о событиях, развернувшихся некоторое время назад вокруг кардинала-архиепископа Венского. То, что они далеки от нашей с вами действительности, позволяет нам взглянуть на них беспристрастно. Прежде всего, я должен сказать, что не знаком лично ни с одним из участников этой истории и знаю ровно столько, сколько сообщали об этом средства массовой информации, которые не всегда целиком освещают события или их истинную суть. То есть, то, что я знаю — всего лишь церковные сплетни. Я, как и большинство людей, — лишь тот, кто принимает информацию. Поэтому то, что я говорю, нужно воспринимать не как попытку понять, что произошло на самом деле, а как

---
[4] См. также Мф 12:7, в обоих случаях цитата Ос 6:6.

ГЛАВА ПЕРВАЯ. Слепой от рождения и переосмысление понятия греха

стремление превратить нечто жертвенное, сплетню, — в нечто милостивое, в Слово. Посмотрим, удастся ли мне это. И, разумеется, это всего лишь богословское упражнение, и поэтому я приму от вас любые дополнения и пожелания.

По всей видимости, произошло следующее: в 1995 году, где-то во время пасхальной недели, тридцатисемилетний мужчина публично заявил, что двадцать лет назад неоднократно вступал в половую связь с будущим кардиналом — архиепископом Венским. На тот момент разоблачителю было семнадцать лет, и с юридической точки зрения он считался несовершеннолетним, хотя семнадцатилетние в некоторых случаях ведут себя в сексуальном отношении гораздо свободнее, чем это должно быть, если верить закону. Двадцать лет назад кардинал не занимал такого высокого поста, но был, если я не ошибаюсь, настоятелем Бенедиктинского монастыря. В любом случае, обвинения либо справедливы, либо нет. Если обвинение ложно, моральная сторона вопроса довольно проста: кардинал стал жертвой клеветы, причем, губительной клеветы, потому что в любом обществе разоблачение очередного церковного лицемерия муссируется с особым наслаждением. И надо заметить, что корни этого наслаждения можно найти в строках из Священного Писания, например, аналогичных тем, что мы рассматривали. И это нельзя отвергать как простое зло. То есть, я полагаю, что, поначалу, большинство, так же, как и я, вопреки презумпции невиновности, не усомнились в вине кардинала. Ведь ни для кого не секрет, что однополое общество церковников, так же, как и однополые общества военных и полицейских, если они еще остались, обычно относятся со снисхождением к тайным и тщательно организованным гомосексуальным структурам, которые я буду называть «чуланом». Подобные обвинения обычно имеют тяжелые последствия потому, что в большинстве случаев люди особенно склонны им верить. Иначе говоря, грязь такого рода почти всегда пристает к тому, кого в ней вымажут, независимо от того, заслуженно обвинение или нет.

В случае ложного обвинения моральная сторона вопроса, как уже было сказано, достаточно проста. Кардинал — жертва, а обвинитель — тот, кто бросает в него камень. Нам пришлось бы задуматься, зачем он это делает: из злого умысла или по причине безумия. В любом случае, следовало бы проявить к кардиналу милосердие, не став при этом его сообщником. Возможно, когда все выяснится, кардинал будет освобожден, а его обвинитель — осужден.

Теперь давайте представим себе обратное, не пытаясь разобраться в том, где здесь правда, а где ложь. Будем исходить из предположения, что обвинение истинно. Тридцатисемилетний мужчина утверждает, что двадцать лет назад неоднократно вступал в половую связь с человеком намного старше него, к тому же занимавшим определенное положение в духовном мире. Насколько мне известно, выдвигая свое обвинение, этот мужчина делает упор не на психологическую травму, нанесенную ему в юности, как бы серьезны ни были для него эмоциональные последствия подобного опыта. Как стало известно из журналистских кругов, мотивом к его заявлению послужило то, что на своем нынешнем посту кардинал публично проклял геев в своем пастырском послании. В ответ на эту церковную жестокость тридцатисемилетний мужчина решил разоблачить лицемерие кардинала. К тому же еще четверо или пятеро мужчин того же возраста поддержали это обвинение, утверждая, что много лет назад, приблизительно в то же время, они также пострадали от этого кардинала. Таким образом, есть несколько свидетелей, и мнение общества решительно склоняется в сторону того, что эти обвинения истинны. Напомню, что в том случае, если они неправы, их заявления будут классифицироваться как сговор с целью дачи ложных показаний, который ведет к моральной расправе. А это одно из самых жестоких преступлений, за которое в определенных случаях Ветхий Завет предписывает казнить виновного, забрасывая его камнями. Таким образом, если бы обвинения оказались ложными, нам пришлось бы проявить милосердие и всепрощение по отношению к этим линчевателям. Если повезет, то кардинал покажет нам пример и простит их, поскольку они сами не ведали, что творили.

Давайте все же представим, что эти люди не преследовали цели уничтожить кардинала без всякой на то причины. И тем более, что это не было выяснением отношений между бывшими любовниками — одним из неприятных скандалов, совершенно неразрешимых по своей природе, которые могут случиться с каждым, и чем меньше о них известно, тем лучше для всех. Давайте представим, что обвинители объединились вовсе не для этого, что движущей силой их действий было желание, чтобы кардинал и церковные власти в целом перестали швырять камни в геев.

Тогда картина полностью меняется. Кардинал — уже не жертва. Нельзя назвать жертвами и людей, которые пользовались его благосклонностью в юности (и которые, насколько мне известно, не считали себя «жертвами», в отличие от других пострадавших

ГЛАВА ПЕРВАЯ. Слепой от рождения и переосмысление понятия греха

в случаях растления несовершеннолетних в США, когда речь шла о детях гораздо младше по возрасту). Теперь кардинал выглядит как лицемерный фарисей, который говорит одно, а делает другое. Здесь-то и начинают ликовать все не до конца осознаваемые нами христианские инстинкты. Мы сразу узнаем роль кардинала: она та же, что была у отрицательных персонажей в историях об Иисусе. И во всем происходящем есть определенная доля злорадства, которое усиливается еще больше, когда мы узнаем, что кардинал — настоящий консерватор — был назначен на свой пост Римом для проведения политики, призванной восстановить «жесткую линию» церкви в Центральной Европе, в противовес определенному либерализму, характерному для его знаменитого предшественника в епархии кардинала Кёнига. Подобные попытки церкви спасти положение, назначая на ключевые посты сторонника жесткой политики, который в конечном итоге сеет еще больше разногласий, ведущих в долгосрочной перспективе к гораздо более тяжелым моральным последствиям, абсолютно типичны для современного мира и могут вызвать лишь улыбку.

Здесь нам придется прервать наши рассуждения, чтобы обратить внимание на некоторые детали, которые мне стали известны из газет, и я и не знаю, насколько им можно верить. На протяжении нескольких недель кардинал хранил молчание, отказываясь комментировать это заявление. Несколько дней спустя с небольшим перевесом голосов он был переизбран на пост главы Конференции епископов Австрии (позвольте напомнить, что при сложившихся обстоятельствах провал на выборах свидетельствовал бы о выражении недоверия кардиналу со стороны его коллег). Общественный протест был настолько велик, что несколькими днями позже кардинал опубликовал официальное заявление, в котором категорически опроверг все обвинения в свой адрес и отказался от поста главы Конференции епископов Австрии. Еще несколько дней спустя австрийское правительство сделало официальное заявление о том, что кардинал больше не будет занимать пост архиепископа Вены и что вместо него назначен один из его заместителей, коадъютор, обладающий правом избрания, который вскоре сам стал кардиналом и архиепископом.

Однако можно ли считать вопрос закрытым? Конечно, мы можем решить, что это типичная история со сменой ролей: «Тот, кого считали плохим, оказался хорошим, а проповедник добра и общественного порядка был разоблачен как лицемер и шарлатан, и все закончилось благополучно». Разумеется, вполне возможно представить себе все в подобном свете, ощущая себя при этом примерным христианином и основывая свое мнение на притчах, подобных той, что изложена в девятой главе Евангелия от Иоанна. Но давайте остановимся и задумаемся... Внезапно кардинал, справедливо ли, нет ли, оказывается на месте изгнанного грешника. Внезапно он становится позором и посмешищем для всего общества. Кто поможет ему? Кто примет его сторону? Разумеется, если он невиновен, тогда мы имеем дело с чудовищным преступлением, но, по крайней мере, утешением для кардинала может быть то, что его совесть чиста. Но давайте представим, что он виновен, как считают общество и пресса. В таком случае ситуация, в которой оказывается кардинал, еще ужаснее. Его внезапно отлучают от церковной машины, которой, по его мнению, он служил верой и правдой. Вполне возможно, что в глубине души он не понимает, почему все это случилось с ним. Да, он, вероятно, согрешил, но ведь исповедался и получил прощение. Зачем бередить прошлое? Зачем обвинять его сейчас? Давайте также представим, что, как консервативный церковник, он, возможно, имел несколько своеобразное представление о грехе: если он совершил его, это просто его вина, и точка. Давайте представим, что он просто неспособен взглянуть на происшедшее не с позиции служителя церкви, а с точки зрения социологии, что он не осознает масштабов действий, которые он совершил под влиянием однополой церковной среды, где сдерживаемый гомосексуальность не является редкостью. В этой среде многие принимают участие в довольно сложных играх, чтобы сохранить лицо, причиняя немало страданий себе и другим, прежде всего, вследствие своей неспособности говорить о проблеме открыто и честно. И эта «неспособность говорить о проблеме открыто и честно» считается «правильным» поведением и одобряется высшими церковными кругами. В таком случае, почему кардинала должны наказывать так строго за слабость, проявленную им в определенные моменты жизни, в то время как аналогичные ошибки многих других остаются незамеченными?

Те, кто отлучил кардинала от его должности, включая некоторых его церковных коллег, принимали участие в этой смене ролей, только кажущейся христианской: фарисей превратился в отрицательного героя. Но были ли они участниками подлинного христианского переосмысления этой истории? Этот процесс идет гораздо дальше обычной смены ролей, потому что сохраняет ее механизм, даже если меняются главные действующие лица. Теперь кардинал становится отрицательным героем, жертвой в кругу людей, «творящих правосудие». Некоторые считают, что он это заслужил. Но достаточно ли этого? Возможно ли, чтобы из нашей сплетни возникла только проповедь «он получил справедливое возмездие»? Боюсь, что если мы действительно так считаем, то наша праведность ничем не лучше праведности книжников и фарисеев (Мф 5:20). Кто из нас помог кому-то, попавшему в такую же неприятную ситуацию, как кардинал Гроер, бывший архиепископ Вены? Кто из нас пытался встать на место лицемера, стараясь понять механизмы, которые побуждают нас к лицемерию, чтобы вместе освободиться от них? Кто из нас выступал открыто, но без ненависти против жестокости «церковного чулана», которая подпитывает механизм укрывательства и изгнания, изгнания ради укрывательства, механизм настолько мощный, что речь уже идет не о нескольких порочных личностях, а о целой структуре, которая служит этому пороку? И это означает, что нельзя говорить об отдельных грешниках, которых в случае разоблачения можно изгнать или исключить. Это означает, что мы безотлагательно нуждаемся в настоящем нравственном богословии, способном остановить и проанализировать систему, порождающую подобное порочное поведение, жертвами которого становятся такое большое количество ее участников, независимо от того, изгоняют ли их или изгоняют они сами.

Пробовал ли кто-нибудь в до мозга костей католической Австрии, вместо того чтобы просто принимать существующие понятия «хорошего» и «плохого» и радоваться превращению «положительного героя» в «отрицательного», взять на себя неблагодарную роль: разоблачить всю систему лицемерия, с помощью которой мы укрываем что-то постыдное и изгоняем неугодных? Осознаем ли мы то, что именно здесь и сейчас мы сами являемся соучастниками подобных, если не тех же самых, механизмов, и пытаемся ли мы понять жестокую структуру нашего лицемерия, чтобы придумать способ уберечь от ошибок своих товарищей?

Заключение

Это лишь первая попытка прочесть девятую главу Евангелия от Иоанна так, чтобы получить общее представление о подходе к нравственному богословию, отличному от привычного для нас нравоучения. Я хорошо понимаю, что это только начало. Тем не менее я хотел бы подчеркнуть: то, что христианская вера предлагает нам в вопросах морали, — это не закон и не способ укрепить порядок или структуру предполагаемого добра в этом мире, и уж тем более не требование отправиться в крестовый поход ради этих идеалов. Она предлагает нам нечто гораздо более неуловимое — движущую силу переосмысления изнутри всего человеческого блага, включая наше собственное. Другими словами, истоки христианской нравственности — это непростой путь к осознанию собственного лицемерия и жестокости. Начав идти по этому пути, мы сможем протянуть руку нашим братьям и сестрам, не более и не менее лицемерным, чем мы сами, которые стоят на грани изгнания из «синагоги» группой, явно объединенной в своих действиях, группой, чрезмерно и воинственно убежденной в чужих пороках. Давайте же узнаем, что означает: «Милости хочу, а не жертвы».

Глава вторая
Богословие среди камней и праха

> Ибо рабы Твои возлюбили и камни его,
> и о прахе его жалеют (Пс 101:15).

Душа в состоянии надлома

Я хотел бы создать вместе с вами пространство, в котором мы могли бы приблизиться к так называемому надлому в душе, иначе говоря, подойти к такому моменту, когда мы оказываемся в состоянии выбора между противоположными тенденциями. Я считаю, оно просто необходимо для участия в богословской беседе. Мы находимся на грани такого надлома в моменты, когда не знаем, как выразить себя, когда рискуем запутаться. Тогда возникают два основных искушения: либо говорить самоуверенно и высокомерно, чтобы создать впечатление, что нам нечего стесняться, либо погрузиться в стыдливое молчание разоблаченного и поэтому лишенного права слова. Мне кажется, что это пространство состояния души на грани надлома, как бы мало оно ни сулило и как бы трудно ни было удержаться в нем, обретя его, наилучшим образом подходит для того, чтобы наметить путь, по которому должно развиваться богословие третьего тысячелетия.

Я хотел бы привести три примера из Библии, которые помогут нам создать это пространство, три примера, указывающие в одном направлении. Первый пример мы находим в Священном Писании, а два других, — в каком-то смысле, его копии. Прежде всего давайте поговорим подробнее о пророке Илие. Алтари Яхве в руинах, правление царя Ахава покровительствует последователям Ваала. Илия, первый среди поборников бога Яхве, решает начать доблестную войну против пророков Ваала, организовав испытание с целью посмотреть, какой бог сможет сжечь жертвенного быка огнем с небес. Пока пророки Ваала произносят свои молитвы и литании, Илия насмехается над ними, предполагая, кроме всего прочего, что Ваал не может явиться перед ними из-за проблем с кишечником. Когда настает черед Илии принести жертву, он начинает с того, что восстанавливает алтарь Яхве, затем укладывает на него быка и вдруг... бабах! — удар молнии. Все присутствующие падают ниц, восклицая: «Господь есть истинный Бог!» Илия незамедлительно пользуется этим единодушием и указывает на четыреста пятьдесят пророков Ваала, повелевая схватить и казнить их, что тут же и было исполнено.

После своего триумфа Илия впадает в уныние и уходит в пустыню, испытывая желание умереть. Господь дает ему достаточно пищи, чтобы выжить, но даже это его не радует, и ангелу приходится заставить его съесть ее, а затем проделать путь в сорок дней и сорок ночей до горы Хорив, подобно Моисею, с которым Бог говорил на том же самом месте. Добравшись до горы, Илия укрывается в пещере. Господь, явившись к нему, видит разочарованного пророка. Бог спрашивает, что он здесь делает, и слышит в ответ:

> Возревновал я о Господе Боге Саваофе, ибо сыны Израилевы оставили завет Твой, разрушили Твои жертвенники и пророков Твоих убили мечом; остался я один, но и моей души ищут, чтобы отнять ее (3 Цар 19:10).

Бог велит ему выйти из пещеры и предстать перед лицом Господа, объявляя, что сейчас пройдет перед ним. Вы уже знаете, что произойдет дальше: сначала дует свирепый ветер, раскалывая горы и разбивая скалы, но не в ветре Господь. Затем начинается землетрясение, но не в землетрясении Господь, затем приходит огонь, но не в огне Господь. Затем Илия чувствует легкое дуновение ветра. В этот момент он выходит из пещеры и становится у ее входа, и Бог вопрошает его вновь, что он здесь делает. И снова Илия отвечает:

> Возревновал я о Господе Боге Саваофе, ибо сыны Израилевы оставили завет Твой, разрушили жертвенники Твои и пророков Твоих убили мечом; остался я один, но и моей души ищут, чтоб отнять ее (3 Цар 19:14).

Затем наступает удивительное затишье, и Бог велит, чтобы он шел в Дамаск, помазал Ииуя в царя над Израилем и избрал Елисея вместо себя в пророки, добавив, что оставляет для себя семь тысяч мужей, не преклонивших коленей перед Ваалом. Илия идет и исполняет все распоряжения Господа. С тех пор он редко вмешивается в ход событий до того момента, когда его забирают на небо и начинается служение Елисея.

Таким образом, то, что кажется историей триумфа служения богу Яхве, на самом деле рассказ об освобождении Илии от своих заблуждений. До того, как Илия от них избавился, он был первым борцом за свою веру, которого не мучили проблемы самооценки и уверенности в себе. Господь был таким же богом как Ваал, только больше и сильнее, а Илия был его представителем, тем, кто выбирал для него жертвы. Состязание на горе Кармил было зрелищной битвой соперников — шаманов или знахарей. Победив в этом кровавом действии, Илия погружается в депрессию, его гложут сомнения по поводу смысла всего происходящего:

> Довольно уже, Господи; возьми душу мою, ибо я не лучше отцов моих (3 Цар 19:4).

Автор Священного Писания показывает нам нечто замечательное. Это не восхваление первого поборника веры в единого Бога Яхве, а скорее рассказ о том, как Илия научился не связывать имя Господа с теми эффектами, с помощью которых тот умел вызывать столь разрушительные последствия. Все те потрясения вокруг горы Хорив представлены как нечто, больше похожее на разрушение священного сценария, связываемого с Моисеем, ведь Господь присутствовал в веянии тихого ветра, а не в чем-то, производящем впечатление величия. К тому же, вместо того чтобы воспользоваться рвением Илии, Яхве дает пророку довольно скромные поручения: повелевает передать другим властные полномочия. В то время как Илия, вообразив себя героем-мучеником, говорит Господу, что лишь он один остался Ему верен, Яхве отвечает, что у Него в запасе семь тысяч мужей, не преклонивших колен перед Ваалом. Можно понять рвение во имя бога, который приносит с собой ураганы, землетрясения и огонь. Но в чем заключается ревностное служение веянию тихого ветра? Илия смиренно отправляется исполнять поручения.

Я бы хотел предположить, что эта сцена представляет нам ценное свидетельство богословского процесса, описанного в Ветхом Завете: здесь показано, какой глубины может достигать кризис неуверенности в себе, в своих прежних убеждениях, который наступает, когда рушатся святыни. Вначале мы видим, что яхвизм существует наряду с другой религией, но его жертвоприношения эффективнее, его Бог могущественнее, его способность объединять людей для священной войны сильнее. Но потом оказывается, что все совсем не так. Веяние тихого ветра говорит нам гораздо больше, чем кажется: оно говорит, что Господь не соперник Ваалу, что Бога нельзя найти в проявлениях священной жестокости.

Когда Илия вступает в состязание с пророками Ваала, он становится одним из них, потому что Бога нельзя найти ни в подобных представлениях, ни в убийствах, которые их сопровождают. Избавившись от своего заблуждения, Илия становится даже большим поборником Яхве, в нем больше от атеиста, чем от шамана и жреца, потому что Господь не похож на других богов, его нельзя сравнивать с ними даже для того, чтобы показать его превосходство над ними. Пещера на Хориве стала для Илии богословским пространством, приведшим его в состояние душевного надлома.

Вот мы и оказались лицом к лицу с разрушением святыни, настоящим переворотом в сознании личности, коренными изменениями в представлениях о Боге. Это разрушение — толчок для совершенствования и развития богословия. Я хотел бы выделить два ключевых момента, когда такое же крушение святынь сопровождалось мощнейшим развитием богословия. Первый — падение Иерусалима в 587 году до н.э. Представьте себя на месте иудеев в те времена. Не только столица вашего государства была разграблена, но ваш правитель, его окружение и интеллектуальная элита были высланы оттуда. Храм был разрушен, хотя вы были уверены, что Яхве будет пребывать там вечно. Монархии пришел конец, хотя вы думали, что Господь обещал роду Давида вечное правление. Больше нет богослужений и жертвоприношений: жрецы изгнаны. Оплоты поклонения единому истинному Богу пали. Казалось даже, что вавилонские боги — Меродах и прочие — выше Яхве, ведь они одержали над Ним победу и увели Его последователей. Давайте взглянем на все это изнутри, поставим себя на место наших праотцев по вере. В наших богословских книгах этот момент представлен как решающий прорыв в истории мирового монотеизма, но они лишают нас возможности разобраться в процессе этого развития. Похоже, он был воспринят как процесс полного уничтожения. Все структуры группового единства, личной, семейной и племенной общности превратились в прах. Весь воображаемый мир, в котором почитали Яхве, разбился вдребезги. Мы серьезно недооцениваем значение случившегося, если не понимаем, что процесс восстановления после такого разрушения вызвал рост значения религиозных текстов и толкования Библии, а такие элементы, как храм, культ и монархия, отошли на второй план или, в случае монархии, стали считаться утопией. Этот процесс восстановления, спасший из руин основное, на самом деле значил не меньше, чем новая религия — новая форма общественной жизни, которую мы называем иудаизмом.

ГЛАВА ВТОРАЯ. Богословие среди камней и праха

Процесс, который мы наблюдаем, это переворот, влекущий за собой постепенное понимание того, как перестать зависеть от вещей, казавшихся божественными, священными. Это крах ревностного исполнения ритуалов служения Господу. В то же время этот процесс приводит к умению слышать веяние тихого ветра, к началу стремления служить Господу по-иному, то есть к обновлению жизни последователей Яхве, в которой они перестают связывать Бога со множеством вещей, казавшихся неизменными и необходимыми элементами Его культа.

Третий момент, описанный в Библии, который похож по структуре на случаи, рассмотренные выше, — это обращение в христианство, произошедшее с Павлом. Я хочу разобрать этот отрывок с вами. Я говорю о похожей структуре, потому что Павел сам на нее указывает. В Послании к Галатам (Гал 1:11-17), где он описывает все те изменения, которые с ним произошли, содержатся аллюзии, отсылающие нас к истории Илии: он тоже с особой жестокостью расправлялся с неверными и обошел всех соотечественников в своем рвении (ключевое слово) служения иудейству. После того как Бог, призвавший Павла своею благодатью, благоволил открыть в нем Сына Своего, чтобы он благовествовал Его язычникам, он, ни с кем не советуясь, немедленно отправился в Аравийскую пустыню, как Илия, и вернулся оттуда в Дамаск. Как мы знаем, туда же должен был пойти и Илия, чтобы помазать Ииуя после того, как услышал веяние тихого ветра. Таким образом, Павел рассказывает о том, что с ним произошло, используя структуру только что рассмотренной нами истории о том, как Илия потерпел крах в своем усердии служения Богу. После этого вся жизнь Павла и его служение в качестве апостола будут отмечены крушением того священного мира, в котором он был особенно яростным бойцом. Это крушение было вызвано осознанием того, что в своем рвении служить Богу он на самом деле преследовал самого Бога. Для него веяние тихого ветра было голосом распятой и восставшей жертвы, чье дыхание — Святой Дух.

Я уделяю этому особое внимание по одной простой причине. В качестве основы для богословской беседы, которую я хотел бы начать, я хочу упомянуть очень важную сторону процесса воскресения Христа, которой обычно не придают должного значения. Ощущение новизны, жизнеспособности и вездесущности Господа, вызванное у свидетелей-апостолов появлением воскресшего Христа и постепенно изменившее полностью их восприятие и воображение, было не просто ощущением присоединения к добру, существовавшему ранее. Каждый шаг к более ясному и полному познанию Бога, то есть к очищению веры, сопровождается соответствующим и одновременным разрушением целого ряда элементов, казавшихся неотъемлемыми основами веры, поскольку, оказывается, что они были атрибутами язычества, ошибочно принимавшегося за поклонение истинному Богу. Я акцентирую ваше внимание на том, что мне кажется очевидным, несмотря на редкие упоминания об этом в католических трактатах о вере, а именно на том, что вера в живого Бога автоматически привносит в мир процесс неверия. Тот, кто начинает верить в живого Бога, автоматически теряет веру в неотвратимость таких вещей, как судьба, святость общественного строя, неизбежный прогресс, гороскопы и т. д. Как только мы начинаем на уровне эмоционального и умственного восприятия постигать то, что кроется за понятием живого Бога-Творца, создающего и поддерживающего все в этом мире, все остальные элементы оказываются частью мертвого священного порядка, атрибутами божественности, а следовательно, постоянства для всего человеческого. А поскольку мир людей построен на основе социальной, культурной и экономической организации, то все эти элементы зависят от людской ответственности и потенциально могут изменяться под ее воздействием.

Но есть еще кое-что. Воскресение Христа, каким его понял Павел, не просто вызвало очищение восприятия Бога людьми. Это очищение оказалось совершенно неотделимо от факта распятия и воскресения человеческой жертвы, которое знаменует собой процесс десакрализации религиозной матрицы, внутри которой это распятие и воскресение произошло, а Павел в определенном отношении был участником всего этого. Все проповеди Павла, все его богословие характеризуются процессом разрушения некоторой священной структуры и постепенным открытием перспективы, связанной с новым взглядом на бога Яхве. Это приблизительно то же самое, чем для Илии стало веяние тихого ветра. Все разговоры Павла о Законе Божьем всего лишь попытка объяснить, что с того момента, когда воскресение делает распятого постоянным и неотъемлемым элементом религиозной жизни верующих в бога Яхве, все то, что казалось священным и неприкосновенным для этой религии, даже сама Тора, десакрализуется. Это следует понимать в плане того, способствует ли тот или иной элемент веры принесению очередных жертв священному порядку или толкуется так, что это разрушает мир жертвоприношений и священных ритуалов, связанных с ними.

ГЛАВА ВТОРАЯ. Богословие среди камней и праха

Я хотел бы сделать еще одно предположение. Павел очень хорошо понимал, исходя из своего опыта, что требовалось не установление новой религии, которая могла бы сформировать новый священный порядок, более соответствующий новому взгляду на Яхве, а скорее проповедование постоянного присутствия среди нас Господа как распятой и воскресшей жертвы. Сам факт этого присутствия открывает возможность жить в мире, устраняя искусственные святыни во всех сферах человеческого бытия, помогая тем самым создавать новую форму социальной жизни, в которой начинает исчезать любое явное религиозное различие между людьми, приводя человечество к немыслимому доселе всеобщему братству.

Таким образом, опыт крушения святынь, который мы наблюдали в случаях с Илией и падением Иерусалима, — это не просто события из прошлого, а непрерывная часть процесса веры, претворяемой в жизнь. Мы не сможем понять проповедь о воскресении, если под ним подразумевается чудо, ложащееся в основу новой религии. Воспринимать все подобным образом — значит отрицать силу воскресения. Именно оно осуществляет окончательное утверждение среди нас в качестве конструктивного герменевтического принципа культа бессмертного Яхве, которому поклоняются и которого познают, постоянно участвуя в процессе разрушения искусственной святыни, не испытывая при этом потрясения. Тайна этой разрушаемой искусственной святыни — это жертвы, которые она скрывает и от которых зависит.

Вот что я понимаю под созданием пространства для души на грани надлома, пространства, где мы учимся формировать новый способ говорить с Господом среди обломков разрушенных святынь. Пространства, в котором мы осознаем собственное участие в их создании в прошлом, со всей их жестокостью и жертвами. Пространства, где мы начинаем понимать, что Бог не имеет к этому никакого отношения. Но это также пространство, где мы учимся, стоя в самом центре разрушения, по-новому доносить до других Слово Божье, чтобы принять участие в новом творении. То есть это поистине евхаристическое пространство, в котором Иисус — мученик, а мы — кающиеся грешники, которые учатся отказываться от многочисленных и разнообразных способов участия в распятии. Это пространство, в котором Христос предстает как распятый и воскресший Бог не для того, чтобы обвинить нас в соучастии, а как источник и сила для нового немыслимого и бесконечного возрождения.

Если я не спешил подойти к сути, которая, возможно, представляется слишком очевидной, то это лишь потому, что мы, как мне кажется, находимся среди подобных руин. В начале третьего тысячелетия и спустя пятьдесят лет после начала II Ватиканского собора мы оказались в центре громкого спора между двумя видами святынь, двумя видами стремления служить Богу. С одной стороны, горн реставрации трубит о католичестве, испытывающем ностальгию по духовному и стабильному прошлому и являющемся поборником чистоты вероучения и обрядов, духовных различий и жертвоприношений для поддержания порядка и единства. С другой стороны, не менее священный горн заставляет обратить внимание на тех, кто принял позицию жертвы и превращает свое положение отверженных в твердую платформу для протеста, чтобы вернуть себе невинность и священный статус. Как у того, так и у другого течения есть свои проповедники, способные указать на несогласных, требуя жертв от тех, кто не участвует в сплочении группы. В обоих случаях вопрос, выдающий то, что в основе принадлежности к каждой их этих групп лежит принцип принесения в жертву несогласных, один: «Ты за нас, или за них?» Этот вопрос обнаруживает невозможность состояния надлома в душе и, следовательно, невозможность причастия. Думаю, что оба этих горна всего лишь иллюзии, гомон тех, кто не принимает реальности того, что мы живем среди руин, кто не понимает, что Иерусалим сравнен с землей, кто не знает, как довольствоваться его камнями, и не способен проникнуться жалостью к его праху, чтобы из того малого, что у нас осталось, попытаться воздвигнуть новый Иерусалим.

Обретая новое восприятие

У историй об Илие, о возвращении изгнанников и о Павле есть одна общая черта: им всем пришлось начинать все с начала, с того состояния, в котором они находились. Не существовало никакого общего принципа, всеобъемлющей идеи или определенного суждения, которые они могли бы принять. Они не могли обратиться к чему-то, что существовало ранее, учась подстраиваться под конкретные правила, способы устройства и атрибуты. У них было лишь их собственное видение перспектив на будущее, отталкиваясь от которого они могли понять смысл всех этих камней и праха. Необходимо заметить, что в каждом из рассмотренных случаев это видение было не взглядом человека, только что прибывшего на место действия, невинного и чистого, того, кто начинает все

ГЛАВА ВТОРАЯ. Богословие среди камней и праха

заново. Это был не взгляд героического основателя, самоотверженного человека, стремящегося ухватить суть, но не способного прийти в состояние надлома в душе. В каждом из этих случаев все было иначе: видение ситуации, с которого им приходилось начинать, явилось результатом процесса осознания своей причастности к чему-то, что разрушено, что сравняли с землей. Без этого разрушения такое видение было бы невозможным. В каждом из этих случаев оно было получено в силу обстоятельств, в которых они сами принимали участие, и именно это участие, так или иначе, потрясло их до глубины души.

Рискну предположить, что если в третьем тысячелетии католическому богословию суждено быть, то нечто подобное ожидает и нас. Пространство, позволяющее нам подойти к состоянию надлома в душе, — это пространство, в котором мы учимся собственному восприятию, чтобы научиться говорить о Боге и подражать ему. Для каждого из нас оно будет особым. Ведь католичество означает вовсе не единство взглядов, с которых мы начинаем, а открытие и созидание подлинного и удивительного братства, начинающегося с того, что мы преодолеваем в себе склонность к выдумыванию святыни, основанной на нашем собственном представлении, святыни, которая предполагает изгнание других людей из определенного нами круга. Именно в этом контексте я предлагаю вам элементы собственного видения как источник, который, возможно, будет полезен вам в формировании ваших представлений о католичестве. Я прекрасно осознаю, что моя культура, раса, язык и история чужды большинству из вас, поэтому я отдаю себе отчет в том, что мои слова вы воспримете не одинаково. Тем не менее надеюсь, что, какими бы чуждыми ни были элементы этой истории для вас, вы сможете найти в них что-то, что вызовет отклик в вашей душе.

Несколько лет назад я оказался в необычной ситуации. Я приехал устраиваться на работу учителем богословия в одну латиноамериканскую республику, название которой предпочту не произносить. Спустя три дня директор вызвал меня к себе и сказал: «У меня для тебя плохие новости, Джеймс. Мне звонили четырнадцать глав религиозных общин, которые сейчас собрались на симпозиуме в другой стране, и потребовали уволить тебя как воинствующего гомосексуала, в противном случае они запретят ученикам посещать ваши занятия». Эта угроза подразумевала прекращение финансирования этого курса. Заметьте, главы общин не делали никаких утверждений о том, что я лично имею гомосексуальные связи, и ни разу не подняли этот вопрос во время расследования, состоявшегося позже. Меня обвиняли, так сказать, в политической или идеологической активности. Мой начальник, честный гетеросексуал, который с трудом понимал масштаб насилия, связанного с проблемой гомосексуальности в церковной среде, наотрез отказался меня увольнять, сказав, что скорее оставит свою должность, чем поддастся шантажу. Вмешался старший по чину священник, заявив, что четырнадцать руководителей церковных общин не соблюли должным образом процедуру. Он потребовал, чтобы каждый из них письменно изложил и подписал все обвинения в мой адрес, так, чтобы обвиненный мог ответить своим обвинителям. То есть он настоял на соблюдении надлежащей процедуры. Тем не менее ни одного письменного обвинения предъявлено не было. Когда был сделан неофициальный запрос, в котором священникам предлагали высказать имеющиеся обвинения устно, это предложение было оставлено без ответа. Один-два человека, кажется, сказали: «Конечно, я не знаю этого парня лично, но из надежного источника мне стало известно...»

Это рассказ о довольно неприятном проявлении жестокости, и я мог бы подать его так, чтобы вызвать ваше сочувствие, выставив себя жертвой. В этом случае он стал бы чем-то вроде разоблачения, и в нем были бы положительные и отрицательные герои, но я не извлек бы из этого происшествия никаких выводов. Я бы принял одну из сторон, предлагаемых нам нашей культурой, — сторону священной жертвы. И я бы принял эту точку зрения как оружие против стереотипных «отрицательных героев», которыми культура также снабжает нас, ретроградов-церковников, объединившихся в жестокую группу. Слава Богу, как бы ни хотелось мне представить все в подобном свете, Господь мне этого не позволил. Несколько недель спустя, все еще чувствуя душевное опустошение из-за всего происшедшего со мной, я отстранился от мира и, находясь в уединении, пришел к чему-то совершенно неожиданному: это было видение, которое я, возможно, понимал умом, но никогда не осознавал до конца. Это было полное отделение Бога от всего этого насилия. Я понял нечто новое: Бог не виноват в том, что случилось, просто сработал механизм человеческой жестокости, и ничего больше. Понять это мне помогло осознание того, что, поскольку я лично встречался лишь с тремя из четырнадцати священников, то всю их жестокость (они, очевидно, взвинтили себя так, что пару дней не могли приступить к вопросам, стоящим в повестке дня их собрания) нельзя принимать на свой счет. Скорее это был механизм, в котором все эти люди просто действовали

ГЛАВА ВТОРАЯ. Богословие среди камней и праха

в рамках определенного процесса и толком не понимали, что делают. В тот момент, когда я осознал, что имею дело с таким процессом, участники которого были просто его заложниками, я смог посмотреть на случившееся со стороны, и прощение стало возможным.

Но это еще не все. Когда я понял, что Бог не виноват во всей этой жестокости, я начал осознавать нечто еще более болезненное: степень моего собственного участия в этом механизме не в качестве жертвы, а в качестве манипулятора. Ведь обвинение в том, что я был «известным на международном уровне борцом за права гомосексуалов» не свалилось на меня как гром среди ясного неба. Это был уже третий раз, когда мое поведение и взгляды вызывали подобное неприятие в разных странах. На самом деле, несмотря на то что я не скрывал свою ориентацию, когда мне было еще восемнадцать лет, я никогда не считал себя воинственным. Я ответил людям, взбешенным моими попытками добиться возможности рассуждать честно и открыто, что им следовало бы показать мне правильный, не воинственный способ откровенно говорить о вещах, которые затрагивают такое большое количество людей в церковной среде и которые ведут к сплетням, обвинениям и зачастую к несправедливости. Конечно, внутри самой церковной среды такого способа еще нет. Даже само предположение того, что в этой области действительно существует что-то такое, во что мы вовлечены и о чем мы должны пытаться говорить, если мы как католики хотим быть хоть немного открытыми и честными, само предположение этого уже рассматривается и может рассматриваться только как угроза. Там, где отрицание, фальшь и укрывательство представляют собой силы, формирующие реальность, даже стремление к откровенному разговору — уже худшая форма воинственности.

Формально правильный, мой ответ позволил мне скрыть от себя нечто, что для многих моих обвинителей было совершенно очевидно: я участвовал в своеобразном крестовом походе, проявляя потрясающее усердие, которое подпитывалось глубоким чувством обиды. На самом деле я хотел воспользоваться церковными структурами, поддерживавшими меня, чтобы создать для себя безопасное и спокойное пространство для выживания. Так я надеялся избежать того, что на моих глазах происходило с другими геями в разных странах: социальной маргинализации, крушения жизненных планов, эмоционального и духовного уничтожения. То есть мои смелые речи были лишь маской, скрывавшей от меня самого мое малодушие, потому что я не мог сказать себе, что это моя реальность, хотя в глубине души знал, что это так, со всеми вытекающими отсюда последствиями. По сути, я верил, что Господь на стороне церковного насилия, направленного против геев, и не мог поверить, что он любит нас такими, какие мы есть. Мы часто слышим от общества и церкви безоговорочное «нельзя», которое формирует сознание такого большого числа геев, и это «нельзя» так глубоко укоренилось во мне, что в глубине души я чувствовал себя проклятым. Я яростно боролся за то, чтобы услышать от церковной структуры «да», «будь здоров, сын», именно потому, что боялся, что если окажусь с Богом один на один, Он сам станет частью «нельзя». Таким образом, я полностью зависел от механизма, с которым боролся. Скрывая от самого себя то, что потерял надежду на Бога, я хотел воздействовать на церковь, чтобы получить свое «я», чтобы она сказала мне «да» с глубиной, на которую церковная структура, так же как и любая человеческая структура, просто не способна. Ведь только Бог может произнести «да», которое создает и воссоздает «я» его сына. Так я обнаружил в себе идолопоклонника. Я хотел договориться о выживании среди жестоких структур, но переговоры с такими структурами можно осуществить только с помощью насилия. Люди мягкосердечные, блаженные просто терпят жестокость и погибают либо физически, либо морально.

Я пытаюсь описать вам, как изменилось мое существование после той неожиданно вошедшей в мою жизнь милости, которую я получил во время своего уединения. Разумеется, я схематически описываю то, что составляло единое целое, то, что я смог понять лишь несколько лет спустя. Сначала наступило понимание полной непричастности Господа ко всей этой жестокости, затем осознание того, что я вовсе не был невинен, пришло осознание моего идолопоклонства и того, насколько насильственным образом я был вовлечен во все это. И тогда, по сути, начался процесс моего освобождения от идолов, которых я старательно культивировал в своей душе раньше. Ко мне пришло то, чего я не смел себе представить: глубокое «да» от Бога, «да», сказанное гею, отчаявшемуся когда-либо это услышать. И конечно, я был полностью поглощен этим, ведь это «да» не было чем-то вроде милого утешения для избалованного ребенка. С того самого момента, как я услышал его, та психологическая и ментальная структура, с помощью которой я создавал свое «я» все предыдущие годы, начала рушиться. Ведь в основе моего существа, на которой базировалась эта внутренняя структура, лежала предпосылка «нет», и вследствие этого возникала необходимость

ГЛАВА ВТОРАЯ. Богословие среди камней и праха

вести жестокую войну, чтобы скрыть эту бездонную дыру. «Я» и «самосознание» дитя божьего рождается среди руин идолопоклонства, в котором мы раскаиваемся.

Следующий момент в моем рассуждении. Через несколько месяцев после этого случая мне пришлось преподавать курс богословия. Я назвал его «О горнем помышляйте», позаимствовав фразу из Послания Павла к Колоссянам. Самое интересное, что мне все же удалось прочитать весь курс, который даже был издан в виде книги[1], и не догадаться о важности строки, следующей за той, что я выбрал в качестве названия:

> Ибо вы умерли, и жизнь ваша сокрыта со Христом в Боге (Кол 3:1-3).

Но это было именно то, чему я учился. Вся моя прежняя жизнь была отмечена полным отказом умирать, полным отказом брать на себя обязательства, налагаемые моим крещением. Разумеется, это было так потому, что я не мог представить, что мое «я», мое вечное «я», скрыто со Христом в Боге. И поэтому мне приходилось вступать во все эти битвы. «Я», участвовавшее во всех этих сражениях, было древним Адамом или Каином, это было «я», неспособное понять, что совсем не обязательно стремиться упрочить свое место на земле, искать безопасное существование, защищать себя, отвечая жестокостью на жестокость. Воскресшее «я» появляется только тогда, когда старое «я» умирает. И, слава Богу, именно в этом смогли мне помочь четырнадцать священников. Силой того, что Павел называет законом, то есть механизмом насильственного изгнания под прикрытием божьего слова, им наконец удалось убить того обиженного старого человека. Вместо него появилось что-то, похожее скорее на веяние тихого ветра, что-то, чем я никак не могу обладать и что я не могу понять, — это то самое «я», с которого я начал новую жизнь. «Я», скрытое со Христом в Боге, постепенно и немного робко начинает строить новую историю жизни среди руин недавнего крушения.

Итак, я рассказал все это, чтобы продемонстрировать то, что я хотел назвать процессом обретения видения, которое поможет создать основу богословского католического рассуждения. Теперь я выйду за рамки автобиографии, чтобы поделиться с вами некоторыми догадками, которые возникают у меня с тех пор, как я начал учиться понимать богословие по-новому, так же как кто-то, перенесший

---

[1] *Raising Abel*, New York, Crossroad, 1996. Рус. пер. *Жизнь в последние времена: Иной взгляд на эсхатологию*, М.: ББИ, 2010.

апоплексический удар, учится говорить заново. Я хотел бы рассмотреть некоторые темы того, что называлось основами морального богословия. То есть вместо того, чтобы исследовать конкретные моральные вопросы, я хочу изучить саму возможность рассуждения на нравственные темы, «с не подходящего» для богослова места, где я, к своему удивлению и радости, нахожусь: с места гея, который чувствует, что его любят.

Умерший глаголет

Один из самых богатых по смыслу и сложных текстов Нового Завета — это отрывок в конце Евангелия от Луки, где двое разуверившихся учеников идут в Эммаус. По дороге к ним присоединяется путник, которого они не узнают, но именно он объясняет им значение того, что только что произошло в Иерусалиме, цитируя Тору и пророков, начиная от Моисея. Иными словами, он делает доступным новое, неслыханное толкование Священного Писания, чтобы они вновь могли найти смысл своей жизни, чтобы поддержать их морально до тех пор, пока они не узнают своего спутника, преломив с ним хлеб, после чего он исчезнет. Впрочем, вам всем знакома эта история. Мы знаем, что этот текст необходим для понимания сути причастия: присутствие Бога, толкующего Священное Писание, позволяя людям, слушающим его, изменить собственное представление о Нем, зажечь огонь в их душе, чтобы они могли начать менять мир.

Я хотел бы привлечь ваше внимание к одному элементу этой истории, которая дает не столько ключ к прочтению Писания, сколько постоянный герменевтический принцип, неподвластный нам, существующий независимо от нас и изменяющий нас. Этот элемент необходим для тех из нас, кто пытается представить себе, какой должна быть католическая вера в третьем тысячелетии. Странным в этой истории является то, на что редко обращают внимание: в ней говорит умерший человек. Я считаю очень важным то, что мы не делаем привычных для нас различий, когда говорим о воскресшем Иисусе, представляя, что он жив, а, следовательно, не мертв. Более того, самое восхитительное в учении о воскресении то, что возрождается вся человеческая жизнь Иисуса, включая его смерть. Жизнь Бога, не подчиняясь закону человеческой жизни и смерти, не отменяет смерть, как если бы она была излечимой болезнью, но принимает ее, включает в себя. Лука предлагает нам

ГЛАВА ВТОРАЯ. Богословие среди камней и праха

образ воскресшего Иисуса, который не перестает быть мертвым, но, пережив свое распятие, наставляет своих учеников и вселяет в них силу своим присутствием.

Пожалуйста, позвольте мне придать смысл этому, очевидно, абсурдному сценарию. Давайте представим себе заключенного луизианской тюрьмы (она, как ни странно, называется «Ангола»), приговоренного к смертной казни, как в фильме «Мертвец идет», который большинство из вас видели. Итак, заключенного приводят в комнату казни, и в тот момент, когда врачи фиксируют смерть, он полностью освобождается от закона, от социальных и полицейских структур штата Луизиана, как и от федерального правительства Соединенных Штатов. Теперь следуйте за моими рассуждениями, используя свое воображение. Как только он становится свободным не только от закона, но и от социальных структур, от таких обязательств, как брак и тому подобное, он также освобождается от чувства негодования и обиды. Если мы представим себе, что он отчаянно противился процессу, приведшему к его смерти, заявлял о своей невиновности и считал применение смертной казни зверством, то он считал себя жертвой до самого последнего момента своей жизни. Его присутствие в этом мире можно охарактеризовать как отчаянную борьбу со смертью, которая, разумеется, была бесполезной перед лицом сил общественного порядка штата Луизиана с их мощью и оружием.

Теперь, умерев, он полностью освободился от своего участия в этой игре насилия и преследования. Он больше не борется с этими силами, в этом больше нет необходимости. Ведь теперь они не властны над ним, они больше никак на него не влияют. Негодование и чувство обиды полностью исчезают, ведь они могут существовать только в рамках этой игры. Давайте пофантазируем еще немного: поскольку силы закона и социальных обычаев больше на него не влияют, наш мертвый может начать полностью менять представление о своей предыдущей жизни в Луизиане. Впервые он начинает видеть ее как человек, в котором больше нет чувства обиды, ведь именно она до сих пор управляла его действиями. Возможно, его не очень интересует его прежняя жизнь, и он отправляется куда-нибудь еще, больше не влача за собой груз пережитого. Но давайте представим, что его действительно интересует Луизиана, и теперь, когда у него на все открылись глаза, он хочет, чтобы этот штат стал лучше и справедливее. Поэтому он появляется среди людей, жизнь которых, как и наша с вами, полностью определяется действующими социальными, политическими и экономическими структурами, чтобы помочь им понять, каков на самом деле их образ жизни и социальный статус. Таким образом, постепенно они смогут уничтожить всю систему преследований и гонений на всех уровнях — экономическом, социальном, военном, религиозном — и, преодолев чувство обиды и негодования, смогут жить, наслаждаясь такой же свободой, как и он сам.

Конечно, мой пример настолько же обманчив, насколько полезен, и поэтому я назвал его фантазией. Однако эта фантазия не просто вымысел, именно на ней основан один важный богословский момент. Когда мы говорим о том, как воскресший Иисус беседовал с учениками по дороге в Эммаус, мы говорим о мертвом человеке, душа которого полностью свободна от обиды. Именно поэтому он предстает перед нами не как обвинитель, жаждущий отомстить своим палачам. Он начинает использовать историю своей жизни и смерти как способ открыть своим ученикам глаза на мир, предлагая новое толкование уже известных им библейских текстов, чтобы они, еще будучи живыми, смогли начать свое существование с этой точки, очистив свою душу от обиды, став свободными, как он, от законов и обычаев, требующих жертвоприношения, чтобы они стремились к построению такого способа сосуществования людей, который не нес бы на себе печати смерти.

Теперь прошу вас обратить внимание на слова, которые я часто использовал в этом рассуждении: это обида и негодование. Чувство обиды и негодования обычно воплощается в нашем мире как желание спастись от смерти. Человек считает себя жертвой, и такое чувство — полная противоположность милосердию. Милостивый человек не пытается ни от чего защититься, он не настаивает на благе для себя, не руководствуется принципом «око за око», который движет поступками человека, испытывающего чувство обиды и негодования. Милость не стремится утвердиться, потому что не боится исчезнуть, закончиться или разрушиться. Теперь я хотел бы предложить некоторые наброски того, как я вижу нравственное католическое богословие. Оно начинается отсюда, с того места, где тот, кто умер, не нуждается в самоутверждении и способен предложить не связанную с принесением жертв, евхаристическую, конструктивную критику, целью которой является создание братства, не отмеченного смертью. Мы сможем это сделать, если поймем процитированную мною выше фразу, сказанную Павлом: «О горнем помышляйте... ибо вы умерли, и жизнь ваша сокрыта со Христом в Боге».

ГЛАВА ВТОРАЯ. Богословие среди камней и праха

К евхаристической морали

Давайте вернемся к тому моменту, где я говорил о том, что хотел бы предложить свой подход к католическому нравственному богословию, богословию с точки зрения гея, которого любят. Надеюсь, большинство людей с традиционной сексуальной ориентацией среди вас, используя свое воображение и изменив некоторые детали, обнаружат, что подобная точка зрения не совсем чужда их интересам или опыту. Многие геи на своем жизненном опыте знают, что церковь так или иначе убивает нас. Обычно в официальных речах мы фигурируем как «они», как опасные люди, отличительная черта которых — не всеобщая гуманность, а склонность совершать действия, объективно считающиеся крайне разрушительными. Обычно мы платим очень высокую цену за то, чтобы нам позволили иметь и религиозную жизнь: мы соглашаемся с тем, что не будем говорить обо всем честно, маскируем наши собственные переживания эвфемизмами, вынуждены вести двойную жизнь с помощью тайного языка, на котором говорят все участники этой системы. Смысл таков: все хорошо до тех пор, пока вы не начнете раскачивать общую лодку, открыто заявляя о ваших проблемах, иначе говоря: «Вы находитесь под защитой, пока следуете правилам игры, но как только что-то "всплывет", вы будете изгнаны. Как только вы скажете что-то, провоцирующее скандал, берегитесь!» Заметьте, что под этим подразумевается вовсе не скандал для большинства гетеросексуалов, которые чаще всего вообще относятся с безразличием к подобным проблемам, разве что слегка удивятся, узнав то, о чем уже давно подозревали. Это скандал для группы лиц, которые опасаются последствий разоблачения состава этой группы.

В этом завуалированное послание церковного механизма противоречит открытому посланию церкви. Открытое послание звучит так: «Бог любит вас такими, какие вы есть, и рад пригласить вас вкусить хлеба в Царстве Божьем». Скрытое послание таково: «Бог любит вас, только если вы скрываете, кто вы на самом деле, если вы отказываете себе в поисках честной и открытой жизни и добродетелей, которым вы обязаны учить других». Само собой, я говорю не только о церковном и религиозном мире, мужском или женском, но обо всех, кого поддерживает церковь: учителях в католических школах, врачах и медсестрах в католических госпиталях, молодых людях в католических молодежных общинах, журналистах католических газет и т. д.

Мне кажется, что в этом вопросе наблюдаются две характерные реакции: патологическая лояльность и патологическое неприятие. Мы все знакомы с патологической лояльностью: это неспособность или нежелание проводить различия между жестокой святостью церковных институтов и откровением божьей любви, а также постоянное подавление последней в пользу первой. Другими словами, участие в жизни церкви основывается на принесении в жертву «другого», причиняющего трудности, даже если в этом «другом» содержится большая и, возможно, лучшая часть «я» многих преданных членов церковной общины. Конечно, все это совершенно очевидно. Гораздо интереснее другая реакция — патологическое неприятие. Это вполне понятная реакция тех, кто до такой степени возмущен церковной жестокостью, что либо навсегда оставляют веру, по крайней мере свое явное участие в религиозной жизни в качестве служителя церкви, либо пытаются создавать оппозиционные группы. Обычно их цель — духовное укрепление и восстановление психологического здоровья людей, получивших глубокую душевную травму от нравоучительного пастырского голоса церкви. И это не только голос собственно церкви, но и голос общества, доходящий до нас через родителей, школы и средства массовой информации. В Соединенных Штатах большинство высказываний, требующих от церкви хотя бы каплю христианского отношения, исходит от подобных людей или групп. Обычно в основе этого протеста лежат исследования ученых по проблемам человеческой личности, и в нем психологические истины демонстративно противопоставляются церковному варварству и невежеству.

Итак, мы оказались в тупике. Церковные учреждения склонны оказывать предпочтение социальной группе с ее механизмами изгнания, говоря: преобладать должно «мы», а опасное «я» должно быть либо уничтожено, либо изгнано. Группа, члены которой определяют свой статус как жертвы, обычно склонна оказывать предпочтение «я», изгоняя или желая изгнать «мы», поскольку считает это «мы» враждебным и опасным элементом, превращая его в «они» — своего непримиримого врага. Когда «мы» трансформирует возможное «я» в «одного из них», и когда «я» видит в «мы» только опасное и порочное «они», тогда мы сталкиваемся с симметрией врагов-близнецов, от которой невозможно уйти. Мы опять возвращаемся к двум трубящим горнам, не слышащим друг друга, которые характеризуют духовную борьбу в так называемом постмодернистском мире. Здесь у нас нет возможности ни достичь состояния надлома в душе, ни причаститься.

ГЛАВА ВТОРАЯ. Богословие среди камней и праха

Однако существует другая возможность, не столько теоретическая, сколько практическая. И состоит она в том, чтобы геи, чувствующие, что их любят, заняли это пространство, в котором душа находится на грани надлома. Посреди этого пространства умерший и воскресший Иисус предлагает нам средства, с помощью которых мы могли бы создать святыню, свободную от жертвоприношений. Святыню, где «мы» создает и воссоздает «я», где «я» познает себя как Божье дитя, где «я» входит в «мы» без чувства обиды и негодования, учась протягивать руку помощи другим жертвам, которым только предстоит обрести себя. Я уверен, что это крайне тяжело эмоционально, интеллектуально и духовно, но само Евангелие, если его рассматривать как замысел возрождения из руин, предлагает нам основы для решения этой проблемы.

Обратите внимание на удивительную строку от святого Матфея:

> И отцом себе не называйте никого на земле, ибо один у вас Отец, Который на небесах (Мф 23:9).

Эта строка, прочтенная среди руин, предлагает замечательную точку зрения: Иисус учил, что на земле нет подобия божественному отцовству и что его можно познать, только научившись братству с Ним. Таков смысл ответа Иисуса Филиппу в Евангелии от Иоанна, когда Филипп просит Его:

> Господи! Покажи нам Отца, и довольно для нас (Ин 14:8).

Иисус отвечает:

> Видевший Меня видел Отца (Ин 14:9).

Не существует земного отцовства, способного отразить в себе Бога. Мы можем присоединиться к Божьему отцовству, лишь научившись братству с Иисусом, который стоит на одном уровне с нами, будучи человеком. Только осознав все это, мы начинаем понимать, что отцовство в этом мире является не отцовством в божественном смысле, а братоубийственным братством, рядящимся в одежды отцовства. Именно это Иисус говорит своим собеседникам, отвергающим Его учение о том, что Отец Его не принадлежит к той группе, к которой они причисляют себя, именуя себя сыновьями Авраама:

> Ваш отец диавол; и вы хотите исполнять похоти отца вашего. Он был человекоубийца от начала и не устоял в истине, ибо нет в нем истины (Ин 8:44).

Позвольте мне настоять на том, что из этой фразы следует настоящий прорыв в области антропологии. Когда мы берем любую форму земного отцовства, стремясь определить свое происхождение по отцу, мы игнорируем то, что элементом, который лежит в основе людского рода на земле с самого начала, было убийство Авеля Каином. Любое человеческое отцовство происходит из братоубийства и, будучи таковым, не способно на правду, потому что всегда будет защищать себя от «другого».

Чтобы убедить вас в том, что я все это не выдумал, вернемся к Евангелию от Матфея, к строке, предшествующей той, что я вам процитировал:

> А вы не называйтесь учителями, ибо один у вас Учитель — Христос, все же вы — братья (Мф 23:8).

Согласно Евангелию от Матфея, это значит, что Иисус полностью меняет порядок, казавшийся нам естественным. Обычно мы считаем, что биология первична, а культура вторична, и поэтому первой должна идти фраза об отцовстве: «Один у вас Отец, который на небесах. А вы не называйтесь учителями, ибо один у вас Учитель — Христос, все же вы — братья». Но логика Иисуса отличается от нашей. Как в Евангелии от Матфея, так и в Евангелии от Иоанна для Иисуса культура первична по отношению к биологии. Братство — матрица нашего культурного формирования, и поэтому мы должны исходить из соблюдения принципа полного равенства в вопросах изучения проблем, связанных с Богом, чтобы избежать ложного приписывания божественности таким способам представления божественной истины, которые не являются братскими. В рамках этой матрицы обучения братству нам также необходимо научиться вскрывать противоречия ложного отцовства в этом мире, потому что даже биологическое происхождение по отцу есть не что иное, как отцовство разных поколений, и поэтому может быть как созидательным, так и разрушительным.

Если происхождение всего человечества отмечено печатью братоубийства, это открывает нам особые возможности для евхаристического устройства братства. Например, думаю, не я один представляю и воспринимаю всю силу социальной, культурной и церковной ненависти к геям, как отцовскую власть — разрушительную патриархальную силу, требующую, чтобы я либо подчинился ей, либо умер, либо и то и другое одновременно. И, разумеется, никто из нас не смеет перечить отцовской власти, потому что никто не стоит на одном уровне с отцовским. Следовательно, подобное отношение, основанное на неравенстве двух сторон, не может быть отношением настоящей любви, потому что в основе истинной любви всегда лежит равенство. Точно так же не может

ГЛАВА ВТОРАЯ. Богословие среди камней и праха

быть настоящего прощения там, где вы ощущаете, что вас подавляют, потому что прощение возможно только между равными. Фактически это то, что создается равенством.

Однако если, как учит Иисус, подобное представление об отцовстве как о разрушительной и губительной силе не реально, а мифично, потому что оно представляет собой лишь братоубийственное братство под личиной отцовства, тогда, разумеется, можно прощать, искренне и созидательно. Если евхаристическое присутствие распятого и воскресшего Христа — братское, если Он возвращается не для того, чтобы обвинять, но для того, чтобы прощать, чтобы раскрыть наше воображение, чтобы мы могли осознать собственное причастие к Нему и начать прощать, тогда, воистину, место гея, чувствующего любовь Бога к себе, — это пространство, с которого можно начать переосмысливать церковь как братство. Мы можем начать смотреть на всю структуру не как на патриархальное и опустошительное «они», а начать представлять ее как иногда братоубийственное «мы». Как только мы понимаем, что то, что казалось чем-то патриархальным, — это всего лишь неудавшееся братство, проявляющееся в братоубийстве, мы можем начать переосмысливать то, как оно функционирует, учит и как относится к людям. И мы занимаем не позицию обвинителя, который скоро сам может стать жертвой, а позицию того, кто всегда прощает, даже когда его отвергают и убивают, мы занимаем позицию того, кто предлагает новые возможности жизни[2].

Рассмотрим пример. Если учение церкви существует и может существовать только на уровне братства, тогда мы не только имеем право, но и обязаны переосмыслить его таким образом, чтобы как его содержание, так и способ прочтения отражали глас Христа. Он считает себя лишь нашим братом и никогда не представляет себя нашим отцом. Я не предлагаю здесь новый критерий для понимания богословия, но применяю принцип различия, которому учил сам Иисус:

> На Моисеевом седалище сидели книжники и фарисеи; итак все, что они велят вам соблюдать, соблюдайте и делайте; по делам же их не поступайте, ибо они говорят, и не делают (Мф 23:2-3).

Поскольку это сам Бог от самого Бога, единосущный Отцу, учит этому, то нам следовало бы подражать Ему. Обратите внимание: наставление

---

[2] Более полную информацию о переходе от отцовского к братскому в отрывках из Евангелий от Иоанна и от Матфея, упомянутых здесь, можно найти в следующей главе.

«соблюдайте и делайте все, что они велят вам, не строгое. Ведь как только Иисус проводит разграничение между тем, что они велят, и тем, что делают, Он приоткрывает возможность для понимания того, что даже то, что они говорят, искажено тем, что они делают. Таким образом, возникает подозрение, что их деяния определяют рамки их учений. Идейное сомнение не чуждо Евангелию, оно скорее ближе к проблеме избавления от идолов, характерного для учения Христа. Однако это идейное сомнение состоит не в нападении на других, а в самокритичном преобразовании самого себя. То есть, когда мы поймем, что эти люди всего лишь братья, захваченные в капкан заблуждения непонятными для них силами, теми же силами, что стремятся разрушить всех нас; когда мы поймем, что мы сами не раз преклоняли колени перед их богами; когда мы поймем, что их голос производит не меньше насилия, чем Божья истина, тогда мы начнем изучать механизм жестокости, разоблачая его, потому что он лишь извращение братства, и поэтому человек способен проанализировать его и перенаправить в сторону братства, стремящегося к объединению других.

Голос подавленного гея, чувствующего себя жертвой, может быть только голосом обвинения, требующим одобрения. Он смотрит на церковный «чулан», представляющий собой тайные организованные гомосексуальные структуры внутри церкви, как на что-то неисправимо лицемерное и жестокое, он может только протестовать против него, отвергая саму возможность того, что из него может появиться что-то христианское, что-то освободительное, что-то честное. Мне бы хотелось предложить другой путь: церковный «чулан», будучи явлением братского, а не патриархального уровня, может подвергаться рациональному обсуждению. Например, во время предвыборной кампании в 1992 году, которую выиграл Билл Клинтон, Ватикан опубликовал документ, адресованный американским епископам. В нем избирателей-католиков пытались убедить не голосовать за кандидатов, выступавших за внесение законопроекта о защите прав гомосексуалов на трудоустройство и других социальных прав. Причем это было сказано довольно прямо. Да, этот документ встретили довольно холодно. Многие епископы и Конференция глав религиозных общин решительно выступили не только против злоупотреблений в процессе выборов (очевидно вдохновленных некоторыми пореспубликанскими епископами), но и против самого содержания документа. Они не приняли идею о том, что борьба в пользу законодательства, дискриминирующего часть населения, может быть правой.

ГЛАВА ВТОРАЯ. Богословие среди камней и праха

Остановимся на минуту, чтобы ознакомиться с фрагментом, прекрасно демонстрирующим концепцию этого документа:

> Как правило, большинство людей с нетрадиционной сексуальной ориентацией, стремящихся вести целомудренную жизнь, не афишируют своего положения. Следовательно, их обычно не касаются проблемы дискриминации в области трудоустройства, жилья и т. д. Гомосексуалы, открыто заявляющие о своей ориентации, — это, как правило, именно те, кто считает гомосексуальное поведение и образ жизни «абсолютно безобидным или даже хорошим», и поэтому заслуживающим общественного одобрения[3].

Таким образом, наконец Ватикан достаточно четко говорит не о конкретных половых актах, а о стратегиях выживания в общепризнанно жестоком мире. У того, кто хранит тайны «чулана», не возникнет проблем; тот же, кто проговорится, заслуживает, чтобы на него обрушились неприятности и чтобы ни одно законодательство его не защитило.

Давайте не будем считать авторов этого документа монстрами, а спросим их как братьев. Вы утверждаете что-то, что не зависит от деяний, совершённых или не совершённых, ведь совсем не очевидно, что скрытый гей больше или меньше склонен к грешным поступкам, чем тот, кто откровенно заявляет о своей ориентации. То есть в братском учении церкви вы утверждаете, что «чулан» — самое подходящее место для человеческого и христианского благополучия и процветания людей с гомосексуальной ориентацией. Тот, кто открыто заявляет о себе, несмотря на возможный риск, оказывается в менее благоприятных условиях с точки зрения человеческого и христианского благополучия и процветания. Это то, что утверждаете вы. Мы можем задать вопрос: неужели все это правда? Мы могли бы спросить, например, о целомудрии — добродетели всех христиан, включая женатых: следует ли учиться целомудрию в процессе познания таких честных отношений с друзьями и, возможно, со своим партнером, когда вы можете обсуждать проблемы эмоционального и эротического характера каждого из вас? Или, напротив, целомудрие лучше познавать, не говоря

---

[3] Responding to Legislative Proposals on Discrimination Against Homosexuals («Ответ на законопроект о дискриминации гомосексуалов») § 14, из "Origins", т. 22, №10 (август 1992 года). Цитата из письма Конгрегации доктрины веры *The pastoral Care of Homo-sexual Persons* («О пастырском попечении о гомосексуалах»), опубликованного в 1986 году.

ничего, предпочитая вести себя сдержанно и скрытно даже с ближайшими коллегами, друзьями, семьей и так далее? Ответ не очевиден, вот почему этот вопрос нужно обсуждать.

Мы могли бы также спросить: какие условия были бы наиболее благоприятными для того, чтобы осознать себя Божьим сыном или Божьей дочерью с психологической точки зрения? Что лучше: пребывать в «чулане» или, испытав на себе эффект разоблачения, вступить на путь, который поможет понять, что значит быть чадом Божьим в гораздо более рискованной социальной среде, где люди открыто говорят о таких вещах? Мы могли бы спросить: как вам удается сочетать поддержание тайного «чулана» с явно выраженными в Евангелии идеями о том, что сказанное в темноте услышится во свете, и что говорили на ухо внутри дома, то будет провозглашено на кровлях (Лк 12:3)? Возможно, есть способ сочетать все это, но вы не привели убедительных доводов, доказывающих, что ваша позиция соответствует христианской вере, а нам важно разобраться, в чем она состоит, чтобы понять, следует ли она учению Христа.

Заметим, что абсолютно справедливое утверждение, что гомосексуал, как и любой христианин, должен постоянно нести свой крест, можно понимать двояко. «Чуланное» толкование предполагает, что Господь требует пожертвовать той частью «я», под которой понимается нечто, стремящееся к процветанию обязательно извращенным образом. В этом смысле к человеку с нетрадиционной сексуальной ориентацией была бы применима следующая фраза:

> Если кто хочет идти за Мною, отвергнись себя, и возьми крест свой, и следуй за Мною (Лк 9:23).

Но возможно и другое объяснение, с точки зрения тех, кто открыто высказывает свои взгляды. В нем отказ от своей сущности и несение креста, кроме всего прочего, соответствуют настойчивому требованию достойной и честной жизни в социальной среде, где существует тенденция считать геев, стремящихся к искренности, как и всех, кто пытается жить открыто, грешниками, и поэтому презирать, чернить и распинать их. Совсем не очевидно, что толкование, призывающее личность к полному самопожертвованию, является более христианским по сути, чем то, в котором, стремясь к жизни, где все люди были бы братьями, человек каждый день рискует подвергнуться разным формам общественного насилия. Об этом мы можем поговорить.

ГЛАВА ВТОРАЯ. Богословие среди камней и праха

Как только становится ясно, что мы имеем дело не с подобным монстру священным блоком, а со стратегиями выживания, каждая из которых по-своему понимает человеческое благосостояние и процветание, тайный «чулан» становится возможным предметом для обсуждения. Разумеется, найдутся братья и сестры, которые не захотят об этом говорить. Возможно, для них благосостояние их собратьев менее важно, чем сохранение доктрины, а советы воздержаться от «саморазоблачения» — лишь способ избежать дальнейших споров на эту тему. Если среди нас есть те, кто на самом деле думает, что человек создан для субботы, а не суббота для человека, нам будет трудно продолжать. Тем не менее даже среди высокопоставленных церковников всегда найдутся братья, понимающие, что их задача — помогать толковать учения так, чтобы они не превращались в идолов, требующих жертвоприношений и препятствующих благополучию их собратьев. С ними можно по-настоящему обсуждать, как сделать жизнь людей счастливой.

Однако здесь мы ступаем на зыбкую почву. Ведь в таком диалоге некому будет представлять «чулан». Возможно ли, чтобы это сделал кто-то, непричастный к нему? Ведь тот, кто возьмется представлять этот «чулан» в диалоге, окажется либо «натуралом», которому придется признать, что его возможности адекватно представлять людей, образ жизни которых он с трудом понимает, ограничены, либо кто-то, кто разоблачит себя самим фактом такого выступления. Те, чей образ мыслей ближе к позиции обвинения, возможно, обрадовались бы этому очевидному препятствию. Но те, кому ближе идея прощения, те, кто пытаются воспринимать механизм изгнания как явление, существующее в мире собратьев, скорее воспримет его как знак того, что нужно продолжать с особой осторожностью и деликатностью идти навстречу своим братьям, которые не могут говорить за себя. И я говорю «не могут» не только в формальном смысле, понимаемом как их разоблачение, но в более глубоком: возможно, они не могут начать выражать свое «я» в этом братстве с помощью языка. Возможно, их сознание так сильно блокировано предполагаемым отцовством, которое на самом деле является формой братства, что они не способны представить себя горячо любимыми детьми, не отвергая полностью своего «я». По этой причине многие сводили счеты с жизнью (физически или морально), и здесь нам воистину необходимо помнить о веянии тихого ветра:

> Трости надломленной не переломит, и льна курящегося не угасит; будет производить суд по истине (Ис 42:3).

Итак, если мы достигнем этого состояния, когда наша душа находится в состоянии надлома, мы должны будем творчески претворить в жизнь нечто очень милостивое и славное. Перед лицом тех, кто лишен голоса, мы прежде всего должны избегать позиции силы по отношению к слабым (см. 1 Кор 10:23-30). Правильнее было бы переработать нравственное католическое богословие так, чтобы оно могло на глубинном уровне освободить сознание людей, пребывающих в страхе, чтобы они могли обрести сознание детей Божьих. Мы должны ненавязчиво предложить им возможность начать двигаться по пути постепенного избавления от идолов, который я пытался описать, чтобы стать Божьими детьми. Нам нужно научиться более ясно представлять себе то, что я только начал схематично обрисовывать: милосердие и отвагу Господа, приглашающего нас, таких, какие мы есть, строить братство с помощью нашего распятого и воскресшего брата, который открыл наше сознание и дал нам возможность представить себе новый Иерусалим посреди руин всего нашего идолопоклонства, всей нашей трусости. Это серьезная задача для третьего тысячелетия.

Глава третья
ИИСУС СТАВИТ БОГА НА УРОВЕНЬ БРАТСТВА

Введение

Евангелие от Иоанна (Ин 8:31-59) часто воспринимают как особенно выдающийся пример антисемитской тенденции, характерной для всех Евангелий, но для этого особенно. Иисус указывает своим собеседникам, которые зовутся зловещим словом «иудеи», что их отец — дьявол, который изначально был убийцей, тогда как Он — Сын Отца. Эта притча считается примером общинного соперничества, образцом демонстрации своего превосходства — «мы лучше, чем вы», и ее значение толкуется прямо противоположно тому, как следует это делать. В дальнейшем я буду называть этот принцип «око за око». Таким образом, согласно этой трактовке, так называемая «община Иоанна» была вовлечена во взаимную ссору либо с иудаизмом в целом, либо с местной скандальной синагогой. Ее участники воспринимают Иисуса через призму той конфликтной ситуации и рассказывают о Нем историю, в соответствии с тем, что их касается. В ней Иисус определенно предстает человеком, считающим себя выше других, что означает, что Бог тоже выше других, это не столько Бог, сколько лозунг «С нами Бог». Проблема такого прочтения заключается в том, что в нем используется социология общины, которая помещает Бога в рамки человеческой жестокости и соперничества. Он неразрывно связан с борьбой и объединением одной группы против другой. В этом суть нигилизма. Нет ничего, кроме борьбы: насилие — все, только конфликт способен созидать. Подобная трактовка восьмой главы Евангелия от Иоанна подразумевает, что в ней нет никакого божественного откровения, или, даже если оно и есть, то это означает лишь то, что Бог, по своей сути, — основа принципа «око за око», что одно и то же.

Теперь я хотел бы предположить, что этот отрывок следует понимать совершенно иначе. То есть я считаю, что Иисус в Евангелии от Иоанна не принимает ни одну из сторон в конкретном случае межрелигиозной борьбы. Скорее он предоставляет логически последовательное антропологическое видение, которое даже сегодня находится за пределами нашего привычного восприятия и является частью божественного откровения, как любое антропологическое видение. Другими словами, кажущаяся мстительность в тексте не является определяющим его фактором, как было бы, если бы автор всецело руководствовался принципом «око за око» и не был бы способен выйти за его пределы. Напротив, этот текст как раз и рассказывает нам о преодолении этого принципа, о том, откуда он происходит и почему не должен играть решающую роль.

Одна из идей, постоянно повторяющихся в Евангелии от Иоанна, — это постепенный перенос концепта Бога Отца на Иисуса. Имеется в виду то, что мы имеем доступ к Отцу только через Иисуса[1]. Все, что связывалось с Отцом, единственным Богом, теперь связывается с Иисусом. Таким образом, Иисусу поручено вершить всякий суд[2], именно Его заповеди возрождают и дополняют заповеди Бога[3], именно поклоняясь Иисусу, мы поклоняемся Отцу[4], и так далее.

Итак, давайте просто предположим, что Иисус не высокомерный приверженец принципа «око за око». Давайте представим, что с помощью подобных разговоров Он достигает чего-то, что имеет несравнимо большее антропологическое значение: он избавляет Бога от любых существующих в нашем сознании связей его с отцовством и заставляет нас полностью переосмыслить его в терминах отношений братства. Давайте же прочтем этот текст из Священного Писания в самой что ни на есть иудейской манере, как учение о преодолении идолопоклонства.

Прежде чем мы начнем, хочу предупредить: сейчас вы приступите к чтению текстов, основанных на использовании тяжелого мужского языка. Надеюсь, что к концу нашего разговора вы поймете, что один из эффектов использования сурового мужского языка этих конкретных текстов — открыть миры, в которых такой язык и особенно мужские формы культурного взаимодействия считаются естественной определяющей основой социальной жизни. Мы дошли до стадии, на которой само использование языка болезненно.

---

[1] Я есмь путь и истина и жизнь; никто не приходит к Отцу, как только через Меня (Ин 14:6).

[2] Отец и не судит никого, но весь суд отдал Сыну (Ин 5:22).

[3] Сия есть заповедь Моя, да любите друг друга, как Я возлюбил вас (Ин 15:12).

[4] Кто не чтит Сына, тот не чтит и Отца, пославшего Его (Ин 5:23).

ГЛАВА ТРЕТЬЯ. Иисус ставит Бога на уровень братства

Я считаю это признаком того, что в текстах, подобных этому, удалось осуществить некоторое переосмысление культурного мира, для которого этот язык естественен. Пожалуйста, перестаньте чувствовать себя изгнанниками. Надеюсь, вы поймете, что этот текст — путь к объединению.

Внимательное прочтение Евангелия от Иоанна (8:31-59)

Иисус проповедует в сокровищнице храма. До сих пор Ему удавалось избегать протеста фарисеев. Некоторые слушатели, вероятно не фарисеи, внимают Его речам, несмотря на существенное недопонимание, и начинают по-настоящему верить, что Он говорит с божественной убедительностью и что проповеди Иисуса как-то связаны с Отцом небесным. Приступим к обсуждению с тридцать первого стиха:

> Тогда сказал Иисус к уверовавшим в Него Иудеям: если пребудете в слове Моем, то вы истинно Мои ученики, и познаете истину, и истина сделает вас свободными (Ин 8:31-32).

Здесь Иисус пытается подвигнуть группу людей, до сих пор следовавших его учению, сделать еще один шаг к осуществлению Его замысла освободить их сознание от идолопоклонства по отношению к Богу. Это очень важно: разговор начинается не со слов: «Правы не вы, а я, и я собираюсь доказать вам, насколько вы неправы, а вы на меня за это разозлитесь». Наоборот, вначале Иисус говорит так: «Мы все — часть замысла по преодолению идолопоклонства, и мы проделали немалый путь. Давайте посмотрим, сможете ли вы выдержать следующий этап, он будет сложным, потому что любое преодоление идолопоклонства требует от каждого, чтобы он освободился от своих собственных идолов».

Таким образом, следующий шаг в осуществлении намерения Иисуса — показать, что путь к правде и свободе связан не с самоопределением, основанным на групповой принадлежности к какому-либо отцовскому закону или учению. Этот путь связан с воплощением в жизнь тех принципов братства, которым учит Христос. Когда мы говорим о наставничестве, мы имеем в виду именно такие братские отношения между учеником и учителем и подражание учеников своему наставнику. Только с помощью такого наставничества, когда ученик и учитель находятся на одном уровне друг с другом, мы поймем, что есть Бог, и откроем, в чем состоит суть Его отцовства. Другими словами, только через равноправие по горизонтали мы сможем понять истину вертикали.

Как и все новое, этот этап обучения кажется провокационным, и люди, слушающие Иисуса, отвечают ему:

> Мы — потомки Авраама и никогда ничьими рабами не были! — возразили они. — Что Ты имеешь в виду, говоря: «Станете свободными»? (Ин 8:33).

Заметьте, слово «потомки», которое они здесь используют, буквально означает «семя», греческое слово *sperma*. Скоро мы поймем, почему это так важно. До сих пор они указывают на то, против чего никто не мог возразить: что они произошли от Авраама, который отправился в скитание именно с целью избавления от идолов. На самом деле именно он положил начало избавлению от идолопоклонства, которое мы здесь обсуждаем. Таким образом, говоря о рабстве, они также подразумевают, что никогда не были во власти идолов. Они не имеют в виду время, проведенное в Египте, что ясно из самой первой заповеди. Им были знакомы строки: «Я Господь, Бог твой, Который вывел тебя из земли Египетской, из дома рабства» (Исх 20:2). Тот факт, что это должно быть известно любому, взявшему в руки Евангелие от Иоанна, подразумевает, что под рабством, в котором они никогда не жили, здесь понимается не политическое рабство в Египте. Скорее это рабство духа, когда человек находится во власти заблуждения. Именно такое заблуждение могло бы стать неисправимым, если бы они последовали за другими богами, оставив Бога Авраама. Таким образом, это богословский ответ на предположение Иисуса о том, что в Боге есть что-то большее, чего они еще не знают в своей добродетели детей Авраама, что им еще предстоит получить свободу[5].

Иисус отвечает им:

> Истинно, истинно говорю вам: всякий, делающий грех, есть раб (греха). Но раб не пребывает в доме вечно; сын пребывает

---

[5] Возможно, начинающий читатель заметит в реплике о рабстве намек на отрицание того, что спутники — сыновья Авраама через Агарь, рабыню. Аллегория Павла «кто настоящие потомки Авраама через Сарру, а не через Агарь» в Послании к Галатам, в четвертой главе, и ее продолжение в девятой главе Послания к Римлянам могут читаться и часто читаются как «око за око». Вполне возможно, Иоанн стремился представить разоблачительную антропологию, которая мешает возможному христианскому прочтению «ока за око» против иудеев. Другими словами, мы с тем же успехом могли бы сказать: «Суть не в том, что мы лучше них. Это существенный вопрос о том, как с антропологической точки зрения выглядит преодоление идолопоклонства».

вечно. Итак, если Сын освободит вас, то истинно свободны будете (Ин 8:34-36).

Заметьте, что я взял слово «греха» в скобки. Оказывается, эта фраза отсутствует во многих древних текстах, возможно, она исчезла в результате редактирования, под влиянием того, что Павел использовал понятие «быть рабом греха», которое мы своими нравоучениями превратили в бессмыслицу. Но, какой бы ни была история текста, ответ Иисуса относится не к области морали, а к проблеме богословия. Его собеседники утверждают, что, благодаря своему преимуществу происхождения от Авраама, они свободны от идолопоклонства и поэтому свободны вообще. Иисус заявляет, что любой грешник — пленник идола, и этот идол движет всеми его действиями. Истинный Бог вечен, как и все те, у кого Бог живет в душе, кто движим Богом. Любой, кто подчиняется идолу, даже частично, не будет жить вечно: они «умрут во грехах своих» (вернитесь к месту, где Иисус проповедует до того, как начался этот обмен репликами (Ин 8:22)). Но если сын в доме — тот, кто, движимый Богом, живет вечно, решит освободить этих грешников, делая их равными себе, своими многочисленными братьями и сестрами, тогда они получат свободу, которой обладает он сам. Обратите внимание, что все это — обобщение того, что произнес Иисус в тридцать первом стихе. Только внимая Его словам и учась у Него, то есть, учась по-братски подражать Ему, и таким образом становясь сестрой или братом, равными Ему, они познают истину и освободятся. Фактически это соответствует тому, о чем мы говорили ранее: «Ибо если не уверуете, что это Я, то умрете во грехах ваших».

Затем Иисус приводит все новые и все более сильные аргументы, начиная прояснять некоторые ключевые различия, лежащие в основе Его учения о происхождении людей.

> Я знаю, что вы *потомки* Авраама, и все же вы хотите убить Меня — слово Мое не вошло в вас. Я говорю вам о том, что Я видел у Отца Моего, а вы исполняете то, что услышали от своего отца (Ин 8:37-38).

Иисус согласен со своими собеседниками в том, что они — Авраамово *семя*. Авраам — их биологический предок, это не подлежит сомнению. Его слова означают, что потомки Авраама — это совсем не то же самое, что дети Бога Авраама. Разница состоит в том, что потомки его готовы убить Иисуса. Эти люди, для которых Авраам — биологический прародитель, готовятся совершить братоубийство, уничтожая своего брата по Аврааму потому, что его слова не соответствуют их представлениям о Боге. Ими явно движут принципы, отличные от принципов Авраама. Так, Иисус утверждает, что говорит с ними, повинуясь своему движущему принципу — своему Отцу, Господу. А их движущий принцип, их отец, как скоро станет ясно, — отец братоубийства.

Собеседники резко заявляют Иисусу:

> Отец наш есть Авраам (Ин 8:39).

Обратите внимание на тонкую игру слов. Мы только что продвинулись немного вперед: до сих пор об Аврааме говорили только как о мужчине-прародителе, давшем семя, и биологическая связь с ним не подвергалась сомнению. Но здесь слово «отец» приобретает новое измерение — не биологической связи, а культурной мотивации. Различие, которое Иисус проводил между биологическим происхождением и культурной мотивацией, было отвергнуто. Итак, собеседники Иисуса заявляют, что их биологическое происхождение и культурная мотивация имеют единый источник.

Иисус старается сделать это различие еще более явным:

> Если бы вы были дети Авраама, то дела Авраамовы делали бы. А теперь ищете убить Меня, Человека, сказавшего вам истину, которую слышал от Бога: Авраам этого не делал. Вы делаете дела отца вашего (Ин 8:39-41).

Иисус использует слово *tekna*, «дети», проводя различие со словом «семя», *sperma*, чтобы повторить свою мысль. Если бы они были детьми, а не просто генетическими потомками Авраама, то есть, если бы ими двигал тот же принцип, что и им, это проявилось бы в том, что мотивы их действий были бы одинаковыми. Среди деяний Авраама никогда не было стремления убить кого-нибудь, кто говорил истину, исходящую от Бога. У Авраама было сложное отношение к тем истинам, которые он слышал от Господа. Он смеялся над ними с недоверием, впадал в отчаяние, завел ребенка с Агарью, но самым важным было то, что он поверил в истину, которую услышал о своем собственном отпрыске, и то, что он не стал приносить в жертву своего сына Исаака. Иисус не просто апеллирует к чувствам собеседников, приводя в качестве аргумента принцип «око за око». Он высказывает более фундаментальную антропологическую мысль. Когда Он говорит своим собеседникам: «Вы делаете дела отца вашего», Он не только показывает им, что именно они творят, но и провозглашает антропологический принцип: «Сын делает дела своего отца». На самом деле это предпосылка Его утверждения о том, что культурная реальность отцовства определяется его делами. Или, другими словами, то, что мы делаем в нашем братстве, — единственный критерий нашего отцовства.

Собеседники Иисуса отвечают:

> Мы не от любодеяния рождены; одного Отца имеем, Бога (Ин 8:41).

Некоторые считают упоминание любодеяния оскорбительным намёком на происхождение Иисуса: Он, как назаретянин, — уроженец мест, где многочисленные имперские переселения серьёзно помешали чистоте расы. Поэтому, как у человека с сомнительной семейной историей, Его происхождение спорно. Другие увидели в этой реплике отрицание того, что собеседники — дети Авраама от Агари, и что такое любодеяние перетекает в идолопоклонство. Как бы то ни было, важен не подтекст этого замечания, а направление, в котором развивается беседа, все большее сопротивление слушателей тому, чтобы принять антропологическое различие, предложенное Иисусом. Это выражается в их словах: «В нас нет ничего идолопоклоннического, нет никакого различия в нашем происхождении по отцу — оно едино».

Иисус проводит различие между семенем и детьми, чтобы сделать понятным учение о грядущей свободе последних, тех, кто сможет действовать, руководствуясь принципами, не связанными с братоубийством. Его собеседники могли услышать это только как пренебрежение к чистоте своей расы и к своей вере, которые, по их мнению, неразделимы. Таким образом, в ходе собственного ответа они приходят к логическому заключению: «Одного Отца имеем, Бога». Заметьте искусное обращение Иоанна с языком. Их предыдущий ответ Иисусу был: «Отец наш есть Авраам». Теперь они говорят: «Одного Отца имеем, Бога». Дело не в том, что они непоследовательны, когда говорят, что имеют одного Отца, Бога, и в то же время, что Авраам — их отец. Речь идет скорее о том, что в их отказе воспринимать разграничение, которое пытается провести Иисус, отцовство Бога и отцовство Авраама становятся полностью идентичными. Они делают последнее усилие связать между собой отцовство с точки зрения богословия и с точки зрения культуры, противостоя попытке Иисуса ввести между ними разграничение.

Теперь Иисус явно показывает, в чем состоит разница между противоположными представлениями об отцовстве с богословской точки зрения:

> Если бы Бог был Отец ваш, то вы любили бы Меня, потому что Я от Бога исшел и пришел; ибо Я не Сам от Себя пришел, но Он

> послал Меня. Почему вы не понимаете речи Моей? Потому что не можете слышать слова Моего (Ин 8:42-43).

Другими словами, если бы побуждающей силой, стоящей за их культурным или социальным единством, был действительно Бог, их души были бы открыты для братства с Иисусом. Ведь Иисус открывает настоящий доступ к Богу, предлагая им наставничество, создание истинного братства, и делает это, прямо подражая Господу. Создание братства, действие от имени Господа, подражание и послушание Ему — это все одно и то же. Почему же они не понимают этого? Не понимают они потому, что не могут вынести слово Иисуса. А не могут вынести его потому, что слово Иисуса разрушает принцип принадлежности к определенной группе, порожденный отождествлением культурного и биологического отцовства, что ведет к изгнанию чужаков и братоубийству. Слово Иисуса разрушает этот принцип и вводит вместо него братство, ведущее к открытию отцовства, которое выходит за пределы биологии и культуры. Никто из нас не может вынести такого слова, ведь оно предполагает, что наш бог, наша принадлежность к определенному социуму, наше чувство защищенности — все это идолопоклонство. Нет ничего хуже, чем услышать, как все то, что ты считал святым, называют идолом. Помните, что эти люди верили в Иисуса, и они, в принципе, были готовы перейти к следующему этапу замысла Иисуса по избавлению от идолопоклонства по отношению к Богу. Фраза «вы не можете вынести...» относится к людям, стоящим на пороге открытия нового братства, в котором меньше идолопоклонства, но, несмотря на это, они отступают назад.

Иисус продолжает:

> Ваш отец диавол; и вы хотите исполнять похоти отца вашего. Он был человекоубийца от начала и не устоял в истине, ибо нет в нем истины. Когда говорит он ложь, говорит свое, ибо он лжец и отец лжи (Ин 8:44).

Мы должны видеть в этой фразе не начало всех оскорблений, не проявление принципа «ока за око», как это делают многие толкователи, а логическое обобщение тех антропологических различий, которые Иисус все это время пытался объяснить. Он говорит, что существуют два вида братства: братство Отца, которого можно достичь, следуя за Иисусом в его создании всеобщего братства, и альтернатива ему — культурная реальность, свойственная всему человечеству и независимая от биологического происхождения. В основе человеческой культуры лежит братоубийство Авеля

ГЛАВА ТРЕТЬЯ. Иисус ставит Бога на уровень братства

Каином, и, в силу этого, как желания, так и знания всех людей полностью искажены. Наше желание, предшествующее сознанию, отмечено печатью убийства. В результате этого наши культурные концепции, язык и знание извращены ложью, которая этого не осознает, не видит Бога в тех, кто относится к «другим», не видит нас самих в наших жертвах.

В этом утверждении содержится пример радикальной антропологии, заявление, касающееся культурного отцовства: всякое земное отцовство — это в конечном счете отражение того, как искаженное жестокостью братство превращается в братоубийство. Человеческое отцовство, каким мы его знаем, проистекает из братоубийственной связи, существующей между братьями и сестрами. Обратите внимание: с точки зрения Иисуса культурная реальность жизни, основанной на принципе братоубийства, жизни представителя вида *человека убивающего*, — это структурирующая реальность, которая первична по отношению к отцовству, и она формирует его биологическую реальность. Можно переформулировать это так: из-за того что мы плохие братья и сестры, мы становимся плохими отцами и матерями, но мы стали плохими братьями и сестрами вовсе не потому, что у нас были плохие отцы и матери. Позвольте мне повториться, потому что это звучит странно для тех из нас, кто привык верить в истинность учения Фрейда: итак, братство — матрица, основа (вот в чем гвоздь), а отцовство — внешний признак, а не наоборот. Если взять двух братоубийц, один из которых — предок другого, легко представить, как и сделал Фрейд, что смертельная жестокость, которую они могут проявлять по отношению друг к другу, как-то связана с ролями предка или потомка. Тогда мы говорим о желании сына убить своего отца или, наоборот, о сыноубийстве. Это неверно, говорит Иисус, это не имеет отношения к тому, что кто-то из них отец или сын, мать или дочь. Просто так выглядит братоубийство между людьми, принадлежащими к разным поколениям.

Довольно легко сделать следующий логический шаг: нет такого понятия, как земной отец, и, если мы хотим преодолеть идолопоклонство, важно это осознавать. Из другого источника мы знаем, что Иисус, никогда не строящий противоречивых логических выводов из собственного антропологического понимания, учил именно этому:

> И отцом себе не называйте никого на земле, ибо один у вас Отец, Который на небесах (Мф 23:9).

Позвольте мне сделать одну ремарку. Помимо того, что эта фраза достаточно примечательна сама по себе, слова «все же вы —

братья» написаны не в строфе об отцах, что нам показалось бы естественным. Они идут в предыдущем стихе:

> А вы не называйтесь учителями, ибо один у вас Учитель — Христос, все же вы — братья (Мф 23:8).

Строфа об отцовстве и братстве с точки зрения культуры предшествует строфе о биологическом отцовстве. Яснее некуда: не биологическое отцовство являет собой модель, из которой происходит искаженное культурное отцовство, а искаженное культурное братство пагубно влияет на биологическое отцовство, делая его небратским. Отойти от этой модели можно по тому же принципу: нужно стремиться к тому, чтобы отношения между людьми на культурном уровне были братскими, тогда и между прародителями и их семенем разовьются правильные братские отношения.

Пока остановимся на этом и вернемся к восьмой главе Евангелия от Иоанна. Теперь, когда Иисус заложил основу своего учения, объяснив, что с культурной точки зрения происхождение всех людей восходит к братоубийству, с сопутствующей ему ложью о том, что братоубийственные жертвы необходимы для сохранения общества, он может продолжать:

> А как Я истину говорю, то не верите Мне. Кто из вас обличит Меня в неправде? Если же Я говорю истину, почему вы не верите Мне? Кто от Бога, тот слушает слова Божии. Вы потому не слушаете, что вы не от Бога (Ин 8:45-47).

И еще раз, давайте понимать это как логические доводы, а не как личное порицание. Для людей, чье культурное отцовство основано на лжи, связанной с убийством, почти невозможно узнать о нем правду, и в то же время мы можем узнавать и принимать на веру любое льстивое заблуждение. Таким образом, Иисус имеет в виду, что именно *потому*, что Он говорит им правду об их происхождении, связанном с братоубийством, они и не верят Ему. Разумеется, они хотят узнать, откуда явился Он сам. Если бы Его происхождение по отцу было таким же, как у них, с точки зрения культуры, тогда, разумеется, все, что Он говорил, было бы очередной ложью. Но удалось ли им найти что-нибудь в Его поведении, что позволило бы им думать, что Его отец тоже принадлежит их культуре? Обвиняет ли кто-нибудь Его в грехе? Нет. Значит, Его слова основаны не на лжи, связанной с братоубийством, а на правде. Но если Он говорит правду и их движущим принципом был Бог, а не ложь, связанная с убийством, они бы поверили Ему, потому что сами разглядели бы истину. И Иисус объясняет это, провозглашая следующий

ГЛАВА ТРЕТЬЯ. Иисус ставит Бога на уровень братства

общий принцип: Божьи люди слышат Божью правду, откуда бы она ни исходила. То, что собеседники Иисуса не слышат Его слов, позволяет понять, что их движущий принцип — не от Бога.

Вернемся к его собеседникам. Столкнувшись с тем, что им навязывают такое озадачивающее толкование антропологической реальности, которое могло бы серьезно подорвать их сплоченность и социальное единство, они постепенно еще активнее группируются под знаменами своего священного отцовства. То, что началось с обычного утверждения о том, что они Авраамово семя, превратилось в заявление о том, что Авраам был их отцом, главной движущей силой их культуры, а после — о том, что Бог был их единственным Отцом. Так они сделали свое групповое и культурное единство неоспоримым и одновременно не зависящим от их поведения. Следующий шаг в этой цепочке — переопределить того, кто угрожает этому союзу: Иисус перестает быть тем, кем был до сих пор: приводящим в замешательство, но «своим», «сукиным сыном, но нашим сукиным сыном». Да, Его речи были провокационными, но все же Он определенно был «одним из нас». Теперь они считают Иисуса и в культурном, и в богословском смысле «чужаком»:

Не правду ли мы говорим, что Ты Самарянин и что бес в Тебе? (Ин 8:48).

Обратите внимание, что это не просто оскорбление и даже не просто исключение его из числа сынов Авраамовых. Самаритяне, будучи потомками Иакова, были детьми Авраама. В этих обстоятельствах собеседники Иисуса *оправдывают* Его. Говоря: «Ты самарянин», они имеют в виду: «Ты не совсем один из нас, хоть и утверждаешь, что чтишь того же Бога, что мы». Это также способ причислить Иисуса к известному классу людей, которые «не совсем как мы. Да, неудивительно, что он толкует немного нескладно, он же один из *них*».

Кроме того, когда мы «демонизируем» кого-то, называя его, к примеру, «великим Сатаной» или «грешным от природы», мы просто объявляем его порочным и полностью дистанцируемся от него; но гораздо более учитывая демонология собеседников Иисуса состоит несколько в ином. Когда они говорят, что «в Нем бес», они имеют в виду, что Он на самом деле не знает что говорит и не должен держать ответ за свои слова. Такой, как Он, не мог по-настоящему богохульствовать, и Его нельзя наказывать за богохульство, как, например, нельзя наказывать чужеземца, пьяницу или ребенка за нарушение строгого этикета, который соблюдается взрослыми в японском обществе. Объявление Его самаритянином, да еще и одержимым бесом, — это отчасти именно то изгнание, к которому они стремились, связывая культурное и расовое отцовство напрямую с божественным отцовством. Но это также и препятствие такому изгнанию, это одновременно и унижение Его, и защита: «откуда ему было знать».

Небольшое замечание: Иисус использует слово «диавол», говоря об отцовстве своих собеседников, они же, в свою очередь, говорят в отместку «бес». Не кажется ли вам, что это звучит, как «око за око»? Я считаю, что здесь даже выбор слов несет важную смысловую нагрузку: у Иоанна слово «диавол» всегда имеет отношение к основному принципу братоубийства, оно раскрывает этот принцип, который предстоит преодолеть, и в нем не содержится никакого обвинения. «Бес» — оскорбительное слово в культуре, основанной на принципе братоубийства, и оно обозначает кого-то, кто «не один из нас». Слово «диавол» в речи Иисуса раскрывает структуру человеческого желания убивать, а использование слова «бес» в ответе его собеседников означает действие, основанное на желании изгнать, это действие тех, кто не знает, что творит.

В любом случае Иисус отказывается согласиться с предположением о том, что Он не отдает себе отчета в своих словах, что его нельзя принимать всерьез:

> Во Мне беса нет; но Я чту Отца Моего, а вы бесчестите Меня. Впрочем, Я не ищу Моей славы: есть Ищущий и Судящий (Ин 8:49-50).

На самом деле Иисус настаивает на продолжении учения, которое Он все это время пытался до них донести. Он действует ответственно и оказывает должное почтение Богу. Не принимая Иисуса в качестве достойного собеседника, каким бы ни было их намерение, они тем самым не проявляют должного почтения по отношению к тому, кто восхваляет Бога. Конечно, лично Он никак не пострадал от того, что они сочли Его несведущим. Его самооценка не зависит от того, принимают ли Его всерьез и считают ли достойным. Бог сам окажет Ему честь, признав Его достоинство и правдивость, и, конечно, проницательность Бога несравнима с суждениями людей, подвластных движущему механизму их группы.

Таким образом, Иисус не обращает внимания на то, что его собеседники все непреклоннее отстаивают свою точку зрения о доступе к братству, в основе которого лежит происхождение по отцу и принцип исключения чужаков. Он настаивает на продолжении своего учения о новом братстве. Идея этого братства сродни идее об усыновлении Господом. Оно открывает доступ к отцовству, основанному на братстве, в котором действует принцип включения, а не исключения. В этом и состоит суть учения Иисуса:

> Истинно, истинно говорю вам: кто соблюдет слово Мое, тот не увидит смерти вовек (Ин 8:51).

Иисус снова обращает внимание на основные моменты своей проповеди, изложенной в восьмой главе. Он говорит о том, что идолопоклонство можно преодолеть в процессе обучения, подражая Ему самому, следуя за Ним. Тот, кто придерживается этого пути, вступает в сыновние отношения с вечно живым, бессмертным Богом. Такой человек никогда не умрет.

Собеседники Иисуса вновь заявляют, что в нем бес, как будто предположить, что Он сошел с ума, для них предпочтительнее, чем счесть Его богохульником.

> Теперь узнали мы, что бес в Тебе (Ин 8:52).

Обратите внимание на иронию Иоанна. Теперь собеседники повторяют то, что говорил Иисус все это время, но так, как будто это был полный бред.

> Авраам умер, умерли и пророки. А Ты говоришь: «Кто исполнит Мое Слово, вовеки не испытает смерти»! Неужели Ты больше нашего отца Авраама, который умер? Или пророков, которые умерли? Кем Ты себя выставляешь? (Ин 8:52-53).

Авраам умер. Пророки умерли. Ведь именно об этом и говорил Иисус. То, что они еще были рабами греха, еще не полностью освободились от идолопоклонства, явно следует из самого факта их смерти. Только Сын может даровать жизнь. Собеседники повторяют и даже подчеркивают факт того, что все, о ком они говорят, мертвы. В первый раз они говорят «Авраам», во второй — «отец наш Авраам», связывая тем самым свое хваленое происхождение по отцу со смертью. И снова, именно об этом говорил Иисус. Фразу, которая переводится как «Кем ты себя выставляешь?» точнее было бы перевести как «Кого ты из себя строишь?» или «За кого ты пытаешься себя выдать?»

Иисус отвечает прямо:

> Если Я Сам Себя славлю, то слава Моя ничто. Меня прославляет Отец Мой, о Котором вы говорите, что Он Бог ваш (Ин 8:54).

В этом месте существует текстуальная проблема: в большинстве греческих текстов последняя часть предложения звучит буквально так: «о Котором вы говорите, что Он Бог *наш*». И это написано не просто в большинстве текстов, а в текстах самых древних и подвергшихся наименьшей переработке и исправлениям, то есть в наиболее близких к оригиналу. То есть в этой версии не только перевод, но и его интерпретация означают: «Вы говорите, что он Бог *наш*». Таким образом, переводчики посчитали, что слова «Бог наш» нужно понимать в исключающем значении («наш, а не ваш»), поэтому в ответной реплике оно звучит как «Вы говорите, что он Бог *ваш*». Это означает, что толкование, основанное на принципе «око за око», введено даже в греческий текст и перевод, но ведь это вовсе не единственная и даже, полагаю, не самая вероятная интерпретация. Возможно, слова «наш Бог» следует понимать в смысле присоединения, то есть как то, что Иисус причисляет себя к «нам»: «О котором вы (также) говорите, что он наш Бог». Возможно, мы имеем здесь дело с намеренной двусмысленностью: именно в таких местах толкование, основанное на исключающем принципе братоубийства (или принципе «око за око»), и толкование, основанное на принципе безвозмездного включения (или присоединения), соседствуют друг с другом.

В свете прочтения, которое я пытаюсь открыть вам, это предложение означает следующее: собеседники спрашивают Иисуса, кем Он себя выставляет, и Он отвечает: «Если бы я старался притвориться кем-то, тогда я бы на самом деле ничего не стоил. К тому же мой Отец, тот, кого вы зовете Господом, провозглашает, кто Я есть на самом деле». Иисус пытается сделать отцовство Бога включающим, всеобъемлющим, изобличая братоубийственную природу идолопоклоннического отношения своих собеседников к Господу, когда они присваивают себе его отцовство. Точно так же поступит и он, говоря об Аврааме в своих заключительных доводах:

> И вы не познали Его, а Я знаю Его; и если скажу, что не знаю Его, то буду подобный вам лжец. Но Я знаю Его и соблюдаю слово Его. Авраам, отец ваш, рад был увидеть день Мой; и увидел и возрадовался (Ин 8:55-56).

Позвольте мне перефразировать это так: «Поступая на основе братоубийственного, исключающего принципа, вы тем самым подтверждаете то, что на самом деле не знаете Бога. Я действительно знаю Его, и свидетельство того, что я имею отношение к Богу, как я говорю о Нем, — это истинный план освобождения от идолов. И притворяться, что все обстоит иначе, — значит лжесвидетельствовать перед Богом, что вы и делаете. Я говорю только правду

ГЛАВА ТРЕТЬЯ. Иисус ставит Бога на уровень братства

и истинно несу в себе силу Слова Божьего, свергающего идолов. Поэтому тот, кого вы только что именовали единственным своим отцом Авраамом, тот, кто положил начало освобождению от идолов, радовался при мысли, что настанет день, когда процесс свержения идолопоклонства будет завершен. Вот о чем Я толкую. На самом деле он желал, чтобы именно я стал кульминационной точкой этого процесса. С его помощью рабы учились становиться сыновьями и дочерьми. Это значит, что имя Авраама вовсе не подходит для обозначения земного отцовства, связанного со смертью, в котором человек ради безопасности объединяется с другими против кого-то, поскольку это приводит замысел Авраама снова к тому самому идолопоклонству, которое он был призван преодолеть. Авраам — это имя идеи братства, которое преодолевает идолопоклонство и ведет к тому, чтобы все люди становились сыновьями и дочерьми и разделили с Господом вечную жизнь».

Обратите внимание на стратегию Иисуса: Он постоянно избегает использовать в своих доводах понятия, имеющие отношение к принципу «око за око», потому что они — плод идолопоклонства, диалектика, основанная на насилии. Вместо этого он пытается показать иной путь, раскрывая его сущность. Нужно ли толковать и воплощать замысел Авраама, исходя из принципа отцовства «борьба — это все», ограничивая этот план по освобождению от идолопоклонства рамками отцовства, снова и снова ходя по кругу насилия и жестокости? И нужно ли толковать идею Авраама как ответ на призыв Бога извне этого отцовства, как добровольное его вмешательство, то есть как приглашение выйти за рамки идолопоклонства и построить братство? Кто такой Авраам: связано ли его имя с отцовством, ограниченным рамками происхождения, или со свободным и открытым для других братством? Только братство не имеет ничего общего с принципом «око за око», на котором базируется идолопоклонство, и его можно понять только после свержения этого идолопоклонства изнутри.

Именно это подразумевается в следующем, самом впечатляющем, обмене репликами. Собеседники Иисуса не верят:

Тебе нет еще пятидесяти лет, — и Ты видел Авраама? (Ин 8:57).

С одной стороны, эта насмешка основана на очевидной разнице между годами жизни Иисуса и Авраама. С другой стороны, в ней звучит вопрос: «По какому такому праву *ты* смеешь так уверенно говорить об Аврааме?» На этот последний вопрос и отвечает Иисус:

> Истинно, истинно говорю вам: прежде нежели был Авраам,
> Я есмь (Ин 8:58).

Теперь это не беспочвенное заявление о своей божественности как способ разрешить спор силой — это было бы просто-напросто богохульством. Именно так и думают Его собеседники. Но в этих словах заключен гораздо более глубокий смысл, и любые пояснения здесь покажутся невнятным бормотанием.

Логика ответов Иисуса представляется мне такой: план избавления от идолов — это одновременно и план по освобождению Бога в сознании людей от любых отцовских образов, план по реальному преодолению братства, основанного на принципе братоубийства. Именно такое братство и породило идолопоклоннические образы Бога. Воплотить этот замысел — значит достичь состояния, когда не останется иного Божьего образа, кроме братского. И только научившись братским отношениям, можно будет увидеть и представить себе Господа. Именно это и делает Иисус: Он и есть этот брат. Сейчас Он — сын, всего лишь потенциальный брат, потому что остальные потенциальные братья еще не стали братьями реальными, оставаясь рабами смерти. Но Он присутствует здесь, чтобы открыть перед ними возможность стать братьями Сына и тем самым стать сыновьями Бога.

Самое потрясающее во всем этом — понимание того, что в своей реализации замысел очищения сознания людей от идолопоклонства может иметь два исхода. Это очищение может быть просто отрицательно, когда, освобождая Бога от любых проекций отцовства, понимаемых в смысле земного отцовства, мы просто опустошаем Бога и остаемся ни с чем. Либо это очищение положительно и осуществляется тем, что Бог с самого начала ставится на уровень братства. Он появляется в мире людей, как брат, таким образом, возникает реальный положительный образ Бога — нашего брата, что позволяет преодолеть братоубийство, делая возможным создание настоящего нового братства людей. В таком случае, если Бог в течение всего этого времени постепенно осуществлял замену божественности на братство, ведя людей за собой вперед в качестве брата, тогда наступает разрушительный момент в проекте освобождения от идолопоклонства. Это момент, когда мы сталкиваемся с крайним богохульством с точки зрения представления об отцовстве, основанном на братоубийстве. Мы сталкиваемся с самоутверждающим присутствием Бога в современном человеке, который строит новое братство, но полностью беззащитен перед братоубийством.

Вот главная мысль Иисуса: Он не просто кульминация проекта, но сам проект. Бог создал брата, предлагая нам всем стать его братьями и сестрами, но брата, беззащитного перед братоубийством. И, разумеется, именно это позволяет Ему говорить, что то, что Он делает, — это и есть суть проекта, а Авраам лишь его основатель. Кроме того, говоря: «Я есмь», Иисус совершает настоящее откровение, которое Он описывал и объяснял, — бескорыстное откровение божественного братства среди братоубийственного отрицания. Откровение Иисуса «Я есмь» — положительный акт Его собственного толкования, момент, когда божественный проект по преодолению братоубийственного идолопоклонства и братское учение о нем сливаются воедино.

Тогда взяли каменья, чтобы бросить на Него; но Иисус скрылся и вышел из храма (Ин 8:59).

Брат раскрывает себя, как Бога, и храм должен был служить Его символом, в то время как Его братья, поддерживая отцовскую модель храма, готовились осквернить его братоубийственным деянием. Практически одновременно с появлением Бога в храме перед людьми в качестве их брата Иоанн добавляет в Священное Писание две небольшие фразы, указывающие на то, что это ключевые моменты божественного откровения. Я думаю, это не случайно. Иисус скрывается, повторяя:

Истинно Ты Бог сокровенный, Бог Израилев, Спаситель. (Ис 45:15).

Еще больше впечатляет история, рассказанная в десятой и одиннадцатой главах Книги Иезекииля, о том, как произошло немыслимое: презрев язычество, Бог ушел из храма.

Основа антропологии Иисуса

Моей целью было показать, что в очень сложном тексте присутствует очень точная антропология откровения: понимание того, кем являемся мы, люди. Это антропологическое видение, предполагающее, что все мы связаны определенным происхождением по отцу, в котором критерии принадлежности к той или иной группе определяются рядом унаследованных традиций, многие из которых, очевидно, имеют отношение к Богу. Божественность, о которой мы говорим, поддерживает унаследованную принадлежность к группе, наделяя очевидной властью тех, кто определяет, кого принимать в данную группу, а кого изгонять. Братство доступно всем, кто состоит в группе, кто поддерживает ее отцовство и соглашается изгонять неугодных членов, чтобы сохранить ее индивидуальность.

Новизна состоит в том, что подобная принадлежность к группе, определяемая унаследованным отцовством, является идолопоклоннической, то есть требует жертв. Иисус появляется в одной из таких групп и, разоблачая перед ее членами истинное устройство группы, провоцирует людей укрепить ее границы и принести еще большую жертву. И угрожающим, дестабилизирующим фактором в учении и образе действий Иисуса является то, что он отказывается допустить существование хотя бы одного божественного элемента в унаследованной принадлежности к группе. Сложно сопротивляться удивительной силе категоричного заявления Иисуса о том, что мы не должны называть отцом ни одного мужчину на земле. К тому же это утверждение сопровождается откровением, что сам Бог, говоря с нами, делает это как наш брат, как кто-то равный нам.

Теперь я хочу прояснить, что, прежде всего, я не выступаю против института папства или Ватикана. Часто считается, что эти организации внедряют в умы и сердца верующих религиозное учение, основанное на отцовстве, и иногда практикуют жертвенные формы поведения для того, чтобы укрепить свои догматы, несмотря на утверждения о том, что их учение происходит на братском уровне. На самом деле иногда того, что священников именуют «отцами», а папу — «святым отцом», хотя Священное Писание недвусмысленно запрещает это, уже достаточно, чтобы вызвать кривую усмешку и сопротивление намерениям церковников выставить католичество в лучшем свете. Проблема не в самой нелепости такого обращения, а в чем-то, что может быть по крайней мере плохо в религиозных и нерелигиозных сферах, где людям недостает постоянного напоминания об истине евангельского текста. Господь не запрещает прямым текстом называть *религиозных* лидеров «отцами», хотя это, очевидно, входит в общий запрет. Гораздо более примечательно то, что Он запрещает нам называть «отцом» кого бы то ни было и *в первую очередь наших предков*. Я еще не встречал человека, который, как бы критично он ни относился к употреблению слова «отец» для обозначения католической иерархии, на самом деле был бы готов последовательно отказаться от использования этого слова в привычном семейном значении.

ГЛАВА ТРЕТЬЯ. Иисус ставит Бога на уровень братства

Я не думаю, что Иисус преследовал грамматические цели искоренить обычное слово из повседневного употребления, приберегая слово «Отец» исключительно для Бога. В самом деле, Он, очевидно, очень заинтересован в том, чтобы мы научились не приписывать ничего священного нашим предкам — ни культурным, ни биологическим — *как прародителям*.

Ведь все это развито в нас до такой степени, что мы рискуем быстро привязаться к ложной форме общности людей и не разглядеть того, что мы являемся соучастниками священного братоубийства. Если это произойдет, то мы не сможем, обучаясь не братоубийственным формам братского существования, открыть для себя наше истинное отцовство в Боге.

В своей проповеди Иисус не выдумывал ничего нового, что не существовало бы под солнцем. Он просто следовал удивительным строкам Ветхого Завета. В нем есть притча, рассказывающая об установлении истинного братства, о преодолении отношений, основанных на братоубийстве и плохом отцовстве. Это история об Иакове, любимце своей матери Ревекки, и его брате-близнеце Исаве, который был любимцем своего отца Исаака. До того как Иаков смог примириться со своим братом, которого обманом лишил права первородства и отеческого благословения, ему пришлось вступить в поединок с Богом, в результате чего он смог побороть свое собственное чувство соперничества по отношению к Исаву, которое было корнем проблемы. Таинственным образом Бог появляется в человеческом обличье перед Иаковом (Быт 32:22-30). Именно в этом поединке Иаков «справляется с Богом» и осознает, что встретился *лицом к лицу* с Ним. Он одолел не Бога, но собственную ревность к брату. После этой таинственной борьбы он смог понять свою ошибку и взглянуть брату Исаву *в лицо*. Так он смог научиться жить в мире со своим братом и стать Израилем, братской общиной[6].

Еще более замечателен пример из притчи об Иосифе (Быт 37-50). В ней явно прослеживается параллель между Иаковом/Израилем, который в начале показан как пример «плохого отца», и фараоном, который в конце показан как пример «хорошего». Один из сыновей Иакова, Иосиф, был его любимцем. Это породило соперничество среди других детей. Такой способ поведения отца — это фактически опускание его до уровня драчливого брата. Действительно,

---

[6] Я обязан этой догадкой Анджелу Барахона (Barahona), чья статья *From Cain and Abel to Esau and Jacob* скоро будет напечатана в восьмом номере *Contagion* (весна 2001 года).

вначале Иаков не ценит любовь и уважение своих сыновей по достоинству. Иосиф становится жертвой братоубийственной логики плохого отцовства. Однако он обнаруживает, что способен построить отношения братства после того, как стал жертвой собственных братьев, задумавших вначале убить его, но затем продавших его в рабство. Ему удается сделать это в далекой стране. Он не просто может дать своим братьям изобилие, но и делает это, пользуясь милостью совершенно новой отеческой фигуры — того, в ком нет ни капли соперничества или зависти и кто даже никак не проявляет своей индивидуальности. Так же, как и в учении Иисуса о Боге, которое отражено в Евангелиях, этот человек с миром передал всю власть Иосифу, чтобы тот исполнял ее по-братски. В то время, когда была написана эта притча, египетский фараон, безусловно, считался символом «врага», и то, что в Ветхом Завете он мог быть показан как «хороший отец», которому чуждо соперничество, просто-напросто выходит за рамки любой нормальной структуры литературного текста и человеческого понимания. Это признак того, что нам следует называть откровением.

Лично фараон появляется единственный раз, после того как поставил Иосифа править Египтом. Узнав о том, что у его любимого «сына» есть отец и братья, он немедленно приветствует их и дарит им землю. В этом проявляется абсолютное отсутствие зависти и корысти (Быт 47:1-12). Еще больше поражает то, что Иосифу, полностью лишенному какого-либо участия со стороны своего завистливого отца, но имеющего поддержку со стороны нового, бескорыстного отца, удается собственными силами, шаг за шагом, избавить своих братьев от логики братоубийства. Он испытывает их, чтобы проверить, пожертвуют ли они своим младшим братом Вениамином. В конце концов он добивается от брата Иуды, по-моему, самых поразительных слов, которые когда-либо звучали на земле. Иуда признает свое участие в братоубийстве и отказывается совершать его снова, принося в жертву Вениамина, он предлагает вместо него себя — признак того, что он наконец научился братству (Быт 44:18-34). И, таким образом, он научился бережно относиться к своему отцу, не испытывая никакого чувства соперничества:

> Ибо как пойду я к отцу моему, когда отрока не будет со мною? (Быт 44:34).

Антропология этой истории и учения Иисуса — одна и та же.

ГЛАВА ТРЕТЬЯ. Иисус ставит Бога на уровень братства

К получению сознания

Из всего этого ясно, что в проповеди Иисуса об Аврааме, о которой говорится в восьмой главе Евангелия от Иоанна, он не придумывал ничего нового. Он толковал историю первого человека, которому было сказано: «Пойди из земли твоей, от родства твоего и из дома отца твоего, в землю, которую Я укажу тебе» (Быт 12:1), в свете глубочайшей традиции, ставшей основой замысла Авраама.

План по избавлению от идолопоклонства, связанного с земным отцовством, — это не только требование перестать относиться друг к другу с позиции принадлежности к определенной группе, в основе которой лежит принесение в жертву чужаков, это еще и требование научиться протягивать руку помощи тем, кто не входит в вашу группу, ставя под угрозу ее единство и разрушая в конечном счете ее границы. Мы должны выполнить эти требования, если хотим стать братьями и сестрами Сына, и таким образом открыть, что его Отец — это и наш отец. Но это еще не все. Это также план по освобождению сознания от любых форм культурного и религиозного учения, основанного на догматах отцовства.

Иисус всегда описывается в Евангелиях как некто, уже живущий в божественном отцовстве и поэтому считающий своих предков братьями. Так, еще в детстве он говорит Иосифу и Марии, что должен продолжать дело своего Отца (Лк 2:41-51). Он также ясно заявляет о том, что в основе его отношений с матерью тоже лежит братство, как и со многими другими. Он отвергает утверждение о том, что отношения матери и сына «особенные» и выходят за рамки его учения о братстве. Иисус видел в женщине, которая его родила, в хранительнице его младенчества и детства, в первую очередь сестру, а «мать» — только в том смысле, в котором был счастлив видеть любого[7]. Он также ясно говорил о том, что относился к своим современникам более старшего поколения как к людям, которые, несмотря на свои грехи, могли делать добро для своих детей, удовлетворяя их нужды и желания, вместо того чтобы связывать их двойными путами[8]. Однако то, что присутствовало в сознании Иисуса всегда, достигается нами только посредством серьезного переворота в нашем сознании. Мы должны шаг за шагом,

---

[7] Кто будет исполнять волю Божию, тот Мне брат и сестра и матерь (Мк 3:31-35).

[8] Есть ли между вами такой человек... когда сын его... попросит рыбы, подал бы ему змею? Итак, если вы, будучи злы, умеете деяния благие давать детям вашим, тем более Отец ваш Небесный даст блага просящим у Него (Мф 7:9-11). Лука добавляет сюда яйцо и скорпиона (Лк 11:12).

прилагая усилия, научиться думать и действовать, не связывая себя с «отцовской» групповой принадлежностью, а живя и поступая как люди, у которых есть только братья и сестры, принадлежащие разным поколениям, которые нуждаются в братском отношении, соответствующем их возрасту и силе.

Один из ключевых шагов в этом процессе — осознание того, что любой конкретный пример плохих отцовских и/или материнских отношений с сыном или дочерью — это, вопреки Фрейду, вовсе не результат внутренних конфликтов в глубине бессознательного родителей и детей. Плохие отцовские и материнские отношения с сыновьями или дочерьми — просто часть комплекса характерных особенностей искаженного братства. Все, что содержится в учении Фрейда, лишь соперничество братьев и сестер: братьев и сестер разных поколений. Это открытие приносит глубокое облегчение, ведь оно означает, что в этих конфликтах нет ничего такого, что нельзя решить *сейчас* с помощью обучения братству с современниками, включая людей других поколений, и особенно наших предков. Плохое братство первично, по сравнению с любыми отношениями между нами и нашими родителями, и в большей или меньшей степени формирует их. Но это, слава Богу, означает, что никто из нас не имеет права винить в конфликтах своих родителей. Все мы, как и наши предки, рождены в плохом братстве, скрывающемся под личиной культурного и семейного отцовства, и все мы находимся в одинаковых, плохих или хороших, условиях, для того чтобы начать преодолевать его последствия. Любой серьезный вред или травма, которую мы могли получить от хранителей младенчества и детства, — особые случаи, связанные с комплексом плохого братства, первичного по отношению к ним, которое они так же, как и мы, еще не преодолели полностью. Вот и все.

Это действительно большое облегчение, ведь мы можем научиться прощать людей, применяющих по отношению к нам принципы своего братства, в основе которого лежит братоубийство, людей, которые считают, что совершают правое и святое дело. Как дети, мы никогда не сможем простить обиду, причиненную нам родителями, потому что как *сыновья и дочери* мы никогда не встанем на уровень отца или матери. Если вам приходилось прощать одного или обоих ваших родителей или вашего ребенка, не показалось ли вам, что такое прощение — это процесс осознания их как людей, находящихся на одном с вами уровне, процесс освобождения от всего, что казалось отцовским, материнским или сыновним? Таким образом, мы можем либо определять эту обиду как ту,

ГЛАВА ТРЕТЬЯ. Иисус ставит Бога на уровень братства

что причиняется ребенку родителями, или наоборот, и это означает, что мы останемся на уровне обидчивого адресата. Либо мы можем начать осознавать, что искаженное отцовство и материнство, полученное нами, — это всего лишь частный случай братоубийственной природы человеческой культуры. То есть это не имеет отношения к нашим родителям как *к предкам* или к нашим детям *как потомкам*. Как *братья и сестры*, мы все призваны принять участие в преодолении этой общей культурной тенденции.

Поэтому, как только мы начнем относиться к этой проблеме как к началу устранения последствий того, что и мы сами, и другие люди состоят в жестоком братстве, и никто в этом не виноват, мы увидим, что говорим своим собственным, взрослым, братским голосом. Мы также начнем понимать суть того, что казалось священным и отцовским в жизни наших семей, нашей культуры, наших странах и религии. Действительно, принятие на себя ответственности связано с пониманием того, что все унаследованные нами структуры братства переменчивы. Вместо того чтобы оставаться жертвами тяжелого наследия прошлого или благородно оплакивать непреложные священные традиции[9], мы начинаем смотреть на эти структуры как на что-то, стоящее на братском уровне с нами, и это относится к нашей семейной жизни, политическим институтам, национальному наследию и религиозным организациям. И не важно, согласятся ли эти структуры на такое отношение к ним и станут ли сами относиться к нам по-братски вместо того, чтобы следовать отцовскому образу действий. Нет грешного и божественного отцовского «они». Есть только братья и сестры, такие же, как и мы сами: слабые жертвы и деятели противоречивого и часто жестокого братства, в основе которого лежит братоубийство.

Итак, какие можно сделать выводы? Именно то, что сам Бог, Создатель вселенной, определенно говорил с нами как брат, позволило нам постепенно осознать, что матрица всей нашей социальной жизни — исключительно братская. Единственный подлинно божественный голос, который мы когда-либо слышали или услышим, говорил с нами не из-за облаков, с отцовской таинственностью, требуя жертвоприношения, устанавливая запреты или ограничения. Единственный подлинно божественный голос, который мы

---

[9] «Вы должны понять, что даже если бы я хотел изменить это учение, не могу, потому что оно не зависит от меня, это непреложная божественная заповедь». Ах, Авраам, Авраам, приставь нож к горлу своего сына, но не слишком смотри по сторонам, чтобы не увидеть овна, запутавшегося в чаще, и не заподозрить, что Божья заповедь может измениться!

когда-либо слышали, научил нас уходить от всего этого, говоря с нами исключительно на братском уровне. Поэтому Иисус (как и многие другие еврейские толкователи Священного Писания до и после Него) видит в учениях Авраама, Моисея и пророков доказательства того, что они выступали против жертвоприношения, и рассматривает их как братьев, равных нам. Это значит, что нет святого отцовского учения, нет такого отцовского голоса, которому мы должны уделять внимание, независимо от голоса братского. В Евангелиях отцовский голос Бога появляется независимо от Иисуса исключительно для того, чтобы показать, что именно Его мы должны слушать и что в Нем заключена слава Господа[10].

Фраза «нет святого отцовского учения» звучит настолько радикально, что я хотел бы оговориться. Причем я хочу сделать небольшие предостережения не для того, чтобы умалить ее значение, но для того, чтобы защитить кого-то от ее силы, для того, чтобы эту фразу не воспринимали лишь как дань модному радикализму. Разумеется, я не имею в виду, что учения о Боге Отце нет в христианской вере. На самом деле в конечном счете едва ли есть что-то кроме него! Конечно, цель этой главы — сделать потрясающую истину о Божьем отцовстве более, а не менее доступной. Так, разумеется, в Новом Завете присутствует огромное количество важнейших для христианской веры учений о том, как молиться Отцу, как подражать Отцу, о вознаграждении Отцом и так далее. Мысль, которую я хочу донести до вас, заключается в том, что всему этому нас учит ни в коем случае не отцовский, а исключительно братский голос. Потому что, если мы должны позволить себе быть любимыми Отцом, которому абсолютно чужд дух соперничества, который желает милости, а не жертв, нам удастся это сделать только через постижение нового вида братства. Конечно, мы надеемся узнать, что Отец любит всех нас одинаково, не допуская никакой вражды и соперничества, а голос, ведущий нас к этому знанию, — это голос исключительно братский, и он освобождает наших братьев и сестер от чувства ревности по отношению друг к другу и от братоубийства. Если нас будет учить отцовский голос, в нем будет слишком много противоречивых отголосков, относящихся к прежним культурным традициям. Он будет ограничивать «допустимое» для нас братство, и мы в конце концов обнаружим, что этот голос не был божественным.

У этого учения есть довольно примечательные последствия, позволяющие нам понять, как развивается сознание.

---

[10] Мф 17:5; Мк 9:7; Ин 12:28. См. также Мф 3:13-17; Мк 1:9-11; Лк 3:21-22.

ГЛАВА ТРЕТЬЯ. Иисус ставит Бога на уровень братства

Если божественный голос будет говорить с нами исключительно на братском уровне, мы все получим сознание, то есть осознание, того, что мы — сыновья и дочери Бога. Но осознание этого происходит исключительно в той степени, в какой это новое «я» отзывается в каждом из нас, когда мы учимся слушать братский голос, говорящий нам «ты» и призывающий нас к жизни. И это зависит исключительно от того, насколько мы научимся говорить друг другу «ты», призывая таким образом «я» друг друга вместе прийти к братскому уровню общения. В любом случае, это означает, что нам будет тяжело научиться отличать голоса, которые будут обращаться к нам на «ты» не по-братски, а по-отцовски или по-детски обиженно, скрывая отношения, основанные на братоубийстве, от подлинного братского голоса, призывающего нас отказаться от братоубийства. В то же время это означает, что нам будет тяжело научиться говорить друг другу «ты» только из братских побуждений, учась не передавать чьему-то «я» противоречивые остатки отцовства, маскирующие нашу склонность к отношениям, основанным на братоубийстве.

Приведу пример: одно из лучших братских критических мнений, которые я слышал о своей книге, состояло в том, что я не оставляю пространства для праведного гнева, который чувствуют отвергнутые геи перед лицом непримиримости и лицемерия церковной власти. Это довольно глубокое замечание. Действительно, из-за всего пережитого я настолько боюсь поддаться собственному гневу, памятуя о собственном чувстве отверженности, чем лишаю себя возможности участвовать в конструктивной беседе, которая могла бы заставить считаться со мной, что я, возможно, слишком отчаялся, чтобы отрицать боль, и вместо этого слишком усердно стремлюсь к разумному и вежливому разговору. Если бы не эта мотивирующая сила, я бы, скорее всего, никогда не стал богословом! В результате, отрицая собственную боль, я иногда пишу так, что вызываю у других чувство стыда за то, что они не могут так же быстро перестроить свой образ мыслей, чтобы тоже стремиться избегать языка, имеющего отношение к насилию и жертвоприношениям. Возможно, я вторгаюсь в процесс того, как вы реагируете на боль, которую вам причинили. Одно дело, когда богослов пытается указать путь к достижению определенной зрелости веры. Совсем другое — когда скрытый и безжалостный голос культурного отцовства (отчасти армейский, отчасти голос английской школы-интерната, отчасти — консервативной партии), на тон ниже моего собственного, рявкает на меня, а через меня — на других: «Стань взрослым и перестань себя жалеть!» Одним словом, я почти не сомневаюсь, что, даже пытаясь говорить по-братски, я передаю чьему-то «я» противоречивые остатки отцовства, маскирующие мои собственные наклонности к братоубийству. Все мы находимся в процессе обучения тому, как преодолевать механизмы, подобные этому.

Как правило, нам очень редко удаётся представить, что голос Бога говорит с нами исключительно на братском уровне. Мы редко неукоснительно верим в воплощённое Слово Божье как в авторитетную форму обращения к нам Бога. Мы настаиваем на заимствовании некоторых идей Иисуса и затем на укреплении нашего отцовства, прибегая к скорой помощи состряпанных наспех аргументов, полученных из независимых источников и приписываемых Богу как Творцу, опоре вечных законов, тому, кто отдаёт запреты, ведущие к нашему соучастию в жертвоприношении. Одним словом, мы не проверяем всё и не придерживаемся только хорошего (1 Фес 5:19-22), но очень быстро подрываем доверие к Богу в наших человеческих традициях (Мк 7:8) и ограждаем самих себя от постижения братства. Поступая так, мы не только не соблюдаем то, чему учит нас Евангелие, доверенное нам первым из многих наших братьев, но и показываем, что мы ещё меньше верны ему (Рим 8:29).

Братское размышление...

Это учение Иисуса, в котором он ставит Бога на братский уровень по отношению к людям, и его последствия для развития сознания людей, очевидно, касаются всех христиан. Например, это учение предлагает нам путь самокритики, следуя которому мы сможем избавиться от нашей традиции «божественно» гарантированного женоненавистничества, которое занимает несколько иное место в критике патриархата, по сравнению с критикой жертвоприношений. С освобождением сознания приходит и свобода нашего воображения, которое уже не зависит от реакции других, и мы можем создавать новые способы сосуществования. Как бы то ни было, я пришёл ко всему этому как католик и гей, и, думаю, для геев-христиан это учение имеет особые последствия, на одно из которых я бы хотел вкратце обратить внимание.

Какова наша реакция на официальное учение, официальную непримиримость и неспособность церкви на зрелую дискуссию? Обида, смятение или желание спровоцировать конфликт? Да, скорее мы реагируем именно так, чем выражая здоровый гнев по поводу

ГЛАВА ТРЕТЬЯ. Иисус ставит Бога на уровень братства

несправедливости, окружающей нас, и скорбь о положении наших братьев, попавших в ловушку, чьи пути стягиваются все туже и туже. В таком случае, велика вероятность того, что наше сознание все еще связано с отцовским типом братства, основанным на жертвоприношении, которое мы с легкостью замечаем в словах, произносимых официально, и в соответствующих действиях. Может быть, таким образом мы уходим от нашей слабости — слабости тех, кто уничтожен, и нам еще предстоит научиться жить с нашим собственным гневом, который то усиливается, то подавляется нами. Когда мы становимся сильнее, способнее к восприятию сказанного нам, счастливее в своем открытии, что Бог нас действительно любит, может ли для нас не иметь значения, что мы учимся сдерживать чрезмерную обиду и негодование на то, чего на самом деле нет?

Единственный надежный способ сделать так, чтобы церковное учение не менялось, кроме как в направлении еще большего консерватизма, — это потворствовать паранойе, укрепляющей его, играя по его правилам. Пока те, кто защищает учение, и те, кто критикует его, заключены в мире братоубийства, замаскированного под священное отцовство со всеми его причудливыми проявлениями, мы не сдвинемся с места. Вместо продвижения вперед в этом вопросе мы получим «невинных детей», пытающихся объединить силы против злых «отцов», или иерархию «жертв», утверждающих, что они никому не причинили вреда, а только хотели высказать «божественную истину» тем, кто пятнает и оскорбляет их. Это не имеет ничего общего с откровением Господа во Христе, это просто пародия на него как с той, так и с другой стороны[11].

Настоящий разговор о церковном учении только тогда станет конструктивным, когда мы проделаем тяжкий труд, чтобы быть уверенными, что и те, кто говорит, и те, кто слушает, стоят на одном братском уровне, не обращая внимания на тех, кто кричит или отказывается говорить, проявляя таким образом свою

---

[11] Было бы логично счесть, что архиереи, предположительно владеющие божественным даром веры, скорее всего, будут держать ответ на Страшном суде за то, что заносчиво выставляли себя и церковь «жертвами», опускаясь до уровня параноидальной пародии. Тех, кто не знает, что Бог сам принес себя в жертву, без какого-либо чувства самомнения, что Он никогда не отвечает презрением на презрение, нельзя мерить тем же мерилом ответственности. Но все же возможность говорить открыто в наше время — такая роскошь для геев, что если взглянуть на нее в свете того, что предлагалось нашим предкам и до сих пор предлагается многим нашим современникам, то, возможно, сам процесс обретения достоинства должен научить нас ответственности, когда перед нами лежит соблазн поступать таким образом...

приверженность принципу братоубийства. Только заботясь о развитии собственного умения слушать, мы сможем отсеять ненавистническую риторику и философские ловушки, пытающиеся вернуть нас назад, мы сможем перестать реагировать на них и по-настоящему услышать то, что на самом деле хочет сказать нам Господь. До сих пор его голос был заглушен тем, что мы принимали за «божественный отеческий голос». Поскольку становится все яснее, что этот голос связан с путаницей понятий «отцовства», что он не способен на открытость и свободу, характеризующие братское учение и определяющие Евангелие, возможно, этот голос лучше было бы отнести к так называемому «закулисному шуму». Тем не менее я считаю, что к нему не стоит относиться пренебрежительно. Если это не плод процесса понимания, который включает в себя переход от реакции к братству, тогда мы добьемся лишь того, что оскорбим тех братьев, чье недостаточно развитое сознание не позволяет им освободиться от отцовства, основанного на жертвоприношении (1 Кор 8:12). В таком случае как бы свободно мы себя ни чувствовали, мы не сделаем ничего хорошего ни для них, ни для себя.

Глава четвертая
С брызгами по берегу к Ниневии...

Бегство от Слова Божьего

Иона, как Вы помните, был самым нерадивым пророком. Он услышал голос Господа, повелевающий ему пойти с проповедью в великий город Ниневию, чтобы призвать его жителей к покаянию за их грехи и нечестие, слух о которых дошел до Господа. Но Иона тут же отправился в другую сторону. Вместо того чтобы пересечь земли Плодородного полумесяца и оказаться в Ниневии, он устремился прямиком в Иоппию и заплатил за место на корабле. В Священном Писании говорится:

> И встал Иона, чтобы бежать в Фарсис от лица Господня, и пришел в Иоппию, и нашел корабль, отправлявшийся в Фарсис, отдал плату за провоз и вошел в него, чтобы плыть с ними в Фарсис от лица Господа (Ион 1:3).

Его путь в Фарсис не просто лежал в противоположном направлении, более того: это была серьезная попытка убежать от лица Бога. Чего же так опасался Иона? Что такого было в Ниневии, чтобы так ее бояться? Мы узнаем разгадку позже, когда Иона рассердится на Ниневию в момент поспешного раскаяния ее жителей. Он ненавидел Ниневию. Он хотел, чтобы она была разрушена. Он знал, что этот город грешен. Зачем идти в такое место, которое должно быть уничтожено, и гневно требовать от людей, чтобы они изменили свой образ жизни? Возможно, посланцу Господа от них достанется! Иона не понимал, что его посылают в Ниневию не только для блага людей, живущих там, но и для его собственного блага. В конце всей этой истории он скажет Богу, что ему не хотелось идти туда, потому что он знал о любви и милосердии Господа и не мог смириться с тем, что жители Ниневии будут прощены слишком легко. Но нам об этом пока не известно.

Иона — сын Амафии, что означает сын «Моей истины». Итак, вся притча задумана с самого начала как рассказ о нелегком пути приверженца собственной истины к познанию истины Божьей. Он знает, в чем грех языческого мира, но вначале он способен услышать лишь половину из того, что говорит Господь. Он слышал это так, как умел воспринять слово Господне: суровое слово упрека, которое он должен был передать другим. Таким было состояние его души. Похоже, Бог выбрал того, кто, непобедимый в своей праведности, отлично знал, какой трепет вызывает ощущение присутствия рядом живого Бога. Этот человек в глубине своей души подозревал, что если он, Иона, должен был подчиниться Богу, то Бог, разумеется, добьется своего, прорвется сквозь защитную оболочку приверженности истинной вере и войдет в контакт с намного более непокорным, яростным миром, миром стыда, страха и ненависти — оборотной стороны всех приказных добродетелей. Стыд — это непреодолимое состояние, которому нужна только одна команда: спасайся бегством! И Иона побежал.

Хвала небесам за бегство Ионы! Только вдумайтесь, какой ущерб причиняют те, кто не испытывает чувства стыда, кто действительно может обманывать самого себя, думая, что его собственная праведность и праведность Господа скроены по одной мерке. По какой-то непонятной причине Иона подозревал, что слово Божье положило бы конец и его собственным, тщательно скрываемым, ненависти и страху. Он подозревал, что эта ненависть по отношению к другим и боязнь самого себя были сторонами одного и того же, еще подлежащего искуплению измерения его собственной жизни. В этой уязвимости и была причина его бегства, и через нее в конечном счете Господу удалось достичь глубин его души, чтобы научить его быть носителем слова Божьего.

У Эндрю Салливана есть строки, которые точно передают суть вышесказанного: «Стыд заставляет вас постоянно бежать от самих себя, а гордость заставляет вас постоянно быть на виду. Я боюсь, что большинство гомосексуалов обладают в избытке и тем и другим[1]». Сердцем Иона понимал: ему есть что передать неразумным жителям Ниневии, но перспектива того, что придется кричать на них с гордым видом, как это делают те, кто не любит ни себя, ни людей, которых они должны убеждать, страшит Иону, и он пустился в бегство, как поступили бы многие из нас. Стыд постоянно заставлял его избегать Бога. Он еще не знал, что присутствие Господа дает человеку ощущение того, что он любим: ускользая от Бога, он бежал от самого себя.

---
[1] *Love Undetectable*, London, Chatto & Windus, 1998, p. 92.

ГЛАВА ЧЕТВЕРТАЯ. С брызгами по берегу к Ниневии...

Но те, кто сбежали от самих себя, — люди сложные в общении. Им нелегко даже с самими собой, и это состояние передается другим, более простым, людям. Если мы не в ладах сами с собой, то это состояние насилия над собой распространяется вокруг нас в еще большей степени, оно проецируется на других людей и передается им. Бегство Ионы вызвало вокруг него настоящую бурю, хоть он и спал в это время на борту корабля. Он совершенно не понимает, что вокруг него разыгрался шторм, и тем более не догадывается, что это имеет к нему какое-то отношение. Как и многие беглецы, он сумел справиться с болью и насилием над самим собой и выглядел спокойным, так что ярость бушевала вокруг внешне невозмутимого и безмятежного центра. Но попутчиков Ионы — моряков, которые в конце концов приютили его на своем корабле, не удалось обмануть. Как настоящие язычники они обеспокоены только ответственностью команды перед лицом живого Бога, и они поступают так, как это обычно делают язычники, когда сталкиваются с какой-то неистовой угрозой извне. Они бросают жребий: ведь еще с незапамятных времен им известно, что если принести в жертву того, из-за кого разыгралась буря, то вновь воцарятся мир и спокойствие. Совершенно справедливо жребий падает на Иону. Конечно, он чужак, он не из их круга. Более того, он проявлял чувство превосходства иудея в компании язычников. Одним словом, именно он должен был вытянуть короткую соломинку. Когда встревоженные моряки окружают Иону, указывая на него пальцами, он понимает, что происходит. Он поднимается на ноги с чувством превосходства по праву рождения и говорит им, что он иудей. В конце концов, именно иудейский Бог ответственен за то, что происходит вокруг них. Эти указывающие на него пальцы моряков свидетельствуют о двух вещах: об исключительности будущей жертвы — с его точки зрения он намного лучше, чем они, — и об исключительной тяжести его проступка. И здесь морякам не нужны объяснения: ярость бури, бушующей вокруг них, — явное свидетельство того, что произошло что-то страшное.

Представим себе Иону, который только просыпается, но это пробуждение касается лишь одного уровня его бытия. Во всяком случае, крики паникующих моряков пробуждают его «гордость»: он знал о превосходстве своей веры и чувствовал свою привилегию в том, что именно он посланец Божий. Настоящий иудейский пророк знает, как вести себя в столкновении с язычниками: нужно смело отстаивать свою уникальность и подвергнуться казни. И это все? Он еще не позволил слову Божьему глубже войти в его душу, в ту ее часть, где скрывался его стыд, где он мог быть любим и, значит, мог покончить со всем этим хаосом. В данный момент он все еще бежит от себя. Он еще не осознает истинную причину разыгравшейся бури и не может действовать со всем спокойствием человека, который знает, что его любят.

Поэтому Иона сам предлагает морякам бросить его за борт, чтобы наступил мир. Отказавшись донести слово Божье туда, куда ему было приказано, он по крайней мере знал, что должно произойти с хорошим иудейским пророком: его казнят, и за это он будет причислен к лику святых. Люди, приютившие его, однако, были довольно смышлеными в своем язычестве, чтобы понять, что не следует с такой легкостью приносить кого-то в жертву. Возможно, они осознали, что именно заносчивое поведение их гостя способствовало тому, что он стал очевидным кандидатом в жертвы. Иначе говоря, Иона сам попросил их об этом, и им не следовало так легко соглашаться играть роль карающей толпы лишь ради того, чтобы потакать чьему-то комплексу пророка-мученика.

Поэтому, не желая, чтобы их презирали, они изо всех сил стараются не обращать внимания на исповедь Ионы и продолжают бороться с морскими волнами своими собственными средствами. Но все их усилия были тщетны — испытания, с которыми им пришлось столкнуться из-за бегства Ионы от самого себя и от лица Господа, оказались намного тяжелее тех, с которыми они могли бы справиться. Поистине, их жизни были брошены в такое горнило, которое обычный человек даже не может себе представить, не говоря уже о том, чтобы решить проблему миром. И всему виной — сопротивление Ионы намерению Бога достичь сердца человека, которого он любит. И когда этот любимец Бога всеми силами старается избежать этой любви, он невольно сеет вокруг себя настоящий хаос.

В конце концов моряки сдаются. Они признают, что силы их слишком ничтожны, чтобы справиться с ситуацией, и соглашаются на предложение Ионы. Произнеся молитву, целью которой было преобразовать то, что они считали умышленным убийством, спровоцированным Ионой, в священное жертвоприношение, которое положит конец всем их злоключениям, они соглашаются бросить Иону за борт и делают это. И сию же секунду восстанавливаются мир и спокойствие, и они признают, как настоящие язычники после совершения казни, что их посетил необыкновенно могущественный бог — такой, который приносит в мир хаос, а затем, приняв жертву, возвращает порядок. И вот они поступают так, как и должны поступать настоящие язычники: совершают ужасную расправу в молитвенном жертвоприношении и демонстрируют свою преданность этому Богу, произнося клятвы верности:

> И устрашились эти люди Господа великим страхом, и принесли Господу жертву, и дали обеты (Ион 1:16).

И в этот момент замечательные участники этого действа скрываются в лучах заходящего солнца, предположительно, в направлении дикого острова к северу от Франции и к востоку от Ирландии, где до сегодняшнего дня их религия еще существует, и люди ошибочно думают, что она имеет отношение к живому Богу.

Между тем что же случилось с Ионой? Вспомним, что с ним произошло до этого момента: половина его сознания была разбужена — его гордая часть, и этого было как раз достаточно, чтобы он выстоял и продолжал действовать от имени своей религии и истинной веры. Но он все еще не познал ту половину своего сознания, где властвовал стыд, ту, что привела его к бегству. Таким образом, она все еще играла свою важную роль в этой драме, заставив моряков бросить Иону за борт. Быть убитым как мученик — это, в конце концов, очень подходящий способ разрешить конфликт между гордостью и стыдом: гордость говорит тебе, что это именно то, что и должно произойти с хорошим человеком и пророком, а стыд бессовестно позволяет, чтобы это случилось. Он говорит: «Я ненавижу себя и не могу жить в согласии с самим собой, с другой стороны, я знаю, что убивать себя — это грех. А что если мне удастся сделать так, чтобы меня убили другие "из чувства долга"? В таком случае единственное, что люди прочитают обо всем этом, будет, несомненно, рассказ о пророке и мученике. Кому интересно знать о постыдном стремлении к самоубийству, которое было непреодолимой и жестокой движущей силой всего, что случилось со мной? Кому интересно знать, что я был хуже язычников, потому что втянул их в эту ужасную драму, позволяя, чтобы их обвинили за то, что они со мной сделали, хотя на самом деле все, что я хотел, — это убить самого себя?»

Итак, мы можем представить, какой конфликт происходил между двумя сторонами души Ионы, когда он был брошен за борт судна, чтобы встретить свою смерть.

Конечно, он, в отличие от нас, не читал Книгу Ионы и ничего не знал о самом примечательном для нас моменте в этой истории:

> И повелел Господь большому киту поглотить Иону; и был Иона во чреве этого кита три дня и три ночи (Ион 2:1).

Пророк думал, что, падая за борт, он летит навстречу смерти, и, должно быть, испытывал какое-то облегчение. Наконец-то все закончилось. Но не тут-то было. Думая, что ему удалось спланировать свою смерть, чтобы избежать своего присутствия перед лицом Господа, он не предполагал, что у Бога были свои планы. Он решил следовать за ним до тех пор, пока Иона не позволит настичь себя, и затем, когда тот погрузился в морскую пучину, терзаемый неистовым страхом, ненавистью и темнотой, что скрывались за его верой, Бог решил сохранить ему жизнь. Большая рыба — это не что иное, как Бог, сохранивший жизнь Ионы среди тьмы и страха. Такое спасение можно сравнить с тем, как во время глубокой депрессии, когда возникают мысли о самоубийстве, когда даже верующий человек не может найти опоры; депрессии, от которой нет лекарства, когда само человеческое существо распадается на части и нет ни света, ни тоннеля, в конце которого можно было бы его увидеть, а есть лишь вихрь, тянущий вниз, вырывая вас из этого мира, какая-то внешняя сила сохраняет вам жизнь. Я представляю себе эту огромную рыбу прозрачной, так что в течение почти трех дней и ночей Иона считал, что пропал где-то в морской пучине, буквально унесенный прочь мощным вихрем, силами, которых он всегда страшился. Он мог видеть и чувствовать в темноте, но все же не понимал, что он настигнут, что его удерживают на такой глубине, какую он себе даже не представлял.

Тем не менее пока буря разрушения в его душе продолжалась, Иона в конце концов осознал, что его настигли, что среди всего этого ужаса все же было его настоящее «я», которое можно настигнуть, сохранить и возродить к жизни. Поэтому по прошествии трех дней и ночей, а возможно, лет, в течение которых мысли о самоубийстве заставляли его скитаться, лишив жизни и чувства связи с другими людьми, он впервые может сделать нечто совершенно новое:

И помолился Иона Господу Богу своему из чрева кита (Ион 2:2).

Прежде Бог уже обращал свое слово к Ионе, но тот услышал его не так, как слово, которое слышит человек, а как побуждение, повлекшее за собой бегство. Иона не собирался жаловаться на то, что Бог насильно заставлял его что-то делать, как Иеремия, и даже не пытался оправдаться тем, что у него нечистые уста, как Исайя, прежде чем приняться за поручение. Он просто сбежал. Теперь, на глубине, где он был настигнут и его «я» наконец восстановлено после саморазрушения и готово к диалогу, он молится тому, кого называет уже не просто «Господом» или «Богом», но впервые «его Господом Богом». И он читает один из благодарственных псалмов за свое избавление от страдания, в котором присутствуют все привычные образы: преисподняя, потоп, водоросли, обвитые вокруг головы, отверженность и так далее. В конце псалма Иона произносит нечто неожиданное и одновременно передающее всю суть происходящего:

> Чтущие суетных и ложных богов оставили Милосердаго своего, а я гласом хвалы принесу Тебе жертву; что обещал, исполню: у Господа спасение! (Ион 2:9-10).

Однако имеется в виду нечто другое. Эти слова еще звучат так, как будто их произносит самоуверенный приверженец веры в бога Яхве, чувствующий свое превосходство над язычниками. Но ближе к еврейскому тексту был бы следующий перевод: «Держащиеся за показное отступают от собственного милосердия, а я принесу Тебе жертву гласом хвалы; исполню, что обещал».

Это слова того, кто был настигнут и осознал, что стремления его были суетными, что он отступил от того, что составляло суть его бытия, и что только в нем он мог чувствовать себя любимым, но теперь он возвращается к своим истокам с благодарностью. И тогда Иона заявляет, что его спасение — от Господа,

> И сказал Господь киту, и он изверг Иону на сушу (Ион 2:11).

Полезно было бы заметить, что, как только Иона смог заговорить как человек, который прекратил отступать от своего «я», миссия рыбы завершилась и пророк оказался на суше.

На берегу

Далее Иона прибывает в Ниневию и едва успевает открыть рот, как весь город начинает каяться. Даже скот выводят во власяницах, что делает эту сцену одной из самых показных в Священном Писании. Иона в ярости. На самом деле все это — тщательно продуманная еврейская шутка. Бог доводит ситуацию до абсурда просто для того, чтобы разбудить гнев в своем пророке, которому не доставало чувства юмора. В конце концов Бог добивается того, чтобы Иона смог признать, что желает смерти, и предстать как настоящий нигилист, в сравнении с которым грешники Ниневии кажутся наивными. Тогда Господу удается донести до самого сердца уязвленного пророка очень важную мысль, которую Он облекает в форму риторического вопроса, завершающего книгу: это намек, показывающий всю глубину, широту и нежность Его любви.

> Мне ли не пожалеть Ниневии, города великого, в котором более ста двадцати тысяч человек, не умеющих отличить правой руки от левой, и множество скота? (Ион 4:11).

Но я не ставлю своей целью обсудить с вами всю книгу, которую, кстати, поныне принято читать в Йом Кипур — Судный день, самый важный из еврейских праздников, день поста, покаяния и отпущения грехов. Я хочу остановиться на берегу, где нахожусь сам, и прошу вас присоединиться ко мне, мы соберемся вместе и направимся в Ниневию.

Притча об Ионе — классическая история о смерти и возрождении. Даже Иисус использовал ее как единственное знамение для своих собеседников[2]. Я привожу ее здесь потому, что осознал, что моя собственная история вписывается в нее, и я уверен, что не одинок в этом. Мой собственный опыт состоял в том, что я в какой-то степени понял после мучительного опыта влюбленности в одноклассника в девятилетнем возрасте, что Слово Божье — это слово любви. Но когда я вырос, я не смог позволить себе слышать его в глубине своей души. Она буквально находилась в плену голосов ненависти, делающих из нас «гомиков», линчующих выкриков на школьном дворе, перерастающих в страшилки взрослых о том, какими ужасными людьми мы становимся, и все это было канонизировано церковным голосом, настолько запутавшимся во всем этом, что он не мог различить голос мира сего и голос Бога. Я слышал: «любите» и «не любите»; «будьте» и «не будьте». Глас Божий представлялся мне тупиком, из которого нет выхода, и это на самом деле гораздо опаснее, чем простое послание ненависти, потому что это подталкивает живое существо к уничтожению, заставляя его думать, что уничтожение — это благо.

Разумеется, настоящий ужас не в том, что где-то там есть «они», причиняющие зло «нам», чистым и невинным, а в том, что мы все глубоко лично связаны с «ними», считая необходимым и, очевидно, правильным придерживаться того, что составляет мирскую суету, и отдаляться от источника милости. Мы поступаем так, даже если глубоко внутри себя допускаем совершенно дестабилизирующую вероятность того, что, кем бы ни был Бог, Он не может быть причастным ко всему этому. В результате какое-то время мы все в глубине души, похоже, вполне осознанно участвовали в этих

---
[2] Мф 12:39-41; 16:4; Лк 11:29-32.

актах ненависти и страха. Зачастую именно те из нас, у кого совесть нечиста, больше всех стремятся к наиболее суровым и непримиримым выражениям религиозно или политически ортодоксальной ненависти, защищая их и, похоже, полностью отождествляя себя с ними. Тем самым мы надеемся обелить себя, сгладить свою раздвоенность, превращаясь в мучеников-крестоносцев во имя праведности, которая, как мы в глубине души знаем, никогда не будет нашей.

Если говорить обо мне, то я отправил сам себя в ссылку, как это делают многие геи, когда борьба между гордостью и позором вертит нашей жизнью, как собака хвостом. Итак, я отбывал свою добровольную ссылку за океаном в течение долгих лет. Как Ионе, мне удалось устроить все так, чтобы меня выбросили за борт в бурю, причина которой отчасти была связана со мной. Со мной все произошло так же, как в притче об Ионе. Как только я решил, что мне наконец удалось добиться полного изгнания, я был настигнут и пронесен через глубины, в которых абсолютно пугающее и в то же время ласковое и недвусмысленное «да» Бога начало привносить в мою душу сознание сына, и я начал познавать новизну свободной совести.

Меня только что извергли на берег, и теперь я пытаюсь понять, где же Ниневия и что я скажу ее народу. Пока я осторожно поднимаюсь на ноги, отряхивая брызги соленой воды и поражаясь тому, что жив, не говоря уже о том, что существую в человеческом обличье. Мне предстоит еще многое сделать, и я обращаюсь за помощью к вам, я прошу вас присоединиться ко мне.

Элементы зарождения католического сознания

Мне хотелось бы остановиться и немного поразмыслить о новизне, которую я описал, новизне сознания сына или дочери, новизне свободной совести. Это на самом деле замечательно, потому что обычно мы считаем, что совесть имеет дело с нравственной обусловленностью решений и проблем, а сознание — с осведомленностью о бытии несмотря на то, что и совесть, и сознание обозначаются одним словом в большинстве романских языков. Здесь я говорю о таком состоянии бытия, которое ничему не противостоит, о состоянии бытия, которое просто не боится небытия. И вместо того, чтобы беспокоиться о том, правильны ли какие-то вещи, оно с неподдельным интересом стремится узнать, что мне дано в процессе становления, параметры которого я не могу ни измерить, ни представить себе. И неспособность измерить или представить все это означает, что я мечусь без цели, не зная наверняка, какой план я должен реализовать в жизни, потому что до конца не понимаю, какой должна быть моя история.

Легко было рассказывать старую притчу, потому что в ней всегда присутствовало противостояние хороших героев плохим, были четко выраженные позиции сторон и желание быть героем или жертвой или и тем и другим одновременно. У новой истории нет четкого сценария, но есть краткое предисловие: тот, кого уничтожают, вдруг обнаруживает, что его жизнь спасена и больше не может быть разрушена.

Кроме того, рождение сознания сына — это в то же время и рождение сознания брата. По крайней мере для меня частью моего изгнания было то, что я никогда не мог сказать «мы», никогда не чувствовал своей причастности к чему-либо в детстве, школе, университете, в религиозной жизни. В 1995 году мне необычайно повезло оказаться в Чикаго, где я посетил приходскую мессу для геев, организованную «Архиепископской программой поддержки геев и лесбиянок», вместе с постоянной аудиторией из трех-четырех сотен мужчин и женщин. Я не только впервые пришел в церковь по собственному желанию, а не из-за загадочного послушания (и это после семи лет служения церкви в качестве священника). Это был первый раз, когда я участвовал в литургии, на которую был приглашен как гость на вечеринку, а не как сторонний наблюдатель, присутствие которого едва терпят. И самое главное — это то, что я впервые в жизни смог искренне сказать «мы», обрадоваться ему, насладиться им и погрузиться в него.

Вскоре после этого я прочел в записках человека, пережившего холокост, до чего доходили тюремщики, чтобы разрушить любое возможное проявление «мы» у узников. Если люди превращались в отдельных особей, они лишались человечности. Если им удавалось сохранить «мы», их человечность становилась несокрушимой, несмотря на то, что их жизни было так легко отнять. Церковный комплекс доктрин и практики классифицирует нас как ущербных натуралов, рекомендует нам скрывать наши сексуальные предпочтения и помещает нас в «чулан», отвергает любые предложения, что к нам следует относиться как к классу и, следовательно, проявлять уважение к тому, кем мы являемся, а не бояться того, что мы можем сделать. Тем самым церковь добилась — умышленно или нет — того, что в нас постоянно становится все меньше человечности. Тем более замечательно то, что обретение сознания сына или брата для гея было бы обретением глубочайшего католического сознания. Потому что это не романтическое героическое сознание отдельного «я», в одиночку противостоящее злой церкви или миру, а непоколебимое сознание «мы», выходящее за рамки смерти, сама возможность существования церкви как знака невообразимого доселе царства.

Мой друг предположил, что чувство, которое я испытал при рождении «мы», о существовании которого до сих пор не подозревал, было простой групповой солидарностью пострадавших. Я понимаю, что он имел в виду, но это было совсем другое чувство, потому что в нем не было ощущения границ группы, не было противостояния другим группам и даже церковным структурам. Оно было частью рождения католического сознания, пониманием того, что «я» возможно только как часть потенциально безграничного и, следовательно, универсального «мы» и что «мы» призваны к радостному, волнительному и ответственному строительству чего-то нового.

Я завел этот разговор потому, что, бредя по берегу, начинаю замечать других путников, изгнанников, испытавших на своем жизненном пути бури, подобные той, через которую прошел и я, людей, извергнутых на спасительный берег такими же китами, и я начинаю входить с ними в контакт. Объединяемся ли мы для утешения, разделяя солидарность уцелевших, испытывая соблазн еще глубже погрузиться в то, что с нами произошло, жалея себя и друг друга? Думаю, все обстоит иначе. Если мы все прошли через смерть и возродились, оказавшись на таком уровне бытия, который не могли себе представить, это само по себе обнадеживает. Ведь удивительно не то, что мы выжили: в каком-то смысле, это не так. Нас уничтожили, мы лишились жизни, но получили новую. Удивительно то, что, именно пройдя через эту смерть, мы обрели силы и почувствовали, что обязаны научиться рассказывать новую историю так, чтобы она действительно стала Благой вестью для всех остальных. Помните, нас просили проповедовать с негодованием не морякам на корабле, а Ниневии. И Бог настолько любит жителей Ниневии, что не позволил бы нам говорить с ними до тех пор, пока мы не поверили бы в то, что они достойны любви, и не возрадовались бы всем преобразованиям, произошедшим в этом великом городе. И Бог, посылающий нас туда как одиночек, которым предстоит собрать огромный урожай, осуществляет все эти преобразования еще до того, как мы успеваем открыть рты.

Наброски о новом сотворении мира

В качестве одного из фрагментов моего рассказа я хотел бы привести условный пример этой движущей силы: среди факторов, которые привели нас к смерти, было особое понимание доктрины о сотворении мира и ее использование. Вы знаете, о чем я говорю: сотворение мира было представлено как часть поучительной истории. Она звучит примерно следующим образом: Бог создал все, и в частности мужчину и женщину, в дополнение друг другу. Потом случился первородный грех, и таким образом порядок творения с его естественными законами процветания, когда наше развитие идет по направлению к Создателю, был серьезно искажен. К счастью, на землю был послан Иисус, который, заплатив бесконечную цену своим добровольным самопожертвованием, отдал безмерный долг, который накопило человечество, извращая творение Бога, тем самым Иисус спас нас. Это значит, что теперь смысл нашей жизни заключается в том, чтобы дать возможность возродиться и воплотиться в жизнь изначальному порядку сотворения мира. Это задача сложная, но выполнимая. Поскольку, согласно Божьему замыслу, мужчина и женщина были созданы как дополнение друг другу и им было сказано размножаться, то это означает, что все другие виды совокупления противоречат этому замыслу и по самой своей природе участвуют в порядке, основанном на первородном грехе, а не на возрожденном созидании. Следовательно, поскольку многие из нас могут проявить слабость и не суметь избежать нецелесообразного совокупления, это можно простить, но не оправдать. И любые попытки оправдать какие-либо другие формы спаривания должны пресекаться как серьезное преступление против объективной истины законов сотворения мира, которое в конечном счете помешает нам попасть в рай.

Что ж, это действительно неопровержимый аргумент, но как только мы понимаем, что аргумент неопровержим, ответственный разум должен усомниться, действительно ли он имеет отношение к богословию. Как ни странно, я не хочу оспаривать его, поскольку считаю, что, поступая так, я вел бы себя, как человек, стоящий на берегу и грозящий кулаком морякам давно уплывшего корабля. То есть такой аргумент был бы основан скорее на чувстве обиды и негодования, а не на милосердии. Кроме того, в этом случае нет смысла оспаривать неоспоримый довод, потому что те, от кого подобные доводы исходят, — это по определению люди, первая реакция которых при столкновении с чем-то особенным — воспринять

ГЛАВА ЧЕТВЕРТАЯ. С брызгами по берегу к Ниневии...

это как угрозу и объединить свои усилия, заняв круговую оборону. И только какой-нибудь отряд индейцев, проносящийся мимо на своих лошадях и не обращающий на них никакого внимания, мог бы вынудить их оставить свои оборонительные укрепления, а легкое любопытство побудило бы их выйти навстречу свободно изливающейся благодати. И если они не выйдут, сочтя приглашение поиграть угрозой для своей добродетели, что ж, это дело Бога, а не наше, и они в Его руках.

Нет, я бы предпочел взглянуть на это так, как будто мы встречаемся с вами на берегу, дивясь тому, насколько благоприятные условия для подготовки нашей проповеди в Ниневии дает нам история сотворения мира, мы можем использовать ее как часть нашего нравоучения. Полагаю, я не одинок в мысли, что эти моральные установки, которые кажутся выражением неукоснительного следования христианской вере, составляют существенную часть того, что убивает нас. Можно сколько угодно объяснять различие между деяниями и ориентацией, моральные проблемы все равно мучают нас, говоря: «Такими, какие вы есть, вы не можете быть настоящей частью мира, сотворенного Богом. Если для людей традиционной сексуальной ориентации их желания, мечты, стремление к процветанию и чувство того, что естественно, действительно соответствуют замыслу сотворения мира, как бы ни нуждались они в совершенствовании и очищении на пути к спасению, то для вас все это не так. Ваши желания, стремления, мечты о процветании и ощущение естественного, какими бы совершенными и чистыми их ни делало ваше товарищество и любовь, никак не связаны с Божьим сотворением мира. Между ними нет никакой связи. Потому что сотворение для вас — это слово, значение которого вы не можете знать и не знаете из своего опыта, поскольку все самое сокровенное, что вы считаете естественным, неправильно по своей природе. Только полностью отказавшись от самой своей сути, вы сможете начать понимать, что означает творение. А пока это время не наступило, ковыляйте дальше, крепко держась за объективную правду о сотворении, которая не может вызвать в вас субъективного отклика, а когда умрете, встретитесь с Создателем».

Мне кажется, что все мы, в той или иной степени, позволили этим нравоучениям сломить нас, войти в нас и укрепиться в нашем подсознании. Это часть богословского тупика: «любите, но не любите; будьте, но не будьте», о котором я говорил выше. Это глубоко дестабилизирующая сила, потому что со временем мы понимаем, что наши жизни не настоящие, наша любовь — и не любовь вовсе, наши попытки построить крепкие и гармоничные отношения бесполезны, наши умы и сердца могут порождать только гнилые плоды, нестоящие внимания и поощрения, не говоря уже о принятии и благословении. Мы — не дети в саду, мы — сущее богохульство, и, поскольку каждый наш шаг по священной траве незаконен, лучше было бы, чтобы мы вообще не ступали на нее, не говоря уже о том, чтобы шагать уверенно и делать что-то на своем пути. Многих из нас это убило.

Но вот что мне представляется интересным: убитые свободны от своего убийцы, и могут осмотреться по сторонам, обдумать все произошедшее, но обдумать не для того, чтобы указать на ошибки в том, что с ними произошло, а с целью спасти и возродить то, что было правильно. Позвольте мне выразиться яснее. Когда нас убивают силы, которые понимают законы сотворения мира с позиции принесения в жертву богохульников, мы обнаруживаем, что Господь дарует нам жизнь, неподвластную смерти. У нас появляется замечательная возможность предложить Ниневии, ее народу и скоту нечто новое: понимание сотворения мира, связанное с чувством абсолютно безвозмездного бытия в бытии, которое не противостоит ничему. Согласно этому пониманию, в самом лучшем положении находятся те, кого очевидный порядок сотворения мира полностью уничтожил. Думаю, святой Павел имел в виду именно это, когда обращался к коринфянам со следующими словами:

> Посмотрите, братия, кто вы, призванные: не много из вас мудрых по плоти, не много сильных, не много благородных; но Бог избрал немудрое мира, чтобы посрамить мудрых, и немощное мира избрал Бог, чтобы посрамить сильное; и незнатное мира и уничиженное и ничего не значащее избрал Бог, чтобы упразднить значащее, для того, чтобы никакая плоть не хвалилась пред Богом (1 Кор 1:26-29).

На самом деле мы освобождены, чтобы начать переосмысливать сотворение мира с позиции тех, кто понимает, что их удерживает в жизни сила непреодолимой благодати, ни от чего не зависящей, ничего не доказывающей, просто дарующей жизнь из ничего. И давайте уточним, что это не просто разрешение прыгать от радости и ликовать, но побуждение донести Благую весть до заключенных в Вавилоне.

Трудно найти что-то более важное в Благой вести, чем то, что она предоставляет нам доступ к нашему Создателю как Отцу и дает нам понимание смысла творения как дарованного и незаслуженного участия в необычайном и созидательном путешествии из ниоткуда. Его форму и содержание все еще трудно уловить, а правила и естественные законы участники узнают по мере преодоления пути. И, чудо из чудес, мы, считавшиеся «не частью Его творения», начинаем обнаруживать в себе «радостных соучастников Его творения» (см. Ис 62:3-5).

Повторю: примечательно во всем этом совсем не то, что это тайный дар нам, бедным притесняемым голубым. Удивительно то, что Бог использует свою невыразимую словами творческую энергию, чтобы из того, что казалось уродством на лице творения, сделать то, чем оно было всегда: счастливой, драгоценной и незаменимой частью Его творения, способной помочь другим осознать, что такое быть ребенком, рожденным из ничего! Вы уже слышали: «Камень, который отвергли строители, соделался главою угла» (Пс 117:22). Но я говорю вам: «До тех пор, пока мы сами не разделим чувство изгнания, мы не поймем, что значит стать главой угла». И если это звучит богохульно, то, возможно, из-за того, что сам Бог, который был «к злодеям причтен» (Мк 15:28), привык размахивать знаменем богохульства, как красной тряпкой перед рогами богословской мудрости мира.

Христианское понимание сотворения мира уже несколько столетий переживает кризис, вызванный главным образом упрямством, с которым закон сотворения мира связывался воедино с законами, по которым живет этот мир, включая человеческие социальные структуры, жестокость и предрассудки. Учение, как обесчещенная служанка, было вынуждено прислуживать тем, для кого статус-кво священен, и использовалось как оружие, оправдывающее всевозможное сопротивление переменам. Вспомните о доводах в защиту естественности рабства, о пирамидальной монархической структуре государства как наиболее близкой к божественному мирозданию; вспомните о серьезных проблемах, которые возникли после того, как было сделано открытие, что Земля вращается вокруг Солнца. Я говорю здесь не только о шумном споре между папской курией и Галилеем, но также об изменениях в представлениях обычных людей о мире и в социальных отношениях, которые произошли вследствие этого открытия. Вспомните о том, какие развернулись баталии, когда начавшееся понимание эволюции мира стало мешать тем, чье буквальное прочтение Книги Бытия было способом поддерживать установленный порядок, ценности и т. д.

В то же время пронзительным крикам тех, кто настаивал на толковании божественного сотворения мира с точки зрения установленного порядка, превращая христианское учение в священное табу, а не в освобождающую истину, никогда не удавалось заглушить робкие и уязвимые голоса правды о мироздании, звучащие из уст людей, которых они считали своими врагами. Думаю, мы подошли к концу этого долгого и грустного спора. Вопрос об однополой любви и отношениях сам по себе незначителен и банален. Но, мне кажется, он стал чем-то вроде горячей герменевтической точки, потому что у тех, кто замечает, что привычный порядок мироздания и привычный ход их собственной жизни постепенно растворяются под давлением внешнего мира, созданного по социальным законам, за который мы несем ответственность, не получается установить порядок вокруг себя. Кризис личности нуждается в том, чтобы взвалить ответственность на других, чтобы принести их в жертву во имя установления должного порядка и стабильности, что, конечно, никогда не происходит на самом деле. Один из таинственных моментов христианской веры заключается в том, что люди, ставшие жертвами в этой горячей герменевтической точке, начинают рассказывать, не обвиняя, а прощая, историю о том, что происходит на самом деле, давая возможность многим другим прийти к состоянию мирного надлома в душе и приглашая их на головокружительный праздник. Это значит, что у нас, рассеянных по миру, как пшеничные зерна, есть замечательная возможность вернуть к жизни наших братьев и сестер (см. Лк 22:31-32).

Хотя в теории учение о естественном законе сотворения мира должно быть объективным по отношению как к людям с традиционной ориентацией, так и к геям, на деле обычно гетеросексуалам хватает остаточного чувства своей «естественности» для того, чтобы это учение не проникало в глубину их существа, как обычно случается с нами. В результате нас вынуждают первыми принять то, что ничто человеческое не бывает просто «естественным». Оно — часть социального устройства до такой степени, что мы начинаем представлять Бога в отрыве от всяких оправданий существующей системы, хоть мы и продолжаем испытывать чувство трепета от головокружительных возможностей воплощения божественного порядка. Это будет приобретать все большую и большую важность по мере того, как люди с обычной ориентацией будут сталкиваться с недолговечностью и бесцельностью того, что казалось естественным, если не будет воспринято как призыв построить что-то по правилам, возникающим в ходе игры. Крах «естественного» — не крах веры в сотворение мира, а часть очищения человеческого пространства от жестокого идолопоклонства, позволяющая проявиться безмерной доброте Создателя и Его призыву к действию.

Это только брызги морской воды на берегу, но я начинаю ощущать, что мы призваны возродить нечто крайне ценное для братьев и сестер в Ниневии и что, развив это, мы поймем: мы не упрекаем их, а предлагаем им облегчение, которое преобразуется во всеобщую радость.

Столько еще предстоит...

Я говорил здесь о сотворении мира, потому что открытие заново его католического смысла кажется мне очень радостной возможностью, приглашающей к глубоким и серьезным размышлениям, которую, если будет свободное время, я хотел бы исследовать подробнее. Мы могли бы говорить о чтении Библии, и проявилась бы та же движущая сила. Одна из причин столь повышенного внимания вопросу о гомосексуальности в христианских кругах заключается в том, что мы принадлежим поколению, которому все труднее читать и понимать Библию, не ощущая серьезных проблем. Поэтому мы либо должны прекратить читать ее, либо не замечать проблем, придерживаясь идолопоклоннического буквализма, через который просто не может проникнуть живое Божье Слово. Еще раз скажу для тех, кто выбирает второй путь, что твердое следование буквальному прочтению определенных отрывков, касающихся геев, — это последний вздох борьбы, длящейся уже несколько веков, отчаянная попытка извлечь смысл из Писания, не выбившись при этом из сил. Вместо этого нужно научиться читать Священное Писание с единственной позиции, в которой оно может быть плодотворно истолковано, то есть вместе с распятой и воскресшей жертвой, сопровождающей своих разочарованных учеников в Эммаус. Священное Писание должно давать нам возможность впустить в нас Слово Божье, а не быть защитой от Бога!

И снова механизм тот же. Тем, кто стал жертвой идолопоклонства в результате определенного толкования Священного Писания, дается необыкновенное удовольствие и задача вернуться в мир и поддержать братьев своих, превращая Слово Божье в тонко настроенный инструмент, с помощью которого Божий Дух доносит слова до наших сердец. Выполняя эту задачу, мы также поймем, что у нас есть что-то, что мы можем предложить Ниневии, что-то, что, к нашему удивлению, будет встречено возгласами облегчения.

Я мог бы продолжить: та же движущая сила есть и в учениях об откровении, о спасении, о таинствах. Тем не менее я не собираюсь агитировать всех стать богословами. Я предполагаю, что, принимая во внимание безвозмездность того, что мы оказались живыми на берегу, на пути, ведущему в Ниневию, мы научимся уважать то, что привело нас туда, и оглянемся на пройденный нами путь страдания без обиды и негодования. С каждым разом мы будем все больше убеждаться в животворящей и непреодолимой силе, призывающей нас создавать новые формы братства. Эта сила никак не связана с тем, что мы геи или лесбиянки. Она высвобождена потому, что сам Бог снова устраивает зрелищное шоу созидательного прощения, когда часть человечества решительно отказывается принять себя самих такими, какими их создал Бог, признать, что они были сотворены такими. Это зрелище способно разбить крепкие панцири и растопить каменные сердца, переплавив их в то, чем на самом деле мы хотели быть всегда, но слишком боялись — в игривых, избалованных детей, чье призвание — шалить и радоваться на празднике жизни.

Нас призывают стать глашатаями, которые объявят об этом празднике, так что давайте присядем на берегу перед Ниневией и спросим друг друга как праведные католики: «Как, черт возьми, нам справиться с этой обязанностью?»

Глава пятая

Продолжая путь: превращение гнева изгнанника в любовь

Введение

Я хотел бы поговорить с вами об отвергнутой любви. Немного найдется эмоций, более сильных, чем эта. Представьте себе гнев, растерянность, недоумение, горе и ярость человека, отчаянно державшегося за то, что любит, к чему глубоко и крепко привязан, когда в конце концов он лишается всего или обнаруживает, что его прогнали. Сила гнева — ужасное свидетельство силы любви, а вихрь эмоций и чувств, переполняющих душу во время расставания, — верный признак того, насколько она несовершенна.

Мне кажется, что иногда в нашей реакции на позицию, занимаемую Ватиканом по отношению к гомосексуалам на протяжении последних лет, проявляются признаки подобного чувства отвергнутой любви. Геи, несмотря на все трудности, державшиеся за церковь и веру, которые мы любим в надежде на лучшее, в конце концов оказались настолько отчужденными, что отчаянная любовь переросла в ненависть, обиду, критику и обвинения. Пожалуйста, обратите внимание, что я говорю здесь не о поверхностном раздражении или радости статусу отщепенца. Есть те, кто приветствует любые проявления безжалостности со стороны церкви. Это только укрепляет меня в выборе позиции набожного негодования, даруя мне чувство сопричастности религиозной жизни и справедливости, строго зависящей от наличия отрицательного героя (как правило, папы или кардинала Ратцингера), в сравнении с которым я чувствую себя хорошим. Нет, я говорю о глубине и неистовстве обиды, настолько сильной, что ее невозможно сгладить поверхностными приемами. Она настолько мощная, что угрожает полностью поглотить и уничтожить человека, которого захлестнула. Я говорю об ужасающем гневе, чья сила и одновременно бессилие предвещают стремительное приближение человека к смерти.

Я хотел бы предположить, что наш гнев далеко не просто плох, а что в этом вихре отрицания, очевидно, содержится какой-то материал, из которого Бог Израиля с удовольствием создает что-то новое. И это означает что-то совершенно непротиводействующее, что-то новое, рождение которого среди нас мы так умело скрываем.

Христианский вопрос

В Деяниях апостолов есть несколько моментов, когда нам кажется, что Павел действует под влиянием только что описанной мною силы обиды и негодования. Не думаю, что это так, и в его собственных сочинениях мы можем наблюдать постепенное преодоление различных форм обиды на Бога на пути к пониманию нового творения, которому неведом гневный дуализм. Тем не менее в Деяниях апостолов Лука приводит несколько фраз, свидетельствующих о моментах, которые сами по себе предполагают, что человек погряз в дуализме обиды и негодования. После шумной ссоры в Антиохии Писидийской, когда священники местной синагоги оскорбили Павла и Варнаву, апостолы дерзко заявляют:

> Вам первым надлежало быть проповедану слову Божию, но как вы отвергаете его и сами себя делаете недостойными вечной жизни, то вот, мы обращаемся к язычникам. Ибо так заповедал нам Господь: Я положил Тебя во свет язычникам, чтобы Ты был во спасение до края земли». Язычники, слыша это, радовались и прославляли слово Господне, и уверовали все, которые были предуставлены к вечной жизни (Деян 13:46-48).

Фраза «вот, мы обращаемся к язычникам» просто поразительна. Кажется, в ней чувствуется то самое раздражение, которое я описывал. Мы легко можем представить его как проявление детской обиды: «Вот вы какие! Если не перестанете, уйду к другим». За ним скрывается тот, кто очень глубоко любит иудейскую веру. Это вовсе не обычный бунтарь или кто-то, не воспринимающий веру всерьез, это человек, который увидел что-то важное для этой веры и пытается поделиться с другими озарением о том, что же она такое. В то же время он понимает, что лидеры этой веры ни в коем случае не хотят признавать подлинность этой внезапной догадки и настолько возмущены ею, что яростно сплачиваются против него. Вполне предсказуемой реакцией отвергнутой любви на такое поведение могло стать что-то в духе «вот, мы обращаемся к язычникам».

ГЛАВА ПЯТАЯ. Продолжая путь: превращение гнева изгнанника в любовь

Не думаю, что я один увидел в этой фразе соблазн самооправдания, столкнувшегося с жестоким упрямством, которое служит маской для прикрытия беспомощности церкви в том, что касается переосмысления проблемы однополых связей. У других людей точно такое же раздражение возникает при иных жизненных обстоятельствах, но подобное чувство довольно широко распространено. Его можно свести к следующему: «Если не перестанете, я уйду».

В самом конце Деяний апостолов происходит нечто похожее. Павел собирает знатных иудеев в Риме и рассказывает им, как очутился в заключении. Они принимают его весьма любезно, ничего не зная о нем от других евреев, не говоря уже о дурных слухах, и просят его поделиться своими мыслями. Павел разъясняет им свое понимание о Царстве Божьем, объясняя, кто такой Иисус в свете учения Моисея и пророков. В результате мнения разделяются: кто-то верит Павлу, кто-то — нет. Нет ни намека на ссору, подобную той, что случилась в Антиохии Писидийской, ни на какие-либо попытки настроить публику против Павла. Перед уходом старейшин Павел делает заявление, которое, должно быть, кажется вызывающим:

> Хорошо Дух Святый сказал отцам нашим через пророка Исаию: пойди к народу сему и скажи: слухом услышите, и не уразумеете, и очами смотреть будете, и не увидите. Ибо огрубело сердце людей сих, и ушами с трудом слышат, и очи свои сомкнули, да не узрят очами, и не услышат ушами, и не уразумеют сердцем, и не обратятся, чтобы Я исцелил их. Итак да будет вам известно, что спасение Божие послано язычникам: они и услышат. И жил Павел целых два года на своем иждивении и принимал всех, приходивших к нему, проповедуя Царствие Божие и уча о Господе Иисусе Христе со всяким дерзновением невозбранно (Деян 28:25-31).

В гораздо более мирном окружении Павел использует иудейский текст, в котором говорится, что евреи не понимают, что означают слова Бога, когда он пытается сказать им что-то вроде «вот, мы обращаемся к язычникам». Ключевая фраза здесь: «Да будет вам известно, что спасение Божие послано язычникам: *они* и услышат». И снова кажется, что в словах «*они* услышат» есть какое-то недовольство, которое можно заметить и в греческом тексте: *autoi kai akoustontai*. Но это объяснение происходит в спокойной обстановке: нет никакой карающей толпы, никакого неприятия, никакой реакции на неприятие — есть лишь изложение того, что Павел считает главным в иудейской вере, что, скорее всего, неизбежно повлечет за собой разделение мнений у посетителей синагоги. После этого Павла оставляют в покое, и Деяния апостолов заканчиваются тем, что он остается свободно проповедовать в Риме. Конечно, мы знаем: в конце концов его там убьют. Тем не менее это произойдет не из-за козней евреев, а в результате безумных языческих гонений.

Я хотел бы отметить, что в этих отрывках есть две фразы, знаменующие немного другие моменты еще не завершенного процесса. Первый момент — негодование отвергнутой любви. Глубоко консервативный, преданный фарисей постепенно вынужден отказаться от того, что он любил и чему был верен раньше, отделиться от всего этого, обнаружив, что озарение, данное ему, делает невозможным пребывание в знакомых границах того, что он знает и любит как свой дом. Процесс этого разделения сопровождается гневом и реакцией, побуждающей его, по крайней мере отчасти, посеять бурю, которая прогонит его, заставив «пойти дальше» в гневе. Второй момент — более спокойное осознание того, что в самой природе полученного им озарения есть то, что должно привести к этому разделению. Кроме того, движение вперед, спровоцированное им, — это не результат того, что лично ты отвергнут и обижен, а чрезвычайно болезненная часть движущей силы самого послания как такового, плод божественного повеления.

Есть еще одна ключевая фраза в Деяниях Апостолов, связанная с этими двумя моментами. Она служит чем-то вроде таинственного и всеобъемлющего распоряжения, исполняя которое человек, испытавший отвергнутую любовь, должен проложить свой путь от обиды и негодования к терпимости — это единственный способ быть по-настоящему верным полученному им откровению. В Иерусалиме происходит распря (Деян 23:1-10), в ходе которой становится ясно, что Павел не просто гневно отказался от того, чему был предан до сих пор. Он преодолел свою обиду и негодование, что проявилось в уважении к первосвященнику и в отказе объединить своих слушателей в толпу безжалостных бунтарей против Господа. Он обнаруживает, что среди его публики некоторые уже близки к нему по духу, и обращается к ним, фарисеям, которые, так же как и он, верят в воскресение мертвых, осуждая другую часть собравшихся — саддукеев, не разделяющих этой веры. В результате между двумя сторонами вспыхивает жестокая ссора, из которой Павла приходится спасать римским солдатам.

ГЛАВА ПЯТАЯ. Продолжая путь: превращение гнева изгнанника в любовь

На первый взгляд может показаться, что Павел прибегнул к хитрому ходу: настроить две враждующие стороны друг против друга и сбежать, пока они разбираются между собой. Тем не менее мне интересно, не является ли это доказательством того, что Павел, отнюдь не просто так отвернувшийся от иудеев, призывал к чему-то, что по своей сути близко к иудейской вере. Он отлично понимал, что свидетельство об этом могло вызвать только жестокий раздор, потому что последствия были бы слишком дестабилизирующими для любой из групп. В то же время он должен был провозгласить свое послание, даже если он понимал, что оно могло оказаться для него фатальным.

Далее идет ключевая фраза:

> В следующую ночь Господь, явившись ему, сказал: дерзай, Павел; ибо как ты свидетельствовал о Мне в Иерусалиме, так надлежит тебе свидетельствовать и в Риме (Деян 23:11).

Прежде Павел цитировал Священное Писание; теперь сам братский голос Бога говорит с ним, и мы немедленно погружаемся в звучание этого голоса, гораздо более сложного, богатого и таинственного. Он принимает нашего слабого, все еще немного обиженного человека, который почувствовал себя разбитым и измученным своими (несомненно, все еще провокационными) столкновениями с теми, кто представлял его великую любовь и преданность. Он принимает крушение былой веры и слабость, которую все это вызвало, наряду с поверхностной бравадой, которой Павел также умел пользоваться. И все же голос не бранит его за это и не презирает за остатки гнева, который, скорее всего, еще был в нем. Он принимает его целиком и придает ему сил: «Дерзай». Во всех этих столкновениях с иудейскими властями Павлу удалось, конечно не в полной мере, свидетельствовать о живом Боге во всем его дестабилизирующем и животворящем созидании. Он начал отходить от жестокости, сопровождающей гневное движение вперед, которое я описал. Тогда голосу удается ненавязчиво и не приказным отцовским тоном открыть новый путь продвижения вперед: «Как ты свидетельствовал о Мне в Иерусалиме, так надлежит тебе свидетельствовать и в Риме».

Обратите внимание на то, что этот голос не говорит: «Тебя не хотели слушать в Иерусалиме, поэтому отвернись от них и вместо этого ступай в Рим». Если бы он сказал так, это было бы поощрение обиды и негодования. Он не предлагает Павлу новую форму общности людей взамен предыдущей, он даже не противопоставляет

Иерусалим и Рим: Иерусалим плохой, а Рим хороший. Вместо этого он внушает Павлу, что отныне его жизнь должна строиться на основе новой формы целостности, не ограниченной ничем, лишенной любых удобных отличительных черт какой-либо группы, на которую можно опереться. Павел должен выучить пугающий урок вхождения в спокойную воду свидетельства правды о живом Боге, ничему не противостоя, в мире, который просто-напросто безразличен к этому. Он должен оставить позади болезненное утешение своего участия во внутриеврейском споре и вместо этого научиться нести истину о Боге за его пределы, потому что это единственный способ свидетельствовать о Боге среди язычников. Честно говоря, повеление Бога, в котором заключен остаток миссии Павла, хоть и не выполненной полностью, гораздо более страшная и требующая большего смирения форма движения вперед, чем все, что мы до сих пор встречали.

Я уделил этому вопросу столько внимания, потому что, как мне кажется, он освещает типично христианскую проблему. Мы читаем эти тексты недостаточно проникновенно, наполняясь раздражением и превращая его в доктрину. Таким образом мы не можем разглядеть того, что моменты еще не прошедшей обиды — это трамплин к обретению широты взглядов и терпимости, которой, по определению, чуждо чувство обиды и негодования и которая не может отвергать того, с чьей помощью мы творим для себя добро. Поэтому мы принимаем сторону Павла против иудеев и читаем Евангелия, видя лишь простые противопоставления между Иисусом и фарисеями, и отказываемся замечать настойчивые намеки на то, как эти противодействия рушатся при появлении чего-то совершенно нового. Думаю, чтобы научиться вдумываться в тексты Священного Писания, нам необходимо подробнее остановиться на болезненной истории яхвистской революции*. Лишь она вдыхает в эти тексты жизнь и благодарность. Так вот, я обращаюсь к иудеям...

Иудейские подсказки

Иезекииль находится в плену в Вавилоне. В этом уже чувствуется слабость и раздробленность. Изгнанник — это тот, кто вырван из огромной общности людей, кто оказался оторван от своих корней, чье культурное наследие уничтожено и чье чувство преданности

---
*Процесс перехода от идолопоклонства к вере в единого Бога Яхве. — *Прим. ред.*

ГЛАВА ПЯТАЯ. Продолжая путь: превращение гнева изгнанника в любовь

стало, с одной стороны, глубже, поскольку ему приходится переосмыслить ее суть, а с другой — слабее, потому что неясно, кому выражать эту преданность. Изгнанник — это тот, кто вынужден уйти от себя прежнего, чтобы обрести свое новое «я». Мы можем примерно представить себе, что испытывали Иезекииль и старейшины Иудеи, по соседству с которыми он жил у реки Ховар.

Иезекииль был священником, одним из тех, кого увели в плен с царем Иехонией перед падением Иерусалима, случившимся несколько лет спустя, во время правления брата Иехонии, Седекии. Таким образом, когда Иезекииля посетило первое видение, Иерусалим еще стоял, и храм был невредим. Его первое видение было смутным: это была странная смесь фигур и лиц с колесами, точное назначение которых было еще не ясно. Над этими фигурами возвышалась во всем великолепии слава Божья — сам Бог, который по виду был похож на человека, окруженного сиянием божественного света.

Небесное видение тут же отзывается гневом в Иезекииле. Ему предстоит идти и порицать людей в доме Израиля. Иезекииль зол, ох, как же он зол! Несомненно, его злость вызвана этим видением. Он говорит о том, как Дух Божий наполняет его сердце горечью, и произносит одно предостережение за другим, независимо от того, слышат его люди или нет. Он уверен в своей роли изобличающего прорицателя, который должен предупредить людей, и его спасение зависит от тех упреков, которые он им делает. Вскоре его гнев обращается в сторону Иерусалима, и Бог через него выражает свое крайнее недовольство этим городом: «Беда пойдет за бедою», «Настал день! Пришла напасть! Вам приходит конец!» и так далее. Так Иезекииль возвещает бедствие за бедствием на протяжении нескольких глав.

Позвольте мне предположить, что на этой стадии слово Бога и пламенность чувств Иезекииля связаны чересчур крепко. Разве это не похоже на отвергнутую любовь? Иезекииль оторван от всего, что ему было дорого, и ему кажется, что и Бог, и Иерусалим отвергли его. Первый плод его общения с Богом (и это только первый плод, потому что мы увидим, как он будет расти) — безудержное излияние гнева и брани.

Но это только начало. Мы видим, как развивается и меняется Иезекииль, когда видения продолжают являться ему. Он получает второе видение, в котором его приносят в Иерусалим, держа за локон волос. Это восхитительный образ силы того, кто несет, и слабости того, кого несут, ведь можно ли найти связь слабее, чем волос?

Представьте, что вы пережили полную потерю себя как личности, затем, спустя какое-то время, начинаете приходить в себя и обнаруживаете, что получили новое «я». Все это время, когда вы думали только о потере, рядом с вами была скрытая сила, поддерживающая вас и дающая вам целостность именно с помощью того, что казалось самым уязвимым и ненадежным в вас. Здесь мы безошибочно погружаемся в мир яхвистской революции, в мир сокровенного Бога (Ис 45:15) удивительной силы, которого совершенно невозможно определить среди славы и величия разных богов, разве что как веяние тихого ветра, загадочный вздох или руку, держащую за волос.

В Иерусалиме Иезекиилю является одно из величайших видений, описанных в Ветхом Завете, это один из тех текстов, причудливость которых мешает нам разглядеть необыкновенный резонанс разрушения и возрождения. Иезекииля ведут в храм и там показывают ему отвратительные вещи. Первая часть видения полна грехов, совершаемых старейшинами Израиля, теми, кому следовало бы быть более благоразумными, в доме Господа и вокруг него. Иезекииль произносит резкую обличительную речь против собственного народа и поступков, которыми люди осквернили святилище.

После такой критики, которая, надо признать, часто встречается у пророков, мы наблюдаем нечто еще более поразительное. В десятой и одиннадцатой главах рассказывается, как Бог постепенно, шаг за шагом, отдаляется от храма. Место Его присутствия в доме Господнем, обозначенное херувимами, превращается в подобие колес, из них образуется необыкновенная колесница, которая начинает постепенно двигаться сама по себе, а на ней — слава Божья: сам Бог в виде человека в сиянии божественного света. Из различных частей храма Божья слава, поддерживаемая крыльями херувимов на колесах, улетает, оставляя дом Господа, наконец, Бог окончательно покидает храм и город и поднимается на гору, стоящую к востоку от него.

Я хотел бы заметить, что это видение Иезекииля на самом деле не отличается от первого. Это тот же сон о животных, колесах и славе Господа, но более четкий и гораздо менее гневный. Первое неясное видение вызвало в душе Иезекииля рефлекторную реакцию гнева, выразившегося в типичном для пророков способе бросать упреки людям. Второе видение, то же самое, но более четкое, побуждает Иезекииля к тому, чтобы он начал преодолевать в себе чувства, связанные с отвергнутой любовью: чувство гнева и

ГЛАВА ПЯТАЯ. Продолжая путь: превращение гнева изгнанника в любовь

заброшенности, а также чтобы он пошел дальше, предприняв шаги к преодолению своей преданности прежней вере, выражающейся в чрезмерной жестокости и любви.

Именно образы херувимов и колес подчеркивают, насколько тяжелый, невообразимый разрыв происходит в его душе. Видя все это, Иезекииль действительно испытывает ужасные страдания: Бог покинет его храм. Если бы он изначально выступал против дома Господа, был одним из пророков, не одобрявших жертвоприношения, это ничего не значило бы для него, но Иезекииль был священником, любившим храм и защищавшим его. То, что он описывал, было частью пережитой им опустошительной потери, сродни пересадке его собственного сердца.

Ключевой момент в испытании пророка — это то, что он пережил не просто потерю. Консерватор, любящий устоявшийся, стабильный мир жертвоприношений и богослужений, описывает как потерю всего этого, так и мучительный процесс разрыва, когда все самое важное отделяется от форм, которые принимало раньше, и становится гибким, новым и дающим жизнь. Только к концу этого разделения и разрыва с прошлым Иезекииль способен переосмыслить Бога как склонного к изгнанию, дарующего новое сердце и новый дух (Иез 11:19-20), это первое упоминание того, что позже проявится еще полнее в его книге (Иез 36:28). Иезекииль, консервативный священник, учится идти вперед.

В следующих главах критика Израиля и его марионеточного правителя становится более целенаправленной, и, несмотря на гнев, в ней звучит больше сострадания. Новый признак существенных изменений, происходящих в восприятии Иезекииля, проявляется в восемнадцатой главе, где он начинает понимать, что Бог — это не тот, кто насылает на людей бесконечный поток наказаний за грехи отцов от поколения к поколению. Перед ним начинает проступать образ не карающего, но более тонкого Бога, желающего, чтобы люди отказались от зла и жили, судя себя и других, в соответствии с личной ответственностью каждого за свои деяния. Это признаки воссоздающего Бога, появляющиеся из того, что казалось бесконечным облаком неразборчивой ярости.

Далее обличительных речей становится больше, и не только против Израиля, но также против Тира и Египта, наряду с пророчествами о грядущем конце Иерусалима и его храма. И в этих пророчествах теперь звучит не только гнев, но и горечь, и скорбь. Мы снова видим Иезекииля изобличающим прорицателем (Иез 33:1-16), как и в третьей главе, но теперь его образ не настолько суров, как раньше, в его послании людям меньше обвинений и порицаний. Оно включает в себя элементы из восемнадцатой главы, в которой меняется образ Бога, который беспорядочно наказывал многие поколения людей. Чувствуется, что Он исполняет роль стража порядка, действующего в рамках общего послания любви. По мере того как в сознании Иезекииля изменяется восприятие им Бога, отвергнутая любовь, медленно и с огромным усилием преодолевая тяжесть гнева, превращается в настоящую любовь к народу.

И только теперь, когда Иезикииль достиг такого состояния души, один из спасшихся приносит ему весть о падении Иерусалима и разрушении храма — то, что он и предвидел. Мы могли бы представить себе, что пророк испытал при этом мрачную радость, вроде «я же говорил». Но нет, Иезекииль и в самом деле двигается дальше в своем духовном развитии. Возможно, это Бог подготовил его к тому, чтобы он сумел помочь своему народу преодолеть этот кризис, когда сам Иезекииль уже прошел через него. И доказательство его духовного развития в том, что настоящая любовь, начавшая возникать из гневной реакции отвергнутой любви и давшаяся ему с таким огромным трудом, продолжает расти и становится сильнее. Именно в этот момент Иезекииль жестоко осуждает пастырей Израиля, бросивших своих овец и пасших самих себя, не позаботившись о слабых. Бог для него не только связывается с порицанием. Теперь Бог отмежевывается от другой священной функции — вести других за собой, и теперь Он сам собирается искать своих овец, пасти их и заботиться о них. Когда отвергнутая любовь отделяется от объекта слишком сильной преданности, становится возможным освободить свое воображение для того, чтобы понимать голос Яхве — создателя, хранителя жизни, дарующего любовь, собирателя слабых, голос, слишком тихий, чтобы можно было услышать его среди бушующего гнева отвергнутой любви.

Мы становимся свидетелями продолжающихся метаний между гневным порицанием и зачатками любви, но, продвигаясь по книге, мы все больше замечаем, что эта любовь проявляется все дольше, сильнее и конкретнее. В тридцать шестой главе гнев служит просто подготовкой к новому, более яркому варианту того же самого по своей сути видения, о котором рассказывается в одиннадцатой главе. Бог берет людей, принадлежащих разным народам, очищает их от всех нечистот, вместо каменного сердца дает им новое, из плоти, и дарует изобилие. Из развалин отвергнутой любви Иезекииля появляется воскрешающий Бог. Еще ярче

ГЛАВА ПЯТАЯ. Продолжая путь: превращение гнева изгнанника в любовь

проявляется Божья сила воскрешения в видении Иезикииля о сухих костях и о возвращении к жизни мертвых. Теперь Бог в его восприятии не связан даже со смертью. Милость Бога способна вызывать к жизни даже мертвое. Это потрясающее открытие, ведь на данной стадии откровения не было известно, что Бог обладает властью сохранять жизнь умершим. Теперь Он представляется не только как Творец, но как Бог, который может дать людям нового Давида. Бог перестал быть связан со священной линией, которая оборвалась с падением Иерусалима, и вместо этого может дать вечного Давида, который будет править Его народом всегда.

У Иезекииля происходит очередной всплеск эмоций, но к его концу он уже начинает смотреть на вещи по-новому. Цель разрушения и изгнания в том, чтобы люди могли познать святость Бога: Он вернет им богатство, и они узнают, что Он Бог, потому что Он выслал их, рассеяв между народами, и затем собрал вновь на их земле (Иез 39:28). Это значит, что Иезекииль достаточно продвинулся вперед, чтобы отделять Бога от гнева и разрушений: теперь оказывается, что все это было частью замысла любви и созидания. Я не говорю, что спустя два с половиной тысячелетия такой взгляд на вещи приемлем с нашей точки зрения. Уход от восприятия божественной отцовской двойственности, в которой «божественный гнев» — необходимый стимул на пути к пониманию «божественной любви», лежит в основе провозглашения Иисусом Благой вести о Его Отце. И все же я хочу заметить, что восприятие Иезекииля — это чрезвычайно важный этап на пути к восприятию Бога, не связанному с отвергнутой любовью.

Остальные главы книги Иезекииля посвящены видению нового храма. И если раньше Иезекиля вели за прядь волос, теперь его удерживают гораздо крепче. Его ведут в горы, расположенные рядом с городом, возможно туда же, куда направилась в его более раннем видении колесница Бога, покинувшего храм и Иерусалим. Там методично, шаг за шагом, Бог показывает пророку новый храм, который медленно, обстоятельно и внушительно предстает перед ним. Это грандиозный акт воссоздания святости, но не только для Израиля, потому что в видении Иезекииля из-под порога храма льется вода, оживляющая все, и эта вода течет отовсюду. Она везде, она заполняет собой все пространство, течет в невообразимые дали, неся жизнь.

Как вырос Иезекииль! Из человека, испытавшего отвергнутую любовь, он превратился в того, кто в бурлящем потоке гнева начал видеть проблески нелегкой любви, в чье сердце проникло дыхание

Яхве. Постепенно стало ясно, что именно эта любовь и была в дыхании Яхве, пока медленно, ох, как медленно, не появился звук сильного, но ласкового голоса, наставляющего, оживляющего, любящего людей, воскрешающего и терпимого. Путь Иезекииля — лишь одна из многочисленных вех на гораздо более долгом пути обращения людей в новую веру в бога Яхве. Его жизнь — потрясающий пример изменения и воскрешения жизни, начавшегося, когда Авраам покинул город Ур, город своего отца и идолов.

Мысль, которую я хочу до вас донести, заключается в том, что было бы логичным разделить путь Иезекииля на три стадии: (1) — отвергнутая любовь, пронзенная видением Господа, которое она еще не способна полностью принять. За ней следует стадия (2) — долгий процесс осмысления отвергнутой любви, ее преодоление и начало осознания того, что я назвал нелегкой любовью, любовью, которая объединяет. Это в конце концов приводит к стадии (3) — успокоению в безвозмездном творении, созидательной любви, позволяющей направить воображение на создание необъятной многогранности жизни: открытие Бога как создателя, любящего все человечество и стремящегося привести людей ко всеобщей радости.

Динамика евхаристии

Теперь я хотел бы попытаться понять, можем ли мы оказаться внутри процесса яхвистской революции, и мне хотелось бы предположить, что можем, если позволим себе открыть то, что я называю евхаристической движущей силой христианской веры. Давайте представим, что мы — участники хорошо организованной группы с четким представлением о «своих» и «чужих» (что обычно и подразумевается под понятием хорошо организованной группы). Давайте назовем ее церковью и представим, что главный религиозный обряд в ней называется евхаристией. Если это религиозный обряд хорошо организованной группы, то он тоже хорошо организован. Он рассказывает и воспроизводит историю о спасении, приведшем к созданию этой группы и сплачивающем ее. Частично эта группа существует благодаря тому, что есть другая, очень четко определенная, несмотря на некоторую туманность и мифичность, группа людей — «чужаков», злодеев, отличие от которых делает нас хорошими. Иногда эти люди называются египтянами, иногда народами, иногда язычниками, иногда фарисеями, иногда евреями,

ГЛАВА ПЯТАЯ. Продолжая путь: превращение гнева изгнанника в любовь

и они необходимы нам, потому что без них не было бы истории, делающей нас хорошими. Наш главный религиозный обряд — знаменитое жертвоприношение, которое искупило наши грехи, и мы приобщаемся к Господу через это таинство. Существуют замечательные теории, объясняющие, почему внутри сплоченной группы жертвоприношение эффективно, почему оно передает милость и добродетель, восстанавливает порядок и делает созидание гармоничным. Таким образом, мы можем придерживаться веры в то, что пока мы продолжаем совершать жертвоприношение, Господь будет пребывать в раю, порядок, предписанный Им, будет восстанавливаться на земле, а мы будем существовать как его часть. Мы живем в мире, в котором такие понятия, как любовь, преданность, послушание и духовная общность, очень близки по смыслу. И была бы непостижимой сама мысль, что может существовать какая-то ирония в том, что преданность считается понятием, близким к любви.

Это мир наивного идолопоклонства. Мы оказались там, где был Иезекииль до того, как его увели в Вавилонию, там, где был Павел до того, как услышал о Христе и Его пути, не говоря уже о том, чтобы считать его достаточно опасным и начать преследовать. Мы находимся в мире, в котором многие из нас побывали на разных стадиях жизни в связи с тем, что сами принадлежали какой-то группе. Но это не может длиться вечно!

Теперь давайте представим себе нечто очень болезненное: мы находимся под властью странной неподконтрольной нам силы и больше не можем войти в этот дом нашей собственной веры. Нас либо насильно увели в плен, как Иезекииля, либо мы, как Павел, понимаем, что выброшены из привычного мира, потому что сами сделали открытие о глубоких корнях нашего сообщества и нашей преданности ему, вследствие чего не можем продолжать жить, как прежде. Тем из нас, кто обнаруживает в себе гея, кажется, что эта необыкновенная и неподвластная нам движущая сила кроется в осознании того, что мы являемся частью «их» — тех, чье «зло» сделало «нас» «добрыми», и это повергает всю нашу общность с другими людьми, преданность, любовь и терпение в хаос. Это почва для отвергнутой любви, это чувство отверженности, презренной и бессмысленной преданности, беспомощность и унижение заложника неуправляемой стремительной силы.

Священный обряд продолжается среди этого неистовства, несомненно, жестокий, но все же обряд. Сначала мы действительно не можем провести различие между Богом и гневом отвергнутой любви и становимся немного похожими на Иезекииля — изгнанника, обрушивающего ярость на дом Израилев и храм. Среди геев довольно часто встречается подобное отношение к евангельскому Иисусу как к жесту протеста против религиозной общины, фарисеев, о которых мы говорили выше. Это именно тот момент, когда мы начинаем прозревать, хоть нас и окружает жестокость. Так мы начинаем обретать способность читать и понимать «Иисуса против фарисеев» изнутри, ассоциируя себя с Иисусом и обличая лицемерие и фальшь всех обитателей церковного «чулана». Мы точно знаем, что имеется в виду, когда Иисус говорит фарисеям, что они пакуют тяжелую ношу, чтобы водрузить ее на плечи народа, а сами даже не пошевелят пальцем, чтобы помочь ему. Мы хорошо понимаем мысль Иисуса, когда он говорит книжникам: «Вы устранили заповедь Божию преданием вашим». И, разумеется, мы имеем право в самом начале нашего озарения облечь его в искаженную гневом форму, как есть, потому что оно лишь первый шаг на пути к тому, чтобы научиться понимать Бога с точки зрения жертвы. Это также начальный этап процесса отделения священных текстов нашей веры от посторонних мифических смыслов и использования их для того, чтобы говорить о наших современниках и таким образом возрождать библейский мир среди нас.

Тем не менее это романтичный момент, момент протеста, конфликтного слова, все еще окутанного гневной уверенностью в своей правоте. Это спорный момент, когда то, что было хорошим, становится плохим, а плохое становится хорошим. Опасность состоит в том, что можно так и остаться на этой позиции. Если это случилось, значит, мы избрали слишком легкий, поверхностный путь развития, что мы отряхиваем прах от своих ног. Мы все еще привязаны к тому, что, как нам кажется, мы отвергаем — гораздо больше, чем нам хотелось бы в это верить. На этом этапе мы еще не приступили к евхаристии, и для нас Иисус — могущественное слово, но в нем есть что-то схематичное, стереотипное. Пока нет реальных признаков его движущей силы, но нельзя забывать о том, что отвергнутая любовь научилась кричать.

Если нам повезет и мы избежим искушения задержаться на этом уровне, мы перейдем на вторую стадию пути Иезекииля — мучительное отделение любви от преданности и начало обретения бескорыстной любви. По моему опыту, это чрезвычайно болезненный период роста. Тяжело преодолеть гнев и справедливый протест против лицемеров, трусов и ложных пастырей, покинувших свое стадо. Избавиться от искаженного гнева — значит избавиться от связанной с ним структуры и от его защиты. Но этот

ГЛАВА ПЯТАЯ. Продолжая путь: превращение гнева изгнанника в любовь

период — начало вступления на путь евхаристии. Первый шаг заключался в отождествлении себя с положительной группой, считающей Иисуса истинным пастырем, а иудейских книжников и фарисеев — ложными пастырями, которые теперь просто вытеснены. Второй шаг — инвертированное отождествление себя с отрицательной группой, и этот шаг предназначен для того, чтобы осуществить основную идентификацию тех, кто прежде считался мифическими чужаками (иудейские священники, книжники и фарисеи), с некоторыми современниками (кардиналами, епископами, проповедниками, телеевангелистами), которые сейчас играют ту же лицемерную роль, что и их предшественники. На обоих этапах есть «мы» и «они».

Третий шаг, начало вступления на путь к евхаристии — это постепенное уничтожение различий между «мы» и «они» и толкование этих текстов Священного Писания как части непрерывной движущей силы. Мы начинаем открывать для себя Иисуса не просто как носителя конфликтного слова, но как распятого и воскресшего Бога на пути в Эммаус. Его присутствие, раскрывшееся в преломлении хлеба, становится движущей силой. Мы постоянно можем обращаться к Нему как к живому толкователю текстов Библии, чтобы научиться не отождествлять себя ни с положительной, ни с отрицательной группами, а всегда двигаться вперед.

Не думаю, что к этому этапу можно приступить, не пройдя в каком-то смысле через смерть. Только когда мы признаем, что нас изгнали оттуда, где была наша первая любовь и преданность, и с трудом понимаем, что даже отвечать на это бессмысленно, нам открывается понимание того, что жизнь Иисуса после смерти была безвозмездным даром. Это сродни и постепенному проявлению настоящей любви, которая не связана с ураганом гнева и отвергнутой любовью. Думаю, я лишь выражу вполне традиционную мысль, сказав, что единственный верный путь к евхаристии — это крещение. Тогда обиде и негодованию приходит конец и мы способны любить.

Полагаю, что первый признак этой любви проявляется, когда мы больше не можем отождествлять книжников, фарисеев и лицемеров с реальными людьми в прошлом или настоящем и начинаем понимать, что цель этих текстов Священного Писания — позволить нам жить в «мы». Мы добьемся этого, не обнаруживая чужие ошибки и лицемерие, а осознавая то, что я называю механизмом плохой религии, в который мы все вовлечены. Это механизм, сделанный доступным и понятным для нас, чтобы мы могли преодолеть его.

Я обнаружил, что это происходит со мной, когда, к своему удивлению, заметил, что жалею и люблю тех, кого еще совсем недавно считал лицемерами, трусами и бюрократами, потому что лицемерие, трусость и бюрократия всего лишь признаки страха, куда еще не проникла всепоглощающая любовь, дарующая нам жизнь. Это именно то, что происходило со мной, я сам был тем, в кого еще не проникла эта безграничная любовь, дарующая жизнь. Слово «жалость» звучит снисходительно, но я имею в виду нечто немного другое — особую форму заново открытой гармонии инстинктивной любви, которую евангелисты разглядели в Иисусе. Это *мы* — те, кого побуждают к жизни.

Когда мы научимся видеть в людях не карикатуры, а братьев, тогда, возможно, мы сможем начать по-другому осмысливать тексты наподобие «горе фарисеям», до сих пор служившие для того, чтобы поддерживать эту карикатуру. Сами тексты Библии становятся даром, который показывает нам идолопоклонническое устройство нашего дома и говорит, как уйти от него в милосердии. Вместо конфликтного разделения на «мы» и «они», тексты Священного Писания становятся бескорыстным словом, помогающим нам осознать нашу собственную причастность к миру «нас» и «их», и позволяющим представить, что значит сосуществовать без подобных барьеров.

Думаю, это и есть настоящее начало восприятия евхаристии. Оно включает в себя болезненный процесс отделения от храма, который мы видели вместе с Иезекиилем, и в нашем случае это означает отказ как от наивного идолопоклонства, которому мы были преданы вначале, так и от бурного ответного проявления конфронтационной преданности. Евхаристия отделяет нас от всех форм групповой общности, и мы, забыв все нелепые теории жертвоприношения, начинаем открывать в нашем сердце настоящую возрождающую любовь. Именно она позволяет нам определять и преодолевать механизмы жестокости, которые мы создаем и в которых с таким упорством живем, — таков наш страх смерти и опасение попасть в руки Создателя.

Я говорю не о каком-то волшебстве, а лишь о том, что регулярное посещение воскресной литургии медленно, буквально по каплям, дарует нам умиротворенное присутствие воскресшего Господа, толкующего слова Священного Писания на братском уровне и таким образом сохраняющего движущую силу, позволяющую нам найти свое место в мировой истории. И это происходит независимо от того, замечательна или не слишком хороша проповедь,

ГЛАВА ПЯТАЯ. Продолжая путь: превращение гнева изгнанника в любовь

открыт для людей или фальшив священник, проста или пышна литургия. Динамика евхаристии распространяется на всех, независимо от веры, потому что это мягкая настойчивость Бога в отказе быть отвергнутым.

Думаю, это можно назвать началом католического момента в процессе, который я описал. Момента, когда Иисус превращается из стереотипного глашатая конфликтного слова в подлинного живого толкователя Божьего слова, разрушающего границы групп. Это момент постепенного проявления любви, преодолевшей реакцию и смерть, позволяющей нам осознать присутствие распятого и воскресшего Бога как дающего нам силу, полностью лишенную гнева, позволяющую нам двигаться вперед. Тем не менее — и здесь я ступаю на зыбкую почву — я хотел бы предположить, что это еще не настоящий и не полностью католический момент. Он не предоставляет по-настоящему и целиком силу евхаристии, если не проникнут дыханием яхвистской революции.

Здесь я хочу высказать мысль, что за освобождением от гнева и началом переосмысления братства есть момент, возможный только после прохождения через определенный вид смерти. Это открытие не только силы евхаристии, позволяющей двигаться вперед, но также того, что кроется за ней, — дарование евхаристии Создателем. Это означает открытие того, что Яхве — сокровенный Бог Израиля — проявляется как скрытый голос жертвенного присутствия Христа в евхаристии.

За движущей силой евхаристии кроется приглашение уйти от идолопоклонства в настоящую жизнь. Евхаристия — это непрерывное самопожертвование, веяние тихого ветра как постоянное уничтожение всего мира жертвенной жестокости, в котором мы живем. Это уничтожение мира жестокости действует, непрерывно предоставляя нам разъяснительные и лингвистические инструменты, чтобы, преодолев собственную жестокость и трусость, мы могли открыть, что нас призывают к жизни, чтобы мы стали соучастниками замечательного творения, которое не могли себе даже представить. Это настоящая динамика движения вперед, когда оперившийся птенец, выпавший из гнезда, постепенно осознает, что ему даны крылья, что они работают и несут его вверх и вперед.

Я хочу сказать, что, когда мы познаем на себе динамику евхаристии и обнаруживаем, что продолжаем жить, мы также понимаем нечто более глубокое и необыкновенное: божественность Христа, человеческую природу и слово Яхве, звучащее как безмолвное дыхание, ведущее к жизни. Это дарование жизни не отличается от сотворения всех других вещей. Что меня поражает в моем нелегком продвижении вперед в этом вопросе, так это осознание того, что созидательный замысел евхаристии, который есть не что иное, как творческое переосмысление храма Иезекиилем, совершенно ничему не противостоит.

Более того, мне становится ясно, что замысел Бога по превращению нас в участников созидания через евхаристию предполагает, что кто-то любит нас так сильно, что может заранее знать об отвергнутой любви, о гневе, ненависти и насилии, но его так мало огорчает все это, что он может помочь нам преодолеть все трудности и призвать нас к жизни. Я говорю об осознании творческого замысла любви, которая не связана с преодолением чувства обиды или негодования. Она настолько выше всего этого, что должна сдерживать веселый смех, ведя нас к жизни, чтобы мы не истолковали ее радость неверно, с позиции обиды, и не отпрянули от нее, отказываясь верить, что она смеется не «над» нами, а от радости «за» нас.

Глава шестая
Одет и в здравом уме

Гадаринский бесноватый

Иисус покинул земли иудеев и пришел в землю Гадаринскую[1]. И там, среди могил, Он встретил человека, который в Евангелии описывается как одержимый нечистым духом. Жители города не знали, что с ним делать. Они прогнали его в «долину теней» и приковали к скале. Но сила безумца была такова, что он постоянно срывал с себя цепи. В конце концов, горожане прекратили попытки сковать его и оставили на кладбище, сочтя окончательно погибшим. Но даже после этого он сам себя мучил и терзал — так же, как с ним поступали другие.

Этот человек — или нечистый дух в нем — узнал Иисуса издалека. Бесноватый подбежал и поклонился Иисусу, умоляя не мучить его: ведь Иисус велел духу выйти из человека. В ответ на требование назвать себя дух ответил, что имя ему — легион, «потому что нас много». Он просит не изгонять его из страны. Это неудивительно, ведь легион стал неотъемлемой частью этой страны: он воплощает в себе силы, которые побуждают людей сплотиться против любых чужаков как носителей опасности, мерзости и зла. Вне этой земли, вне системы отношений между горожанами и бесноватым исчезла бы сама причина существования легиона, распалась бы его структура.

Иисус, однако, не проявил никакой враждебности к легиону. Он не кричал на него, не приказывал ему покинуть страну. Напротив, Иисус любезно предложил легиону поступить так, как ему самому хотелось: войти в стадо свиней, которые паслись неподалеку. Иисус знал, что сущность этого духа есть саморазрушение, и этот процесс неизбежно начнется, как только легион выйдет за рамки

---

[1] Мое толкование этого эпизода полностью соответствует интерпретации Рене Жирара: R. Girard, „The Demons of Gerasa", in: *The Scapegoat*, Ch.13, London, 1986. [Рус. пер. «Гадаринские бесы», в: Рене Жирар. *Козел отпущения*, Гл. 13, СПб.: «Издательство Ивана Лимбаха», 2010. — *Прим. ред.*]

сугубо человеческой игры. Ведь только люди способны выстраивать искусственные границы, охраняя свое единство за счет «козла отпущения». И свиньи действительно легко приняли в себя легион, не умея сопротивляться силам саморазрушения: вместо того чтобы изгнать этот чуждый дух, они сами бросились вниз с крутого склона в море.

Пастухи вернулись и рассказали о происшествии горожанам, этим порядочным людям, которые были уверены, что одержимый — воплощение зла. Они и не догадывались, насколько он был необходим для поддержания стабильности их собственной жизни. В Евангелии от Марка сказано:

> Приходят к Иисусу и видят, что бесновавшийся, в котором был легион, сидит и одет, и в здравом уме; и устрашились (Мк 5:15).

Чего же они устрашились? Они не боялись, когда он бродил среди могил, нанося себе раны, разрывая цепи и т. д. Это было вполне в порядке вещей. Они испугались, увидев его *сидящим*, мирным, *одетым* и, более того, *в здравом уме*. Ведь они привыкли к его безумствам, изорванной одежде, израненному телу и прочим ужасам. Однако их страх не удивителен, если понять логику этой истории. Ведь это *они* были «в здравом уме», в отличие от того странного человека, кто в здравом уме не был. Если бы одержимый не являлся частью этой хрупкой системы представлений, горожане, конечно, обрадовались бы, что этот человек может наконец вернуться к нормальной жизни и снова приносить пользу обществу. Но пока бесноватый был необходим горожанам именно в качестве их противоположности.

Горожане, видимо, сами плохо понимали, что их пугает. Связи внутри группы, скрепленные негативным отношением к одержимому, помимо воли структурировали их сознание. Под угрозой неожиданно оказался сам принцип, на котором строилось их совместное существование. Какая бы сила ни вывела одержимого за рамки этой игры, они чувствовали, что в этом таится угроза для них. Поэтому они и попросили Иисуса уйти.

Иисус не хочет окончательно расшатывать жизнь языческого города своей силой, хотя Он мог бы это сделать. Заповедь почитать Бога живого и не служить другим богам была трудна даже для сыновей и дочерей Израиля, которые знали Закон и пророков. А уж для язычников живой Бог — это слишком страшно и преждевременно. Поэтому Иисус уходит, успев только заронить семя в их сердце. Исцеленный хочет идти за Иисусом, но Он не позволил ему сделать это, вопреки призыву, часто упоминаемому в Евангелиях: «Следуй за Мной». Жестоко ли это? Не думаю. Дело в том, что этот человек долго был вовлечен в сумасшедшую игру «свой/чужой»; поэтому для него покинуть свою страну — это, практически, было то же самое привычное изгнание.

Вместо этого Иисус ставит перед исцеленным значительно более сложную задачу:

> Иди домой к своим и расскажи им, что сотворил с тобою Господь и как помиловал тебя (Мк 5:19).

Конечно, поведать о милости Господа этому человеку было совсем не трудно. Проблема — в головокружительном указании Иисуса: «Иди *домой к своим*». Домой! К своим! Это столь же непонятная и новая реальность для бывшего бесноватого, как миссионерское путешествие в неизведанную страну для апостола. Этот человек принесет свое самое великое свидетельство о живом Боге тем, что будет *сидеть, одетый, в здравом уме, дома, среди своих*. Задевающая нас природа Евангелия, бьющая через край божественная полнота жизни явятся во всей красе, когда бывший изгой научится жить в обществе как *свой*.

Первое, что сделал одержимый, узнав Иисуса, он стал заклинать Его Всевышним не мучить его. Это кажется странным: что может быть хуже, чем добровольно подвергать себя истязаниям, следуя правилам игры? Но то, что делает Иисус, создает совсем иную ситуацию, чем привычные мучения бесноватого, поэтому появление живого Бога стало для этого человека настоящим испытанием. На самом деле Иисус явился именно в то время, когда бесноватый уже был готов вернуться домой и снова обрести человеческий облик, пусть даже ценой стабильности системы. Это не та логика, согласно которой «лучше изгнать одного человека, чем взбудоражить весь народ». Это иная логика: «нужно научить одного человека жить по-человечески, а весь народ научить жить по-новому». По этой божественной логике одна заблудшая овца ценнее, чем 99 овец, которые никогда не сбивались с пути; значит, цена одного грешника сопоставима с ценой 99 праведников.

Я стараюсь как можно осторожней рассказывать историю гадаринского одержимого. В памяти многих из нас разговоры о злых духах и одержимости вызывают дурные воспоминания. Ко многим геям различные христианские общины относились как к одержимым злым духом. Выражалось ли это в попытках изгнания «духа гомосексуальности» или в каких-нибудь «восстановительных» молитвах (которые должны были превратить нас в «экс-геев»), многие испытали, что значит быть обреченным на уничтожение своей сущности. Именно на это обрекал нас язык «одержимости демонами». Я осознаю, что пробуждать в нас подобные воспоминания — опасный шаг.

И все же в языке Евангелий присутствует четкость, которая может помочь нам вступить на твердую почву. Согласно обычной логике, понятия «бог» и «быть» связаны с принадлежностью к определенному сообществу. Эта логика гласит: «Мы позволим тебе быть одним из нас, наш бог дарует тебе бытие, если ты присоединишься к нам и убьешь ту часть своей сущности, которая идет вразрез с пра-вилами нашей группы. Ты считаешь, что это часть тебя, но на самом деле это злой дух или болезнь, которую можно вылечить или хотя бы нейтрализовать. Если ты разрешишь относиться к этому именно так, то станешь одним из нас».

По этой логике бог, дар бытия и признания полностью зависят от группы «добрых людей», которые знают, что для нас правильно. Результат — неизбежно катастрофический: ведь нам предлагается удовлетворить потребность группы в унифицированной праведности. Мы соглашаемся отказаться от части нашего существа в обмен на драгоценное чувство принадлежности к группе, которое нам даруется. Но та часть нашего существа, от которой мы отреклись, блуждает с тех пор где-то на обочине общества, превратив-шись в неприкаянный дух и исполняя роль злого начала, предпи-санную группой. Многие из нас шли на это — как же долго мы выдерживали и чего нам это стоило!

Когда мы покорно играем навязанную нам роль, групповая система верований укрепляется: общество объясняет наши проступки, изображает их вполне терпимыми и даже иногда прощает нас, поскольку на нашем фоне лучше выглядит то, что оно считает добром. Если для вас геи — это противные, стыдящиеся самих себя сексуальные типы, тогда вы примете позицию общества и сочтете, что они представляют лишь темную сторону «нормальной» жизни. Немного силы воли, и все будет хорошо. Возможно поэтому столь многие скрытые гомосексуалы (в том числе члены различных религиозных организаций) так старательно преследуют других геев. Ведь собственная «правильность» обусловлена их готовностью отречься от части своего существа, вытеснить его. А это акт, который требует постоянного подтверждения жертвоприношениями.

Многие группы понимают религиозное обращение так: это когда человек становится «таким же, как они». Для них критерий праведности и здравости — это вести себя как они, разделять их мировоззрение, их политические взгляды, считать «плохими парнями» тех же людей. И довольно часто для нас принять их точку зрения означало примерно то же, что кораблю в бурю войти в гостеприимный порт. Какое-никакое убежище, пусть даже шаткое, все же лучше, чем ничего.

Поэтому нам вполне понятна ситуация одержимого. Нас уже не нужно связывать и приковывать к скале, чтобы ограничить в действиях. Согласившись получать поддержку со стороны сообщества, мы приучились действовать без вреда для него, нанося ущерб только самим себе. И мы привыкли к этому *modus vivendi* (способу жизни), как если бы он действительно был установлен самим Богом.

Однако это не логика Евангелия, где история изгнания бесов выполняет совершенно другую функцию: с ее помощью Творец призывает к жизни тех, кто оказался в безжалостной ловушке определенной культурной традиции. На первый взгляд, что может быть ужаснее мысли о том, что в игру «свой/чужой» нам больше не надо играть? Но выясняется, что наше существование может строиться и на иных основаниях. Живой Бог дает жизнь и возможность принадлежать к сообществу, исходя из совершенно других принципов, нежели те, которые объединяют людей сейчас. Поначалу это — ужасная пытка, и когда мы понимаем, что происходит, то вполне можем громко умолять не мучить нас. Наши вопли звучат еще и потому, что сегодня, спустя 2000 лет христианской истории, о живом Боге говорится в тех же выражениях, что и о групповом боге. Жители земли гадаринской имели, по крайней мере, то преимущество, что для каждого бога у них была своя религия. Нам же еще предстоит научиться различать логику благодати и логику отторжения, даже если они используют одни и те же слова.

Однако нельзя остановить Бога живого, который снисходителен и милостив к нашим привычным демонам, поскольку действует *вне* их логики. Бог начинает длительный, но скрытый процесс нашего освобождения из языческого плена. То миропонимание, которое мы получаем от сообщества, зависит от него и нуждается в жертвах для своего поддержания. Напротив, живой Бог, вызвавший к жизни все сущее, ни в коей мере не зависит ни от какой группы. Он дарует нам бытие, как ни страшно это может показаться, в пропасти непричастности, чтобы оторвать нас от пылкой лояльности обществу. Это необходимо для того, чтобы перенести нас в сферу свободы того Бога, для кого самая большая радость — добиться, чтобы кто-то снова стал человеком и, одетый, в здравом уме, сидел дома, среди своих, в этом новом для себя месте.

В этом и заключается подлинный смысл притчи о гадаринском бесноватом. Это рассказ о том, как живой Бог, преисполненный жизни Творец всего сущего, приближается к суррогатному богу группы и, мягко принимаясь за самого слабого члена группы, начинает разрушать сложившуюся систему, очеловечивая «плохого парня». Тем самым открывается возможность сформировать человеческую общность на совершенно других основаниях. Только в этой ветхозаветной перспективе мы начинаем понимать, какая сила здесь действует. Бог есть Творец, пребывающий вне мира языческих богов, и именно присутствие Иисуса Христа, которого мы в символе веры исповедуем как Бога истинного от Бога истинного, позволяет воплотить этот сюжет в земле гадаринской. Если же мы станем интерпретировать дела Божьи, не обращаясь к ошеломляющему иудейскому восприятию Творца, это уже не будет иметь отношения к Евангелию. У этого Бога нет соперников, зато есть благодатный план по нашему очеловечиванию и избавлению от идолопоклонства. Божество групповой общности, группового бытия — лишь практическое воплощение атеизма, вне зависимости от формы, в которую он облачен.

На облаке от дыхания Бога

Итак, я надеюсь, что рассказываю вам утешительную и богатую смыслами историю. Я надеюсь, что ваши собственные воспоминания на нее откликнутся. Тем не менее странно, что эта история вообще была рассказана, и я хотел бы прояснить эту странность, прежде чем продолжить.

Представьте себе, что вы — житель страны гадаринской до появления Иисуса. Вы не глупы, не дикарь, что бы это ни означало. Просто вы привыкли к традиционному функционированию своей культуры. Вы привыкли изо дня в день строить свою жизнь в соответствии с теми ограничениями, которые налагает на вас сообщество. Несмотря на скептицизм, вы храните верность его богам, соблюдаете его табу, защищаете священные границы его территории. Как большинство людей в большинстве обществ, вы соглашаетесь (но и ставите под сомнение), одобряете (но и сопротивляетесь) те правила, которые придают смысл вашей жизни.

ГЛАВА ШЕСТАЯ. Одет и в здравом уме

Для вас невозможно представить, что бесноватый невинен. Система правил большинства человеческих сообществ относительно гибка. За целый ряд прегрешений она не наказывает, но стремится вернуть под контроль тех, кто совершил проступок. И все же есть граница, за которой эта внешне вполне эластичная форма сосуществования приобретает неумолимо тоталитарные черты: появляются те определения добра и зла, которые нельзя оспаривать. Вам никогда не придет в голову ставить под сомнение этот рубеж, поскольку именно он дает возможность утверждать ту или иную ценность. Непреложный факт, который группа не позволяет воспринимать никак иначе, — это определение человека как бесноватого. До появления Иисуса не только горожане, но и сам бесноватый разделял принципиальное молчаливое согласие по поводу этой основы привычного порядка вещей. Все вместе горожане входили в состав закрытой системы, хотя и не знали о ее закрытости, до тех пор, пока точкой опоры был «козел отпущения», тайно ее структурирующий. До прибытия Иисуса к берегам земли гадаринской у них не было такой точки опоры.

Если бы к вам пришел человек и сказал, что ваш бесноватый абсолютно невинен, что он просто честно отыгрывает предписанное ему поведение, конечно, вы стали бы громко возражать. Для вас было бы непостижимо, что такой человек — вовсе не возмутитель спокойствия, желающий разрушить порядок и подорвать нравственные устои общества. Ключевое слово здесь — «непостижимо». Такой подход вы не можете себе даже представить, не то что его принять. Подобное высказывание внутри своей группы вы бы отвергли как невозможное настолько, что незачем о нем и говорить. Да вы и обсуждать бы это не стали, а просто указали на то, что бесноватый злобен и безумен — с бесспорной очевидностью. С ним явно что-то не так.

Я прошу вас мысленно поселиться в стране гадаринской до прибытия Иисуса, чтобы подчеркнуть уязвимость моей собственной позиции. Я, гей, обращаясь к другим гомосексуалам, рассказал вам притчу, которая ставит под сомнение неумолимость тоталитарных структур. Но если мы не осознаем, насколько с точки зрения наших гадаринцев невозможно то, что я делаю, мы не сможем достаточно проникнуться ощущением невероятности рассказываемой истории. Мы не поймем ни смысла божественного поступка, ни то, что означают слова «для Бога нет ничего невозможного».

Иисус не стал читать гадаринцам лекцию о структуре их общества. Он не спорил с ними об определениях. Он не предложил альтернативного законодательства. Он сделал нечто значительно более масштабное: дал бесноватому силу стать человеком — сидящим, одетым и в здравом уме, способным пойти домой, к своим.

Я понял, что гей может спокойно и осмысленно общаться с другими геями лишь в том случае, если он охвачен очеловечивающей силой Творца, которая дает нам здравый ум и учит быть дома, со своими. Другими словами, сам факт, что вы сейчас меня читаете, возможен только благодаря тому, что уже произошло нечто величественное. Бог истинный от Бога истинного именно в тот момент, когда мы с вами разговариваем, «творит нечто новое». Он обращается к нам таким тоном и на такой глубине, которой никогда не касались наши прежние связи. И Он возвещает нам то, что раньше все сочли бы невозможным и скандальным: призывает нас к мирному и свободному человеческому бытию.

Однако это весьма уязвимая исходная позиция. Ведь я не могу ее доказать, не могу привести аргументы в ее пользу. Я вполне понимаю, что слова о том, будто мы, геи — часть того нового, что творит Бог, кажутся гадаринцам пагубной чушью. С точки зрения жителей этой страны такие высказывания следует интерпретировать изнутри их собственной системы. Я сталкивался с тем, что люди расценивают наши попытки говорить о себе языком Евангелия как явное извращение. И это не позволяет нам даже видеть истину (а не то что рассуждать о ней), запечатленную в творении. Действительно, люди говорят, что мы одержимы духом, который лишил нас разума и оставил блуждать в тумане, созданном нами самими.

В Новом Завете есть пара мест, благодаря которым наша позиция выглядит уязвимой. Во-первых, Иисус говорит фарисеям, обвинившим Его, что Он изгоняет демонов именем Вельзевула:

> И если Я силою веельзевула изгоняю бесов, то сыновья ваши чьею силою изгоняют их? Посему они будут вам судьями. Если же Я перстом Божиим изгоняю бесов, то, конечно, достигло до вас Царствие Божие (Лк 11:19-20).

Во-вторых, в Деяниях Апостолов раввин Гамалиил предупреждает собрание, решающее судьбу апостолов:

> ...Отстаньте от людей сих и оставьте их; ибо, если это предприятие и это дело — от человеков, то оно разрушится, а если от Бога, то вы не можете разрушить его; берегитесь, чтобы вам не оказаться и богопротивниками (Деян 5:38-39).

Оба говорящих демонстрируют две логики: первая анализирует событие изнутри закрытой системы, тогда как во втором случае подобная логика непостижима. В споре проблему не решить. И Иисус, и Гамалиил могут только сказать: «если так, тогда это вот что, а если иначе, тогда вот что». В обоих случаях об уязвимости утверждений свидетельствует необходимость дважды употреблять слово «если». Иисус и Гамалиил говорят о чем-то, что нельзя доказать, во что можно только поверить, о явлении чего-то нового, которое исходит от Единого, сотворившего мир наново.

Я хочу показать: когда гей говорит с другими геями о делах Божьих, приглашая их почувствовать себя героями истории о гадаринском бесноватом, это происходит отнюдь не с позиций победителя в споре. Мы рассуждаем не так, будто оседлали волну убежденности, а словно скользя домой на облаке из влаги дыхания Бога. Есть ли что-то уязвимее и есть ли что-либо прочнее?

Проживая процесс очеловечивания

В евангельской истории очеловечивание бесноватого происходит так быстро и без упоминания деталей, что у нас возникает соблазн счесть все изменения одномоментными (хотя здесь описано нечто противоположное магии). Сейчас я хотел бы вместе с вами рассмотреть те постепенные антропологические изменения, которые, я уверен, никому из нас не чужды.

Я с удовольствием предоставил бы вам подробный отчет о процессе своего очеловечивания, подобный тому, который мог бы дать бывший одержимый, уже сидящий в здравом уме дома, среди своих. Но, думаю, рассуждать настолько четко и ясно нам рановато. Я не мог бы избежать упрощений, если бы попытался представить объективное знание об этом процессе (пока я им не обладаю). Одной из неотъемлемых составляющих осторожного скольжения домой является то, что оно далеко не благостно; напротив, новое творение рождается в мучительных схватках, и нас часто охватывает паника. Спокойствие, завоеванное слишком быстро, может помешать нам обрести глубокую безмятежность любимых детей Бога. Поспешная объективность может повредить вере, которая всегда оставляет место судорогам боли. Этой болью можно захлебнуться, слыша призыв к истинному бытию. И все же давайте попробуем выдержать этот рассказ без анестезии.

Первое, что со мной произошло, когда живой Бог ступил на берег, прежде чем я осознал, насколько Он отличается от моих гадаринских богов, — я испустил пронзительный вопль: «ведь можно жить иначе!» Это уже был значительный сбой в гадаринской системе и тем самым — невероятное свидетельство новой веры. Гадаринская вера гласит: «Так должно быть, и другого пути нет». Это вера в предназначение, в судьбу, в природу, в извечный порядок вещей и т. д. Но она всегда оказывается под угрозой рядом с верой в живого Бога. Суметь поверить, что «можно иначе», — это уже поразительное возмущение спокойствия, вспышка веры в живого Бога посреди нетерпимости и неподвижного идолопоклонства.

Этот вопль, пришедший вместе с верой, показался мне жалким, истерическим. Он звучит, видимо, при первой трещине системы; это признак болезненной попытки набрать воздух в легкие. Несокрушимое, пробивающееся к нам дыхание живого Бога еще не лежит в основе такого вопля. И все же, когда приходит понимание того, что «можно жить иначе» (невзирая на приговор людей, выступающих от лица божественного порядка), это — уже начало пути к новому способу человеческого бытия.

В начале следующего этапа моей истории ко мне пришла, наконец, непоколебимая уверенность в поддержке живого Бога. И это был не просто очередной шок вроде тех, к которым я привык, корчась внутри системы. Ведь мы можем воспринимать новое только на основе прежнего опыта. Я даже смог сказать нечто такое: «Если Бог — Истина, тогда все прежнее не может быть истиной». Другими словами, приходится ставить под сомнение все то, что раньше только и помогало нам выжить. Но сделать это можно лишь при уверенности, что нас нежно поддерживают, помогая освободиться из-под ига.

По мере того как Бог все глубже проникал в мое сердце, я сумел произнести: «Бог не имеет никакого отношения ни к какому насилию». Это знак того, что рождается новый человек, больше не вовлеченный в прежнюю структуру, ни как жертва, ни как угнетатель. Такой человек приобретает способность понимать абсолютную разницу между логикой благодати и логикой отторжения, причем во всех их формах. Когда человека охватывает живая вера, это — огромный прорыв. Вместе с верой возвращается способность различать между Богом и богами, благодатью и насилием. Возвращается способность анализировать те правила, что прежде сковывали нас, но чего мы даже не замечали (не говоря уж о том, чтобы обсуждать). Появляется спокойная рассудительность, которая возможна только благодаря вере. Рождаются первые слова человека, к которому возвращается разум.

ГЛАВА ШЕСТАЯ. Одет и в здравом уме

Одновременно возникает крайне болезненное понимание того, насколько мы были скованы ложью. Нам, геям, прежде чем научиться говорить честно и прямо, предстоит признать ошеломляющий факт: с самого начала нам лгали, и мы даже воспринимали эту ложь как руководство к действию. Это не просто открытие, что правительство, епископ или родственник лгали в каком-то конкретном случае. Это намного более мрачное и всеобъемлющее понимание: оказывается, годами мы вдыхали вовсе не кислород, а тлетворный, разрушительный газ, который должен был убить нас. Дело не в том, что кто-то врал нам, просто само наше существо сформировалось в ситуации лживых обвинений.

Есть известный лозунг, который используется на гей-парадах: «Мы — те, от кого нас предостерегали наши родители». Сколько боли за этими простыми, чеканными словами, как ранит ложь, которую нам навязывали о нас самих! С самого раннего детства нас кормили баснями о том, кто мы и какими чудовищами мы можем стать. Прежде чем услышать слова «это пройдет», нам приходилось выживать перед лицом толпы на детской площадке, готовой нас линчевать. Мы научились расшифровывать двусмысленные сигналы, посылаемые нам школьными учителями, которые сами вели жизнь, полную лжи; ловить намеки любимых нами священников, что они готовы принять нас... Но они не могли научить нас принять себя, поскольку сами этого не умели и не могли сделать, если хотели сохранить работу. А внешне дружелюбные работодатели давали нам понять, что, «разумеется, все в порядке, пока вы ничего о себе не говорите». «Не спрашивай и не говори» — такова суть лжи (якобы милосердной), на которой строится система. Однако в конечном итоге ложь не бывает милосердной. Это лишь благопристойное прикрытие, под которым бушуют произвол, насилие и ненависть. Это признал даже Пентагон (хотя и несколько запоздало), далеко опередив наши церкви, которые разбрасываются отлучениями. А ведь ни одна из упомянутых организаций не лишена возможности признать свою собственную лживость.

Разумеется, основная проблема состоит не в том, что нам лгут, а в том, что мы верим этой лжи и в глубине души начинаем повторять ее и самим себе, и другим. Мы превращаемся в таких же пристыженных зрителей детской травли, в тех родителей, учителей, священников, работодателей, которые повторяют ту же ложь, чтобы выжить.

Изо всех видов лжи самый страшный, самый разрушительный для нашей сущности — это утверждение, что мы неспособны к любви. Наша любовь якобы больная, извращенная, способная принести только вред и падение тем, кого она коснется. В этих речах всегда появляются таинственные «они», и все же мы всегда слышим при этом «вы», а запоминаем — «я». Это «я» знает о себе, что оно склонно к беспорядочным связям, эмоционально неуравновешенно, не может хранить верность, неспособно брать на себя ответственность за благополучие другого, короче говоря, лучше бы этому «я» не воплощаться. А, не воплотившись, оно обречено на жизнь демона. Вот одна из прочнейших опор в гадаринской конструкции гея-бесноватого, которую усвоили многие из нас.

И все же, по мере того как мы выныриваем на поверхность, захлебываясь и стеная, почти задушенные всей этой ложью, которая тянет нас в грязь, мы сознаем, что это уже показатель пробуждения здравого ума. Боюсь, сама способность чувствовать боль, гнев, ярость — это знак того, что нам позволено избавиться от их источника; пока мы играем, мы редко позволяем себе чувствовать боль.

Если верна гадаринская религия, то мирная, конструктивная любовь друг к другу для нас абсолютно невозможна. Тысячи фильмов учат гетеросексуалов отличать хорошую любовь от плохой. Они учатся отличать, когда любовь — это действительно любовь к другому человеку, а когда это любовь к самому себе, а другой нужен лишь в качестве зеркала. Они учатся видеть разницу между любовью и ревностью, между инстинктом собственности и заинтересованностью в развитии и благополучии другого человека. Они учатся отличать требование, чтобы другой, будь то партнер или ребенок, подстраивался под их собственное «я», от готовности создавать пространство для развития чужого «я». Они учатся отличать сексуальные отношения, представляющие собой скорее изнасилование или самоудовлетворение с помощью другого, от таких отношений, которые превращаются в конструктивный способ взаимного познания. Впрочем, это в теории.

Если религия гадаринцев, которую мы так хорошо усвоили, верна, тогда для нас подобное различение невозможно. Считается, что «хорошей» любви между людьми одного пола быть не может — точно так же, как не может быть различия между созидающей любовью и разрушительным отношением к другому человеку как к своей собственности. Считается, что нет разницы между массовым изнасилованием из мифа о Содоме (или наэлектризованностью похотливых партнеров) и взаимным познанием людей, исполненных уважения друг к другу. И все же понемногу выяснялось, что на наши отношения тоже распространяются все эти разграничения, —

по мере того как мы выбирались из обвинений и лжи о том, что наша любовь всегда есть нечто постыдное. Мы открыли для себя, что вовсе не обречены бесконечно пребывать в неисправимой порочности. Самое удивительное из человеческих открытий — в том, что мы способны на неправильные отношения, но способны постепенно учиться тем подлинно человеческим отношениям, которых достойны.

Ирония состоит в том, что, согласно учению церкви, в отличие от Благой вести Бога живого, мы неспособны к греху: ведь сбиться с верной дороги и не реализовать свой потенциал могут лишь те, для кого эта верная дорога существует. Ошибаться, но и понимать, к чему следует стремиться, — это уже огромный шаг на пути к очеловечиванию бесноватого. Это путь, по которому нас ведет Бог.

Само по себе открытие, что мы сами можем делать различие между хорошей и плохой любовью, хорошим и плохим сексом, — это, я подчеркиваю, радикальный слом религиозной парадигмы, свойственной стране гадаринской. Ведь если мы можем это делать, если наша любовь извращена не по природе, но лишь в некоторых случаях (как и у всех прочих людей), то это означает, что бывают хорошие и плохие гомосексуальные партнерства, хорошие и плохие священники-геи. Значит, в ходе дискуссии можно выработать принципы понимания того, что хорошо и что плохо, к чему стремиться и чего избегать. А это, в свою очередь, означает, что можно говорить о нашем праве на существование, и мы уже на полпути к тому, чтобы оказаться в здравом уме, среди своих, дома.

Эволюция сердца

Я вижу, что описываю процесс рождения человека — сына Божьего — языком отрицания сложившейся системы; именно так я ощущал это рождение сам (по крайней мере, поначалу). Заметить и прочувствовать упадок старого, увидеть крушение благоустроенной обители гадаринцев намного легче, чем воспринять рождение нового. Я долго испытывал чувство бесконечной скорби и утраты, не ощущая никакого присутствия чего-то нового, доброго. И все же мне ясно, что лишь могущество и милость Бога живого, ступившего на берег страны гадаринской, сумели обратить в прах мои ложные «я». Я подозреваю, что, поскольку у многих геев (особенно воспитанных в религиозных семьях) чувство небытия, самоуничтожения настолько сильно и настолько отсутствует самоуважение, то Бог, снисходя к нашей слабости, не дарит нам новую жизнь легко и быстро, но облекает нас в свою очеловечивающую божественность так, чтобы мы осознали это постепенно и не отвергли божественный дар, будучи по-прежнему привязанными к гадаринскому самобичеванию.

И все же мы не просто боремся с силой архаики, но способны возрадоваться о Боге, который призвал нас к подлинному бытию. Становится понятно, что слова «быть избранным» и «стать личностью» не просто сектантские клише; они лишь фиксируют тот факт, что мы осознаем себя любимыми Богом. Понимание этого и есть шаг на пути к подлинной жизни. Даже такие слова, как «промысел» или «проект», обретают смысл по мере того, как наши утомительные случайные дела превращаются в коллекцию историй, которыми можно поделиться. Свои маленькие достижения мы начинаем воспринимать как сокровенные кирпичики таких историй, которые еще предстоит рассказать.

Когда вредоносные импульсы, исходящие от гадаринского сообщества, начали отступать, когда я ощутил себя человеком (о чем прежде не смел и мечтать), я стал понимать, что имел в виду апостол Павел, когда сказал, что если мы дети, то и наследники Божьи (Рим 8:17). Дети часто любимы, но, играя, они не несут ответственности. Когда же мы осознаём, что являемся наследниками Бога, это означает, что мы — часть промысла, лежащего в основе творения, и можем активно участвовать в нем. Должно быть, гадаринскому бесноватому на пути домой стало казаться бесплодным и непрочным его прежнее чувство принадлежности к группе; теперь он начал ощущать себя частью намного более значимого и нескончаемого приключения, которым является соучастие человека в творении. Нет более глубокой сопричастности (хотя и наименее ощутимой), нежели бесповоротное и непостижимое признание себя наследниками Божьими.

Признак того, что мы достигли этого этапа развития, — мы больше не хотим участвовать в гонке за право быть своими. Один из шагов на пути избавления, на пути возвращения к своему подлинному «я» — это горькая обида при мысли о том, что мы потеряли, что с нами сделали. Часто это выражается в форме агрессивных нападок на тех, кого мы воспринимаем как своих мучителей; мы готовы называть имена всех епископов, проповедников, политиков, которые с таким энтузиазмом помогали пытать нас, думая, что так они служат Богу (Ин 16:2-3).

ГЛАВА ШЕСТАЯ. Одет и в здравом уме

Однако, по мере того как мы учимся быть детьми, наследниками Божьими, мы освобождаемся от потребности в одобрении этих людей, от потребности принадлежать к их миру. Тот факт, что в их мире мы — исчадия ада, освобождает нас от необходимости искать сопричастности с этим миром. Тогда постепенно наш кипящий праведный гнев начинает спадать, безжалостная диагностика чужого фанатизма отступает на второй план. И в нашем сердце зарождается осознание себя ребенком и наследником, а здесь невозможно соперничество.

Я борюсь с искушением перевести разговор на другую тему, лишь мельком упомянув об подобных процессах. Это показывает, насколько трудно и больно прокладывать себе путь все дальше и дальше. Так хочется найти какую-нибудь удобную точку опоры, которая позволит нам говорить или даже кричать. Каждый раз, когда тебя охватывают гнев, скорбь и негодование, видеть следующую ступень данного процесса чрезвычайно сложно. Суметь назвать зло, понять механизм преследований, — безусловно, уже определенная победа. Но этого недостаточно. Самое трудное — позволить себе перестать зависеть от проповедников и политиков, которые молча или во всеуслышание ведут против нас войну. Хотя они-то уверены, что на кону — честь Бога, которую нужно защитить любыми средствами, любой ценой.

Когда мы перестаем думать обо всех этих людях, когда уходит бесплодное возбуждение от участия в политической, общественной борьбе между хорошими и плохими парнями, между силами прогресса и атавистическими запретами, тогда мы начинаем замечать нечто новое и странное. Об этом сказано:

> Потому что наша брань не против крови и плоти, но против начальств, против властей, против мироправителей тьмы века сего, против духов злобы поднебесных (Еф 6:12).

Это отнюдь не какая-то благочестивая несообразность. Называть имена, нападать на инициаторов общественных кампаний — епископов, политиков — означает вести бесконечный бой «с кровью и плотью». Но все эти конкретные люди, как и наши церковные структуры, пребывают в мире, где до сих пор существуют «духи злобы поднебесной». Я имею в виду отнюдь не мерзких демонов в облаках. Я имею в виду голоса гонителей, говорящих якобы на языке небесной милости, на самом деле это лишь часть социального порядка, управляемого логикой отторжения. Представьте себе, что наш бывший бесноватый постепенно осознает, что лидеры гадаринцев, несмотря на все свои благородные речи, точно так же, как и он сам, загнаны в ловушку логики отторжения, якобы заданной Богом.

Думаю, что гадаринский бесноватый, сидя и разговаривая со своими дома, как это ни странно, среди прочих эмоций испытывал глубокое, спокойное чувство жалости. Тут нужно быть осторожным, поскольку слово «жалость» слишком тесно связано в нашем восприятии с чувством превосходства, за которым скрывается презрение. Здесь есть некоторая сложность, но, мне кажется, жалость может существовать и в ином качестве. Бывает жалость, лишенная соперничества и презрения, напротив, в ней присутствует творческое представление о потенциальной радости свободного объединения с другими. Когда начинают отступать гнев, желание быть принятым и гордое самодовольство, эта таинственная грустная жалость занимает их место. Несмотря на спокойствие и кажущуюся уязвимость, такая жалость — не мимолетная эмоция. Ее истоки — в сердце Творца: именно она живет в Человеке, сходящем на берег страны гадаринской. В ней есть что-то от того порыва любви, благодаря которому Бог пришел к нам как один из нас.

Насилие группы позволяет нам лишь кричать, защищаясь, да неуклюже прятать нечто непроизносимое за молчанием, принятым в сообществе. Сердце, полное презрения, задает тон и лад даже сладостно звучащим словам. Находиться в здравом уме означает постепенно прийти туда, где наша речь выражает свободную игру воображения; тогда предполагаемая невозможность нового объединения никого не смущает. Здесь можно спокойно говорить правду, и она нечувствительна к насилию.

Если гадаринский бесноватый сумел прийти в себя, если, во что я искренне верю, мы, геи, стоим на пороге возможности говорить со своими дома и в здравом уме, то это потому, что наш бесноватый действительно стал одержим. Одержим Духом, который жил внутри Человека, поднимавшегося по берегу гадаринскому. Дух обратился к бесноватому извне, а потом проник внутрь его сердца, так как Творец пламенно желает, чтобы мы стали свободными. И для Него всего приятней — видеть, как мы спокойно и любовно перенимаем друг от друга такое же желание, выраженное первыми словами здравого ума.

Часть II
В поисках голоса

Глава седьмая

НАЗВАТЬ ИИСУСА ГОСПОДОМ: ИСПОВЕДЬ УЧЕНИКА ЖИРАРА

Повесть о двух духах

Не хочу оставить вас, братия, в неведении и о дарах духовных. Знаете, что когда вы были язычниками, то ходили к безгласным идолам — так, как бы вели вас. Потому сказываю вам, что никто, говорящий Духом Божиим, не произнесет анафемы на Иисуса, и никто не может назвать Иисуса Господом, как только Духом Святым (1 Кор 12:1-3).

Все, что я хотел бы сказать, заключено в этих словах. Многие из нас привыкли понимать их упрощенно: казалось бы, нам нужно только избегать произнесения анафемы на Иисуса (которая большинству из нас никогда и в голову не придет) и постоянно повторять: «Иисус — Господь». Тогда мы докажем, что в нас — Дух Святой и мы на правой стороне.

Это, разумеется, чушь: и дьявол может цитировать Писание. Павел здесь предлагает нечто значительно более серьезное, нежели простое тестирование нашей правоверности: он указывает на две формы культурного бытия. В одной из них людьми руководят духи, которые ведут их к безгласным идолам и вырываются на свободу в тот момент, когда один человек проклинает другого. В этой культурной традиции единство группы поддерживается за счет чужаков, которых можно изгнать, предать анафеме, проклясть. Это происходит почти бессознательно — «как если бы вели вас» злые духи. Чтобы сообщество не распалось, и нужна анафема «козлу отпущения». Павел предполагает, что есть люди, рассматривающие смерть и воскресение Христа изнутри этой культурной парадигмы: для них Иисус — это изгой, нужный для сохранения единства группы и чувства собственной правоты.

Другая форма культурного бытия, предлагающая выход из этой ловушки, основана на осознании того, что жертвой нашей ритуальной общности на самом деле оказался сам Бог, воплощенный в Иисусе. Когда это стало ясно (в момент Его воскресения!), наше существование потеряло ощущение поддержки свыше. В результате наш нравственный и социальный порядок был взорван, и мы получили в итоге огромный вопросительный знак над всеми нашими попытками укрепить свое единство. Для нас начался совершенно новый путь совместного бытия, не имеющего опоры в священной жертве.

Теперь уже легко показать, что христианство (и в протестантском, и в католическом изводах) слишком долго исходило из такой интерпретации спасения человечества, которая фактически означает анафему Иисусу, пусть и со множеством вежливых оговорок. Все теоретические построения о заместительном искуплении, созданные последователями Ансельма Кентерберийского, на деле сводятся к тому, что Бог отвергает Иисуса, чтобы мы были «спасены». Иисус в качестве изгоя оказывается необходимой частью той формулы, которая якобы позволяет обеспечить наше спасение, не меняя социальные и нравственные рамки нашей жизни. Иисус, преданный анафеме, — гарант заранее установленного определения добра и зла, которому мы по мере сил должны соответствовать.

Я говорю об этом как о чем-то очевидном. Это один из тех моментов, с которыми спорить невозможно. Для тех, кто придерживается такой установки, она имеет священный статус. Для тех, кто от нее отказался, спорить здесь не о чем.

Мне интересно другое — разделить с вами то, что можно признать опытом присутствия Святого Духа. Это Дух позволяет превратить слова «Иисус — Господь Бог наш» из пустого лозунга в акт изумления перед чудом Яхве, который стоит посреди нас как один из нас. Эта тайна Господа столь же уязвима, как неизменна в силу откровения.

«Не он ли Христос»?

В начале 1985 года, хлюпая носом и переживая очередной пятидневный цикл английской весенней простуды, я неожиданно для себя взял с полки толстую французскую книжку в мягкой обложке. Я и не подозревал, куда это меня заведет. Книга под названием

ГЛАВА СЕДЬМАЯ. Назвать Иисуса Господом: исповедь ученика Жирара

«Сокровенное от сотворения мира»[1] попала в мои слабые руки потому, что мне случайно встретилась пара ссылок на Рене Жирара, и я решил, что в этой новой работе речь может идти о христологии...

Я не мог и представить себе, как меня потрясет подлинный опыт Духа, позволяющий произнести: «Иисус — Господь». И спустя пятнадцать лет я все еще пытаюсь сообразить, что же это было. Не я читал эту книгу, а она читала меня. Дойдя до последней страницы, я был уверен, что встретил человека, который рассказал мне все о моей прежней жизни. Так бывает, когда сталкиваешься с неожиданной и значимой истиной о мире, в котором живешь, и о самом себе. Разумеется, то были лишь проблески понимания, но они свидетельствовали о голосе, говорящем правду. И вместе с пониманием этой логики меня неодолимо тянуло узнавать все больше и больше; я чувствовал, что многое для меня может оказаться неожиданным, но не испугает, не запутает, не наложит запретов. Меня охватило непривычно свежее чувство, о котором я слышал раньше, но не мог надеяться однажды испытать. Это возбуждение человека, который «нашел в поле сокровище и, продав все, решил купить это поле». И я прекрасно понимаю, что тот, кто настолько чем-то зачарован, никогда не будет обладать объектом своей страсти. Напротив, именно этот объект будет обладать им. Поэтому пусть это лучше будет благой Дух!

Уже тогда я точно знал, где слышал об этом опыте встречи с истиной. Женщина у колодца в Самарии описывала именно такое чувство. После разговора с Иисусом она вернулась в город и обратилась к своим товарищам:

> Пойдите, посмотрите Человека, Который сказал мне все, что я сделала: не Он ли Христос? (Ин 4:29).

Думаю, незачем подчеркивать, что все это мне сообщил отнюдь не Рене Жирар. Я ощущаю в его работах знак присутствия Духа, который ведет к более величественному ученичеству, чем любое добросовестное усвоение материала. Никто из тех, кто знаком с идеями Жирара или знает его лично, не поверит, что *он сам* считает себя Мессией. Истина, которую Жирар возвещает, пришла к нему из того же источника, что дал женщине у колодца возможность получить опыт переживания истины.

---

[1] Английский перевод — Girard R. *Things Hidden from the Foundation of the World*, Stanford, Stanford University Press, 1987.

С тех пор как я вступил на извилистый путь следования за этим голосом и позволил себе поверить, что это действительно голос Христа и никого другого, для меня наступила безумная жизнь. Я потерял страну, культуру, дом, безопасность жизни в сообществе, репутацию, профессиональную карьеру и все, что можно назвать «здравым смыслом». Но даже в самой глубокой депрессии мне не приходило в голову, что я вступил на ошибочный путь. И в том путешествии, где моим проводником была лишь робкая преданность, единственное, что имело смысл, — милосердная честность этого голоса.

Если вы все еще не поняли, что истину вам сообщает кто-то другой, а вовсе не автор этих строк, я просто несостоятелен как богослов. Значит, я не смог быть проводником Духа Божьего, не смог донести Его слова до вашего сердца. Однако, если вы обнаружили, что теперь могли бы воскликнуть: «О, так вот что я делал все это время!», это вовсе не значит, что Джеймс Алисон — прирожденный рассказчик. Джеймс Алисон провинился бы перед Тем, кто наделил его своими дарами, если бы не попытался хоть как-то поделиться с вами опытом «колодца в Самарии», в котором для него и заключается смысл жизни. Мысль Жирара дала мне очень точные, конкретные инструменты, позволяющие дать и другим людям возможность испытать этот совершенно особый опыт встречи с истиной.

В этой главе я хочу сделать то, чего обычно избегаю. Вместо того чтобы использовать мысль Жирара для интерпретации Евангелия, я буду говорить о самой этой мысли. Я всегда чурался бесед ученых о других ученых и понимаю, что неспособен оставаться на уровне строгого теоретического анализа. Вместо этого я попробовал написать нечто вроде гимна Духу, рассказав о том, как моя жизнь за последние 15 лет превратилась в настойчивое стремление донести свидетельство о Христе.

Полнота Бога во Христе

Когда я начал понимать и практиковать христианскую веру так, как этого требовали тезисы Жирара, во мне стала возрастать спокойная, но чрезвычайно прочная вера во Христа как Бога. Набор слов постепенно превратился в ощущение Его личного присутствия, в первую очередь связанного с евхаристией. Мне хотелось бы вкратце очертить для вас этот процесс. Скажу так: казалось, я долго просидел в забое, а теперь выбрался на поверхность, чтобы вы

ГЛАВА СЕДЬМАЯ. Назвать Иисуса Господом: исповедь ученика Жирара

помогли мне определить, чистую ли я добываю руду или промахнулся с месторождением и только копаюсь в грязи.

Ощущение реального присутствия Иисуса, который существует совершенно независимо от меня и какой-либо группы, пришло ко мне не вдруг. Скорее это понимание нарастало по мере того, как постепенно исчезали все препятствия на пути к нормальной жизни христианина.

Итак, моя первая благодарность Жирару — за те кирпичики, благодаря которым распад предыдущего опыта не был окончательным. Можно полностью деконструировать любой набор текстов или религиозных практик, не оставив ничего. Здесь же все происходило совершенно иначе: не было яростного стремления избавиться от фальши, скорее появилось спокойное дыхание после того, как все идолы пали.

В этом смысле главный вклад Жирара в нашу христианскую жизнь, безусловно, христологичен. Он описывает для нас антропологический феномен, хорошо известный по древним текстам: объединение группы за счет одного, случайно выбранного изгоя. Приписанная ему вина позволяет сообществу его ненавидеть, но, когда становятся очевидными благотворные последствия изгнания этого «козла отпущения», группа начинает его почитать.

Жирар демонстрирует, каким образом в Евангелии эта малоизвестная черта жизни *homo sapiens* или *necans** перевернута с ног на голову. Иисус в Евангелиях четко, словом и делом, показывает, что ему хорошо известен религиозно-политический механизм, вынуждающий людей вести себя согласно привычным образцам. Но Он же показывает, что Бог никоим образом не вовлечен в этот механизм и Божьи люди могут заново родиться для некоей новой формы сообщества. Понемногу я начал ощущать величественный и обычно сокрытый от глаз промысел, стоящий за учением и действиями Иисуса в Евангелиях. Суть этого промысла открылась только в момент Его воскресения: именно оно стало декларацией того, что все это время через Иисуса действовал Бог. Именно в воскресении познание Бога окончательно отделяется от тех форм общественной жизни, которые чреваты смертью жертвы. Тем самым агрессивное человечество получает серьезную сердечную рану, которая, однако, только и может привести нас к новой жизни.

Однако этот промысел, эта зарождающаяся неотвратимая эволюция обычно скрыты от нас за высказываниями об Иисусе как

---

* «Человека разумного» (лат.) или «убийцы» (лат.). — *Прим. пер.*

посланнике Бога или об Иисусе — покорном сыне Отца... Поскольку мы читаем Евангелия изнутри своего понимания сущности жертвы Христа, мы обречены воспринимать эти слова как часть кукольного спектакля. В этом спектакле чудо происходит в соответствии со сценарием, составленным кукольником и его марионеткой. Прозрение Жирара разрушает театр марионеток, лишает смысла игру в «посланного» или «повинующегося». Вместо этого мы различаем сообщение о великом промысле Иисуса о предназначении человека. Теория Жирара отнюдь не создала новую теорию жертвы, как некоторые, по-видимому, думают. Напротив, для меня она, как минимум, разрушила все возможные теории жертвы. Мы стоим посреди их развалин и видим, что для нас остается свободным путь за пределы нашего ограниченного бытия. Этот прямой путь воплощает в себе человек Иисус из Назарета, ставший кульминацией долгой, сугубо иудейской истории не-жертвенного божественного присутствия.

Итак, вот мой первый тезис: концепция Жирара помогает избавиться от идолов, которые мешают нам видеть внутреннюю динамику промысла Божьего и Его откровения, мешают понять, как Иисус прожил свою жизнь и вошел в свою смерть.

Творение во Христе

Мой второй тезис вытекает из предыдущего. Меня с детства изумляла и одновременно мучила та легкость, с какой верующие рассуждают о сотворении человека. Им почему-то кажется несомненным, что мы были созданы совершенными, но впали в грех, и потому Иисусу пришлось принести себя в жертву, чтобы мы смогли вернуться в изначальное состояние. Проблема в том, что для меня этот успокоительный тезис не имел вообще никакого значения. Каждая богословская дискуссия начинается с того, что Бог нас сотворил, причем каждого персонально, в момент зачатия. После этого в любой дальнейшей дискуссии вопрос о творении закрывается и остается исключительно проблема греха. Фактически грех оказывается в центре внимания, а творение — странным элементом мизансцены, придающим греху бо́льшую зрелищность.

Одно из наиболее часто встречающихся критических замечаний по поводу работ Жирара — у него нет «богословия творения». Я всегда думал, что глупо упрекать человека в том, что он чего-то не сделал, если он и не собирался этого делать. На самом деле

ГЛАВА СЕДЬМАЯ. Назвать Иисуса Господом: исповедь ученика Жирара

Жирар открыл (по крайней мере для меня) вполне разумный способ непосредственно воспринимать Бога как Творца, самого себя как объект творения и Иисуса как воплощение Творца.

Ключевым для меня стало понимание роли жертвоприношения в сложившемся порядке вещей. В ряде своих работ Жирар сумел показать, каким образом возникает связь между механизмом воссоздания этого порядка и практикой серии жертвенных кровопусканий. Рассказы о богах-демиургах, дающих имена племенам и животным, — это легенды, которые повествуют о том, «откуда все пошло», уже *после события*. И все эти истории строятся на акте жертвоприношения. Разумеется, этому акту отнюдь не предшествовала мирная идиллия, неожиданно прерванная жестоким решением кого-то убить. Убийство предварялось хаосом, смятением, кризисом в жизни группы, и все эти сложности были разрешены с помощью жертвоприношения. Значит, в основе идеи творения лежит образ подавления беспорядка, а вовсе не изначального мира и благодати. Картина рая — это позднее иудейское изобретение, к моменту переписывания Книги Бытия в Вавилонском плену еще не известное. Другими словами, в большинстве повествований о творении речь идет о разрешенном конфликте. И эпос о Гильгамеше — не единственный сюжет, доказывающий это с ужасающей очевидностью.

Интуиция Жирара помогла мне понять, что связь между жертвоприношением и творением может быть поставлена под сомнение. Если историю творения излагают палачи, она укрепляет тот порядок, который, по их мнению, был нарушен жертвой. Однако если жертва была невинна и выбрана случайно, тогда из данной легенды мы можем узнать не о творении, а о самооправдании преследователей и кровавой природе их мироустройства.

Даже если бы Иисус только доказал случайность выбора жертвы, уже одно это поставило бы под сомнение все истории творения. Однако то, что продемонстрировал это именно Он, не было случайностью. Иисус предвидел акт насилия, жертвой которого стал Он сам, причем я употребляю слово «предвидел» в значении пред-бытия, лишенного временно́й составляющей. Поэтому мы оказываемся в рамках совершенно другой перспективы, обретя способность представить себе рассказ о творении, исходящий из уст самой жертвы.

На мой взгляд, в евангельских текстах достаточно свидетельств о том, что апостолы воспринимали происходящее с ними именно так. Вспомним беседу об Агнце, закланном прежде сотворения мира, и присмотримся к этому сюжету внимательнее. Иисус являлся частью первоначального плана, предшествующего любому рассказу о сотворенном порядке вещей, точно так же, как Бог предшествует творению. Такое «предсуществование» Иисуса неотъемлемо от природы Творца; благодаря этому свободно разворачивается динамичный процесс творения. И мы можем быть в него вовлечены, если научимся избавляться от идолов, требующих жертв.

Я думаю, что здесь проходит один из самых удивительных путей, по которым нас ведет Дух. Он хочет привести нас к пониманию, что Иисус, разрушив механизм жертвоприношения, разрушил *также и способ говорить о творении*. Теперь о нем уже нельзя говорить в обычной парадигме — как о начале событий, которые позволяют произойти всему последующему. Когда распадаются все способы рассуждать о миропорядке, сформированном механизмом выбора случайной жертвы, о творении становится возможным говорить в логике открытия.

Тогда начинается распад того театра марионеток, в котором Отец (творец всего сущего!) посылает своего Сына, чтобы Он разобрался с тем, почему что-то пошло не так. Как говорит Иисус Филиппу в Евангелии от Иоанна[2], Отца можно познать только через ясное учение Иисуса и Его поступки. По мере того как порядок жертвоприношений распадается, нам открывается полностью свободный творческий процесс внутри человека, идущий через Человека. Более того, этот процесс воспринимается как современный, нередко и сейчас разрушающий священные конструкции порядка жертвоприношения.

Что может быть более христианским, чем процесс становления личности вопреки неумолимому «так должно быть, ибо так было изначально и всегда»? В апостольском свидетельстве мы находим элементы картины мучительных родовых схваток. Отделение творения от порядка, строящегося на жертвоприношении, и есть итог подлинного постижения Нового Завета. Но, однажды открыв для себя эту логику, ее можно найти во всем, что делал Иисус, совершая чудеса, исцеляя больных и согласившись быть казненным. Без сомнения, эта логика действительно была в Его поступках; к такому пониманию особенно склонен Иоанн в каждом эпизоде своего Евангелия.

Для меня это было новым этапом понимания Иисуса как Господа, постепенно зарождающееся ощущение присутствия самого Творца, который делает актуальным и доступным для нас проект

---

[2] «Видевший Меня видел Отца» (Ин 14:9).

нового культурного порядка. Господь Иисус позволяет нам принять участие в работе над этим проектом, о котором мы едва подозревали; перед Ним все наши идолы плавятся и разрушаются. Когда мы вновь начнем относиться к Иисусу так, мы придем к ключевому моменту нашей христианской жизни — к глубокой укорененности нашей веры в иудейском понимании Творца.

Бог «десакрализирующий»

Третий пункт, где мысль Жирара освободила меня от некоторой части привычного ментального мусора и позволила прийти к более живому, трехмерному восприятию Иисуса как Господа, — это критика сложившихся церковных институтов.

Двухмерный Иисус движется сквозь Евангелия, совершая серию чудес, которые доказывают, что Он и есть Бог. Иисус успешно приводит в бешенство религиозные и политические авторитеты своей родины, что приводит к Его убийству. Тем самым Иисус исполняет свою миссию, и Его всеискупляющая жертва дает нам возможность оказаться «внутри» нового сообщества путем крещения или благодаря приверженности к той или иной формуле веры. Как и все языческие группы, эта тоже обзаводится своей собственной сакральной жертвой, обеспечивающей ее единство. Она тоже делит мир на внутреннее и внешнее пространство, формирует механизмы укрепления новой истины за счет создания образа предателей и еретиков — всё это сценарии, которые мы хорошо знаем.

Мысль Жирара открыла мне часть истины, скрытой за всей этой комедией. По-видимому, Иисус всеми своими поступками выстраивал мизансцену отнюдь не для жертвенного акта. Напротив, у Него вообще нет ничего общего с жертвой (если не иметь в виду выражение «единственно истинное жертвоприношение» как метафорический перенос по аналогии). Иисус дал нам понимание вечного и непрерывного присутствия Бога, никак не связанного с жертвоприношением. Это позволяет нам воспринимать учение Христа не как нечто дополнительное к Его жертвенной миссии, но как слова, которые «не прейдут»[3].

Не прейдут они по очень простой причине. Иисус не выстраивал новый жертвенник, с высоты которого Он мог бы преподать своей общине учение, укрепляющее установленный порядок. Нет, он предложил актуальный набор высказываний и притч

---
[3] Мф 24:35, Мк 13:11, Лк 21:33.

на житейские темы, которые помогают понять механизмы жертвоприношения в любом человеческом сообществе. Уже было сказано: «Суббота для человека, а не человек для субботы» (Мк 2:27). Возможность такого различения для людей, исполняющих волю Божью, стала неограниченной. Но, когда Его слова «пойдите, научитесь, что значит: милости хочу, а не жертвы?»[4] услышали власть имущие, для них не осталось препятствий для начала преследований их автора. Указания относительно конкретных действий и ритуалов всегда будут уступать по силе и значимости этим изречениям, позволяющим нам понять, насколько велика любовь Бога к человеку.

Давайте еще раз посмотрим, как Иисус в Евангелиях общается с книжниками и фарисеями. Он вовсе не предлагает каких-либо хитроумных комментариев по поводу претензий этих «плохих парней», добивающихся нового жертвоприношения. Когда Иисус говорит «горе фарисеям», сам Бог открывает иудеям, насколько они готовы приносить кого-то в жертву. Это сделано не для того, чтобы заклеймить иудейскую религию, как мы привыкли думать (и это — стыд и позор!). Напротив, Бог раскрывает глубочайшую не-жертвенность иудейского откровения, изначально содержавшего в себе элемент самокритики. И то, чего никак не могут принять христианские лидеры, совершенно очевидно простым людям, не обладающим каким-то особым благочестием. Констатировать отступничество в среде наших религиозных авторитетов — вовсе не антихристианский акт. Профессионалы от религии склонны к некоторым формам системной слепоты в тех случаях, когда мы пытаемся сконструировать нестандартный образ мысли. А ведь постановка таких вопросов — это самое что ни на есть христианское дело, способствующее отказу от сакрализации нашей повседневности. Мы обретаем возможность совершить нечто совершенно экстраординарное: развить рационально-аналитическое понимание того, как функционируют наша собственная и другие религии[5]. Другими словами, фальшивые тайны сакральности оказываются вполне выразимы обыденным языком. Это вовсе не признак

---

[4] Мф 9:13, 12:7, цитата из Ос 6:6.

[5] Обычно приверженцы христианства очень хорошо умеют критиковать чужие религии за их готовность приносить кого-то в жертву. Тем самым они не исполняют заповедь Иисуса о том, что не нужно указывать на соринку в чужом глазу, пока мы не извлекли бревна из своего. Необходимо помнить, что мы имеем право считать себя восприемниками божественного откровения лишь в той мере, в какой мы остаемся критичными по отношению к самим себе.

ГЛАВА СЕДЬМАЯ. Назвать Иисуса Господом: исповедь ученика Жирара

появления «неверующего поколения», а свидетельство о том, насколько могучим может быть столь уникальное и внешне простое учение, за которое некто умер две тысячи лет тому назад. Наша религия подразумевает, в конечном счете, отказ от жертвоприношений и всех сакральных форм групповой жизни.

В чем отличие моего подхода от привычной «либерально-просвещенческой» критики религии? Во-первых, в принципе она вполне возможна, но ее приверженцы обычно не осознают полной зависимости такой критики религии от своего объекта. Во-вторых, этим приверженцам кажется, что рациональное постижение происходит только в том случае, когда спокойные и разумные люди в ходе вежливой дискуссии принимают решение о том, что же происходит с религией. На деле способность понимать подлинную природу религии рождается посреди жестокой, безумной путаницы человеческих отношений и интересов. И даже если нечто новое большинству кажется неприемлемым (и совсем не модным), находятся люди, которые готовы ради этого нового рисковать своей репутацией, средствами к пропитанию, самой жизнью. Постепенно окружающие начинают подозревать, что потенциальные жертвы могут оказаться совершенно невинными (или хотя бы не более виновными, чем любой другой человек). Ведь общий громкий глас в поддержку противоположного утверждения — всего лишь порыв свирепого ветра. Дешевое «просвещенчество» и поверхностная критика религии, когда это уже не опасно, вызывают еще больше презрения, чем участие в жестокой распре ее искренних адептов.

Именно в этом контексте я хотел бы поговорить о евхаристии. Обычно христианские богословы, толкуя ее смысл, вынуждены пользоваться знакомым нам языком жертвоприношения. И это снижает ценность живого Божьего присутствия, которое обеспечивается евхаристией. Однако, если мои выводы из богословия Жирара справедливы, мы сталкиваемся здесь со значительно более интересным феноменом. Безусловно, евхаристия имеет смысл и в контексте жертвоприношения, но в то же время она — противоядие от жертвоприношения. Посреди бурного строительства постаментов для виселиц в евхаристии воплощается присутствие самого Яхве, которое есть не-жертвоприношение или же единственная-и-окончательная жертва. Это присутствие Бога должно позволить нам прокладывать собственный путь, не поддаваясь («как если бы вели вас») потребности приносить кого-то в жертву. Его присутствие должно научить нас, как можно попытаться отстаивать свое единство другими средствами. Иными словами, евхаристия кладет начало объединению раскаявшихся соучастников насилия, которые учатся жить вместе, не строя общую жизнь на жертвоприношении.

Я ничего не имею против литургии, если ее красоты не скрывают очередную теорию божественного порядка, основанного на убийстве жертвы. Если же церемония литургии только напоминает людям о том, что Божье присутствие в нашем мире выражается символами хлеба и вина, тогда перед нами вполне приемлемая форма богослужения. Неотъемлемой частью моей жизни католика было неизменное разочарование из-за откровенной банальности значительной части христианских богослужений (ведь ничего особенного там не происходило). Это чувство разочарования на самом деле готовит нас к пониманию того, что скрытое, но постоянное присутствие Бога постепенно избавляет нас от оков идеи жертвы. Для меня это один из способов, которым мысль Жирара оживила скрытую динамику христианской веры.

Я пытаюсь здесь подчеркнуть, что реальное присутствие Иисуса — это продуманный и актуальный план обучения нас критике сакральных мистификаций, которыми мы обманываем и запутываем сами себя. Когда божественный проект творения поглощается заманчивыми структурами сакрального, они берут нас за горло железной рукой и требуют жертвы. Думаю, нечто подобное имел в виду II Ватиканский собор, когда проводил такое разграничение: церковь — это не Царство Божье, но его знак или символ. Живое присутствие воскресшего Бога позволяет нам (мало-помалу, совершив множество ошибок) распознать, когда и где наши собрания — действительно символ Царства, которое есть вечно актуальный всплеск творческой силы. Но во многих случаях эти собрания, по сути, «закваска фарисейская», благочестивое прикрытие для мира, построенного на жертве.

Читая тексты и рассказывая истории

Излагая свой четвертый тезис относительно мысли Жирара, я несколько отойду от темы концентрации божественного присутствия во Христе, но отойду ненадолго. Жирар ярче всего проявляется в том, как он читает тексты. Каждый, кто знаком с любой из его книг: о мифах или Библии, о Шекспире, Прусте или Достоевском[*], о Фрейде,

---
[*] Рус. пер. Рене Жирар. *Достоевский: от двойственности к единству*, М.: ББИ, 2013. — *Прим. ред.*

ГЛАВА СЕДЬМАЯ. Назвать Иисуса Господом: исповедь ученика Жирара

Леви-Строссе или Ницше — не может не видеть, что Жирар простонапросто читает тексты. Большинство из тех, кто пытается учиться у него, делают то же самое. Дело не в том, что у Жирара есть некая идея, для иллюстрации которой он выбирает примеры из текстов. Я думаю, что этот выбор имеет более глубокое объяснение: идею Жирара можно раскрыть, лишь сняв с наших текстов многочисленные слои жертвенной шелухи. Его мысль сводится к тому, что необходимо постепенно разоблачать ложь. Она может воплотиться на практике только через выявление жертвенных структур и рождение «другого» рассказа.

Думаю, что многие из нас, последователей Жирара, проходили через волнующий начальный период, когда мы учились распознавать в каждом тексте, в каждом новостном дайджесте механизм формирования «козла отпущения». Это действительно воодушевляет и запоминается надолго, но со временем становится скучным (знаю по своему опыту). Я имею в виду не то, что скучными становятся тексты Жирара, а то, что утомляет эта вновь и вновь прокручиваемая мелодия. Нет ни одной новой истории, которую изначально не структурировали бы те же самые шаблоны. Это настроение Жирару особенно хорошо удалось поймать при интерпретации «дурацкой мести Гамлета»[6]. Разумеется, остается Писание, но и оно слишком часто перегружено дополнениями, выполненными в том же духе поиска виноватых...

Мне кажется, здесь должна или наступить следующая стадия, значительно более интересная, или же мы вообще бросим думать о таких вещах. На этой стадии наше чтение начинает вести нас вперед, само себя индуцировать. И это означает, что теперь сам Дух может говорить с нами, ставить нас перед выбором, разрушать наши стереотипы. Среди нас нет людей, которые бы только читали готовые тексты или слушали чужие рассказы. Все мы рассказываем истории о себе: в этом суть наших взаимоотношений друг с другом. Мы рассказываем истории и другим, и самим себе — о нашем детстве и наших родителях, о наших школах и наших церквах, о нашей политической ангажированности или, наоборот, уходе от политики, о прошлом наших народов и т. д.

На этом этапе мысль Жирара становится особенно разрушительной. Мы больше не хотим врать о себе. Поняв глубинную структуру темы жертвы, мы все меньше хотим ее использовать в наших собственных повествованиях о семейных трудностях, о взаимоотношениях

---

[6] Ch. 30 of R. Girard. *Shakespeare: A Theater of Envy*, New York, OUP, 1991.

с работодателями и т. д. Именно здесь, по-видимому, возникает главный провокационный вопрос Жирара: как рассказать другую, последовательно не-жертвенную историю? Как сделать так, чтобы зазвучала из наших уст «новая песнь – хвала Богу нашему» (Пс 39:4)?

Я хочу подчеркнуть, что это особенно важно для тех из нас, кто претендует на звание богослова. Ведь их призвание – следовать завету Петра: «Говорит ли кто – говори как слова Божии» (1 Петр 4:11). Нам предстоит услышать отзвуки жертвенной мелодии в своем собственном голосе. И это означает, что мы призваны пройти совершенно особый путь – научиться говорить истину. До какой степени то, что мы приписываем Богу и Евангелию, окрашено нашей собственной принадлежностью к определенной группе? Не рассуждаем ли мы так лишь ради того, чтобы сохранить работу и репутацию, не отступать от своих обид и статуса жертвы? До какой степени мы сами – часть проблемы, а не часть ее решения?

И тут приходит время страшного, по крайней мере для меня, открытия. Учиться рассказывать новую историю и петь новую песнь невозможно без ощущения своей причастности к становлению истины посреди жестокой лжи. Однако с позиции мудрого и сдержанного зрителя такая вовлеченность в проблему невозможна. По мере того как мы учимся читать тексты и рассказывать истории с новой точки зрения, мы учимся солидаризироваться с жертвой. И нам следует помнить, что выбор жертвы случаен и мы подвергаемся насилию не потому, что какие-то особенные, плохие.

Разумеется, это страшно. Специфика историй, рассказанных с позиции случайной жертвы, состоит в том, что их не слышат, по крайней мере сначала и довольно долго. И эти истории никак не связывают с Богом. Обычно те, кто считает себя толкователями Слова Божьего, такие истории просто не воспринимают. Вспомните это место из Евангелия от Иоанна:

> Исследуйте Писания, ибо вы думаете чрез них иметь жизнь вечную; а они свидетельствуют о Мне. Но вы не хотите придти ко Мне, чтобы иметь жизнь. Не принимаю славы от человеков, но знаю вас: вы не имеете в себе любви к Богу. Я пришел во имя Отца Моего, и не принимаете Меня; а если иной придет во имя свое, его примете. Как вы можете веровать, когда друг от друга принимаете славу, а славы, которая от Единого Бога, не ищете? (Ин 5:39-44).

Невероятная вещь: вера в Бога и способность рассказать историю устами жертвы подразумевают умение не принимать славу друг от друга. И это означает, что ты утратил репутацию, тебя начинают

ГЛАВА СЕДЬМАЯ. Назвать Иисуса Господом: исповедь ученика Жирара

считать сумасшедшим, одержимым, непрофессионалом и т. д. Однако мы вообще не богословы, пока наши слова не превращаются в рассказ об истине посреди реального насилия. Одно дело — выявить невинную жертву с позиций чисто интеллектуальных, и совсем другое — начать петь новую песнь, теряя при этом чужое доверие, поддержку, работу и репутацию.

В одной из книг Жирара[7] есть такой фрагмент:

> Пока капитан Дрейфус, осужденный за преступление, которого он не совершал, «выплачивал свой долг обществу», на другой стороне земного шара сложилась, с одной стороны, «анти-дрейфусовская» фракция, очень многочисленная, очень серьезная и довольная собой — ведь у них была своя коллективная жертва, и они были рады видеть, что она справедливо наказана.

С другой стороны, были и те, кто защищал Дрейфуса — сперва лишь горстка, и их долгое время считали откровенными предателями, или же, по крайней мере, профессиональными диссидентами. Их называли фанатиками, которые только тем и занимаются, что кричат на всех перекрестках о самых разных проблемах и подозрениях, поводов для которых никто не в состоянии увидеть. Поведение защитников Дрейфуса объясняли их личными психологическими проблемами или политическими предубеждениями.

В действительности же «анти-дрейфусовские» верования представляли собой миф в самом точном смысле этого слова. Ложное обвинение оживлялось вирусом подражания, столь раздутое благодаря антисемитским предрассудкам, что годами ни один факт не сумел пробиться сквозь эту стену.

> [...] Если бы защитники Дрейфуса не боролись за то, чтобы отстоять свою точку зрения, если бы они не страдали, по крайней мере некоторые из них, за истину, если бы они сочли, как это часто происходит в наше время, что если мы верим в существование абсолютной истины, то грешим против духа, — Дрейфуса никогда бы не реабилитировали и ложь победила бы.

Вот что такое — прожить другую историю, вот что означает научиться говорить от лица тех, кто не принимает славы друг от друга, но, напротив, ищет славы лишь от Бога.

Итак, четвертый тезис я сформулирую таким образом: Жирар учит нас не только читать тексты, но и видеть печальные последствия

---
[7] René Girard. *Je vois Satan tomber comme l'éclair*, Paris, Grasset, 1999, pp. 224–226.

того, что мы начинаем рассказывать действительно новую историю. На этой истории не заработать денег, она не поддерживает определенную идеологию и не приносит ни уважения, ни славы, ни хорошей репутации. Суть истории о невинности жертвы в том, что нужно много времени, чтобы в нее поверить. И нам не поверят, когда мы станем ее рассказывать.

Я начал учиться говорить «Иисус — Господь», и мне помогла в этом мысль Жирара. Кажется, что это утверждение никак не вытекает из предыдущего, и тем не менее это так. Научиться воспринимать описанное чувство божественного присутствия и динамику творения невозможно, сохраняя хладнокровие. Это отнюдь не тихая, спокойная работа. По мере того как мы понимаем, что все-таки вынуждены проложить путь к новым рассказам, мы вскоре обнаруживаем, что не остались просто участниками богословско-экклезиологических диспутов. И тогда мы начинаем выступать как «профессиональные диссиденты, фанатики, которые только тем и занимаются, что кричат на всех перекрестках о самых разных проблемах и подозрениях, поводов для чего никто не в состоянии увидеть». И это означает, что поведение тех из нас, кто научился видеть истину, многие будут объяснять «личными психологическими проблемами или политическими предубеждениями».

Способность терпеливо проживать этот опыт мрака и не отчаиваться, помогая себе и другим, — это не самое малое из того, что Дух открывает нам с помощью текстов Жирара. Думаю, именно это позволяет нам сказать «Иисус — Господь»: это не вывод, не просто утверждение, но отчаянное признание неукротимой силы Духа, научившего нас не лгать.

Неуместная кода

Одно из основных критических замечаний в адрес Жирара и нас, его последователей, состоит в том, что мы слишком категоричны, слишком безапелляционны. Говорят, что фанатичный подход к интеллектуальной жизни лишает нас достаточной гибкости, которая позволила бы постичь все сложности жизни и тонкости богословия. Я не уверен, что мои слова смягчили эти претензии. Я подозреваю, что, действительно, «еж знает всего один секрет, но зато самый главный»[8], и мы занимаемся только тем, что повторяем его

---

[8] Строчка из стихотворения греческого поэта Архилоха «Лис знает много секретов, а еж один, но самый главный». Исайя Берлин интерпретировал ее в своем эссе «Еж и лиса». См.: Исайя Берлин, *История свободы*, М.: НЛО, 2001, с. 183–268.

ГЛАВА СЕДЬМАЯ. Назвать Иисуса Господом: исповедь ученика Жирара

на разные лады. Вполне возможно, что мысль Жирара особенно привлекательна для тех из нас, кто склонен к навязчивым идеям или даже некоторой параноидальности. В любом случае я бы тут задал следующий вопрос: мысль Жирара способствует нашей одержимости или помогает избавиться от нее? По моему опыту, она действительно вскрывает широко распространенную параноидальную идею о «них», готовых броситься на «нас». Поэтому нет ничего удивительного в том, что мысль, освобождающая нас от паранойи, очень похожа на ту же самую паранойю. Суть вопроса не в том, одержимы ли мы, а в том, похоронены ли с трудом обретенные плоды нашей интеллектуальной работы внутри этой одержимости или же они преобразовались в подлинно христианское дыхание симпатии и любви к человеку?

Я не могу ответить на этот вопрос, в любом случае это должны делать внешние наблюдатели. Но я хотел бы указать на еще один источник, вдохновивший меня на собственные размышления; он не имеет ничего общего с Рене Жираром, но тоже оказал мне неоценимую помощь в том, чтобы по-новому увидеть мир. Я имею в виду произведения одного итальянца XIX века, ни одного текста которого я никогда не читал (как, вероятно, и почти никто из вас). Прожив в окружении творческого наследия этого человека почти 25 лет, я понял то, что раньше мне мешали понять обстоятельства моей жизни и привычные богословские рамки. Медленно и незаметно я научился у него одному из самых трудных уроков жизни: полюбить другого человека, понять, как он забавен, нежен, трогателен (без потребности в глубокой трагедии или великой драме); ценить его хрупкость, оригинальность, всплески неожиданного энтузиазма. Я согласился на «промывку мозгов» тридцатью пятью из сорока работ этого человека, который сумел показать, на что может быть похожа новая песня, не имеющая отношения к жертвоприношениям. Великие мыслители мало внимания уделяют смягчающей сердца нежности, ласковому и беспредметному легкомыслию, игре, которая ни жертвенна, ни смешна. Хотя подлинно великие мыслители вполне могут понять всю важность такой игры. Мне было дано счастье брать уроки у такого недооцененного учителя — Джоакино Россини. И если вы придумаете сочетание более неожиданное, чем два этих мыслителя, Жирар и Россини, не забудьте сообщить об этом!

Глава восьмая
Чтобы не соблазниться

Введение

В июле 1999 года Конгрегация вероучения (орган ватиканской Курии, надзирающий за правоверием в церкви) выпустила предупреждение относительно сестры Жанин Грамик и отца Роберта Нугента. В этом документе сообщалось, что он является итогом сложного десятилетнего процесса изучения пастырской работы и опубликованных работ Жанин и Боба, касающихся «гомосексуальных особ». Здесь же был вынесен приговор: им навсегда запрещалось заниматься пастырской работой в этой области; кроме того, они временно лишались права избираться на любые должности в своих религиозных конгрегациях.

В течение следующего года после публикации предупреждения и Боб, и Жанин полностью подчинялись этому решению. Однако они публично поставили вопрос о том, не была ли нарушена законная процедура в ходе расследования их дела, результатом чего и стал приговор. С необходимостью ответить на подобный вопрос может столкнуться любая правовая система и любое общество, в котором существует уважение к закону. Все понимают, что любой вред, нанесенный индивидом или группой какому-либо институту, ничтожно мал по сравнению с разлагающим эффектом следующей мысли: органы, обязанные надзирать за благополучием этого института, действуют нечестно, чтобы достичь заранее известных результатов. Представьте, что в ходе внутреннего расследования предполагаемых злоупотреблений полиция просто прикрывает обвиняемых, а в каждом сомневающемся видит врага и преследует его. Чтобы избежать этого, в нормальной ситуации назначается независимая комиссия, члены которой не поддаются «синдрому группового мышления». Именно такая комиссия рассматривает жалобы и принимает решение о том, была ли соблюдена должная процедура в ходе расследования.

ГЛАВА ВОСЬМАЯ. Чтобы не соблазниться

К сожалению, в мае 2000 года Жанин и Боб были снова вызваны в Рим, где им запретили поднимать вопрос о предвзятости людей, подготовивших предупреждение. Этот вердикт поддержали чиновники Ватикана, приказавшие молчать тем религиозным конгрегациям, которые поддерживали Жанин и Боба во время следствия[*].

В июле 2000 года английский католический еженедельник The Tablet сообщил, что в ходе закрытой встречи с группой католических иерархов кардинал Фрэнсис Джордж, архиепископ Чикаго, сказал: все это дело было «очень плохо подано». Жаль, что это замечание было высказано на закрытом собрании, а не публично. Единственное, что могло уменьшить вред, причиненный авторитету церкви, — публичная демонстрация того, что «люди партии» способны выразить откровенное несогласие с центральным управлением. Ницше говорил: «Человек партии по необходимости становится лжецом». Я считаю, что католической вере противоречит только словосочетание «по необходимости», а сама мысль Ницше верна. Католикам следует не осуждать это утверждение, а публично доказать, что они способны различать между истиной и склонностью всегда держаться линии партии власти.

Перед лицом этой печальной ситуации, в которую были вовлечены все члены церкви, я хотел бы выразить уважение Бобу и Жанин, проанализировав некоторые затронутые ими вопросы. Они оба прошли через мучительный следственный процесс, дело их жизни ватиканские иерархи сочли вредным для церкви и вечного спасения тех, кому они служили. Теперь Боб и Жанин стоят перед угрозой потери пристанища, средств к существованию и финансовой безопасности, причем в возрасте, когда уже невозможно начинать все сначала. Они могли бы обеспечить себе комфортную жизнь в отставке, только согласившись с процедурой, которую даже консервативный кардинал назвал «очень плохо поданной».

Однако Бобу и Жанин вряд ли будет приятно, если я буду все время повторять, что они — «жертвы». Как и все, кто исповедует христианскую веру, они знают, что каждый, кто следует за истиной

---

[*] В 2001 г. сестра Жанин Грамик была вынуждена перейти в конгрегацию Сестер Лорето, где продолжает свою работу и по сей день. В 2006 г. она стала лауреатом Международной премии имени матери Терезы. Роберт Нугент подчинился запрету Ватикана и в настоящее время продолжает трудиться на приходе. Из-под его пера в последние годы вышел ряд книг, в том числе «Молчание говорит» (*Silence Speaks: Teilhard de Chardin, Yves Congar, John Courtney Murray, and Thomas Merton.* Mahwah, NJ, Paulist Press, 2011). Эта книга посвящена судьбам знаменитых католических богословов XX века, которые уже после санкций со стороны Ватикана сыграли огромную роль в формировании богословия II Ватиканского собора. — *Прим. пер.*

и противостоит лжи, должен быть готов к гонениям и утратам. Но это не превращает гонимых в «жертв», а гонителей — в «палачей». Жанин прямо возражала против того, чтобы демонизировать кардинала Ратцингера. Христианская вера позволяет нам стать на место жертвы, не считая себя таковой, стать символами прощения. Тогда тот, кто не ведал, что творит, однажды переживет сердечное сокрушение, которое приведет его к примирению. Думаю, именно так Христос учит нас читать пророчество Захарии: «Воззрят на Того, Которого пронзили»[1].

Таким образом, я не хотел бы добавлять огня в обвинительный пожар, разгоревшийся из-за этого случая, но собираюсь рассмотреть пару богословских и пастырских проблем, связанных с ним.

Соблазн и неисправимое

Думаю, тут возможны три понимания соблазна: его официальная версия, соблазн Евангелия и соблазн в общественном понимании. Каждая из этих интерпретаций опирается на слово *scandalon* («камень преткновения») и производное от него *skandalizein* («заставить споткнуться»). Эти слова часто употребляются в Евангелиях, однако редко комментируются.

В официальном понимании, верующих следует защитить от всего, что может оказаться соблазнительным для их веры. Само по себе это прекрасно. Вполне возможно, что носители непосредственной веры в Бога, Иисуса и церковные таинства могут соблазниться, если увидят, что люди, которые должны поддерживать веру, не верят в то, что проповедуют. Чтобы защитить верующих от такого соблазна, возможно, нужно, чтобы свободный обмен богословов смелыми утверждениями (связь которых с их верой не очевидна) не выходил за пределы круга людей, способных их понять.

С официальной точки зрения, пастырская работа Боба и Жанин несла в себе соблазн именно этого рода. Дело не в отрицании ими справедливости учения церкви в отношении «гомосексуальных особ». Этого не было. Ни он, ни она, насколько мне известно, ни разу публично не заявили, что учение церкви по этому вопросу неверно. Соблазн здесь состоял в том, что благодаря их текстам и их деятельности можно было предположить, что здесь допустима и модификация учения. А явная двусмысленность их высказываний

---
[1] Зах 12:10; ср. Ин 19:37.

позволяла предположить, что актуальное учение церкви не обязательно представляет всю полноту голоса Бога.

Разумеется, такое предположение является соблазном для тех, кто считает учение церкви верным в каждой мелочи. Точно так же многие верующие в безошибочность Писания шокированы мыслью о том, что в Книге Бытия речь идет не о буквальном сотворении мира за шесть дней.

Однако ватиканские иерархи, запрещающие пастырскую деятельность Боба и Жанин, пытались избежать не такого соблазна. Они не хотели, чтобы «гомосексуальные особы» поверили в то, что голос Бога может говорить им нечто отличающееся от официальной церкви. В этом соблазн учения, которое, по мнению стражей веры, не представляет в полном объеме смысл Евангелия.

Мысль о том, что Евангелие уже содержит в себе «высокий соблазн», имеет длинную родословную. Павел говорит, что учение распятого Христа — для иудеев соблазн, а для эллинов безумие (1 Кор 1:23). Сам Иисус заявляет: «Блажен, кто не соблазнится о Мне» (Мф 11:6). Как минимум один возможный вывод из этого Его утверждения состоит в том, что Евангелие вполне может считаться соблазном. Согласно официальной интерпретации, соблазн Евангелия — это высказывания Иисуса такого рода: «Кто хочет идти за Мной, пусть возьмет свой крест и следует за Мной». Официальное учение относительно «гомосексуальных особ» фактически ссылается именно на эту фразу. Однако, если человек состоит в близкой связи с партнером того же пола, это вовсе не исключает для него возможности следовать за Иисусом и сохранять верность Евангелию. Тот, кого не смущает требование Иисуса, кто спокойно может его исполнить, тот блажен. Если это возможно для человека, состоящего в связи с партнером другого пола (скрепленной таинством брака), не станет ли это примером для «гомосексуальной особы», готовой поддаться «высокому соблазну» Евангелия?

Наконец, есть и третий вид соблазна: о нем не говорится в официальных документах, его нельзя точно определить, но можно измерить глубину вызываемого им смятения. Этот соблазн порождают те церковные деятели, которые ведут себя настолько вразрез с заветами проповедуемого ими Евангелия, что под вопросом оказывается сама истинность Евангелия и соответствующей институциональной формы церкви.

Интересно, что верующие спокойно относятся к дурному поведению служителей Господних. В конце концов, как говорит Блаженный Августин, Господь хочет от всех христиан раскаяния, а не невинности, и тот, кто согрешил и готов признать это, уже не вызывает страха. В настоящий соблазн вводит дурной поступок, который не поддается исправлению. Именно такая ситуация возникла в связи с действиями ватиканских иерархов в отношении Боба и Жанин. Чиновники сочли, что эти двое вводят верных в соблазн, и нашли необходимым заставить их замолчать. Получается, что учреждение, которое должно предохранять людей от соблазна, не замечает соблазна в своих собственных действиях. В результате такое отсутствие самокритики ставит под сомнение истину, которую они должны были защищать. Когда же наконец оказывается очевидным, что кто-то в чем-то не прав, возможны два исхода. Либо я содействую выяснению своей ошибки, чтобы в дальнейшем ее избегать и вести нормальную жизнь, либо отвергаю саму возможность своей неправоты. В последнем случае я обычно оправдываю свое заблуждение новыми аргументами, все громче настаивая на том, что прав только я, а все остальные ошибаются; значит, я — несчастная жертва заговора. Случайный зритель с изумлением наблюдает, как маленькая ошибка разрастается и постепенно начинает определять природу данного человека или учреждения. Поразительно здесь то, что они настолько соблазнены ролью жертвы, что теряют способность рассуждать здраво. Вместо этого они начинают кидаться оправданиями, чтобы не подлежать рациональной критике. Такого рода неисправимость — прямая противоположность дара непогрешимости. Больше всего это похоже на смертельную болезнь.

Признаюсь, что у меня возникает желание задаться вопросом, не свидетельствует ли случай с Бобом и Жанин о том, что перед нами — иерархический институт сакрализованных оправданий для поступков, которые оправдать невозможно. Это позволяет заподозрить, что позиция, которую защищают такими средствами, попросту неверна. Ведь иерархи совершенно по-своему толкуют понятие «соблазн», избегая дискуссии. Поэтому, когда несколько лет назад один ирландский епископ публично заявил, что он приветствует дебаты о возможности допустить к священству женатых мужчин, кардинал из курии заставил его замолчать, обвинив в соблазнении верующих. Однако вполне очевидно, что епископ никого не соблазнял, потому что ирландские католики вовсе не были шокированы такой постановкой проблемы; во всех соцопросах они показали глубокое ее понимание. Высказывание епископа действительно может быть соблазном, но только для членов курии, которые настолько зависят от ощущения совершенства своей системы, что не могут выдержать открытой дискуссии. Короче говоря, соблазн создает то, как иерархи используют словосочетание «быть соблазном для верных».

ГЛАВА ВОСЬМАЯ. Чтобы не соблазниться

Все та же печальная история повторяется в одной епархии за другой: людям, пострадавшим от священников-педофилов, было велено молчать, чтобы «не вводить в соблазн верных». Согласно сложившемуся шаблону, верные сталкивались с глухой обороной со стороны церкви, которая должна была уберечь почтенное учреждение от необходимости извиняться перед пострадавшими. Иерархи демонстрировали глубочайшую неисправимость в рамках церковной культуры, в которой присутствует именно такая форма преступного поведения и укрывательства. Обсуждать это означало бы ввести в соблазн — не верующих, но самих себя.

Поддаться искушению и поверить в окончательную неисправимость иерархии было бы равносильно потере католической веры. Я не сомневаюсь, что в борьбе между непогрешимостью, которой Христос наделил церковь, и неисправимостью, которая всего лишь отличительный признак нынешнего положения вещей, со временем победит непогрешимость. Я также не сомневаюсь, что непогрешимость позволит нам пребывать в истине, распознавая, где мы были неправы, где мы лгали другим и себе. В конце концов, Петр сделал одно несомненно непогрешимое заявление как результат процесса, в котором он осознал, что *сам ошибался* в отношении кодекса чистоты, принятого в его религиозной среде. Это означало признание того, что он ошибался в отношении всех культурных допущений и предпосылок, а также вытекающего из них определения язычников как нечистых и нечестивых. Когда я говорю об этом заявлении как о несомненно непогрешимом, то имею в виду, что ни один христианин какой бы то ни было деноминации не будет сомневаться в том, что в этом случае служение Петра осуществилось непогрешимо. Это было заявление язычнику Корнилию: «Мне Бог открыл, чтобы я не почитал ни одного человека скверным или нечистым» (Деян 10:28), и Петр добавил крещение водой к тому, что Бог уже крестил Духом. То есть, осознав, что сам ошибался, Петр признал и принял то, что Бог делал независимо от него. Каждый христианин языческого происхождения напрямую пользуется плодами этого заявления и процесса, который к нему привел.

Таким образом, неисправимость действительно представляет собой соблазн, и я думаю, что один из способов, как мы можем вернуться здесь к рациональному подходу, что означает способность к здоровой, не соблазнительной братской беседе, — это рассмотреть второй из трех типов соблазна, о которых я говорил, то есть соблазн Евангелия.

Подробнее о евангельском соблазне

Действительно, Иисус сказал: «Блажен, кто не соблазнится о Мне». Однако совершенно не очевидно, что такого рода соблазн имеет какое-то отношение к «трудным заповедям» (в том смысле, как это понимает официальное учение). На самом деле, если внимательно читать Евангелия, становится ясно, что, когда сам Бог присутствует в центре определенного человеческого сообщества, соблазнить может отнюдь не тяжесть Его требований. Напротив, соблазняет тот факт, что Бог не укладывается ни в какую человеческую схему. Дело не в том, что Бог «чересчур сакрален» для обычных людей; нет, Он *недостаточно* сакрален для *религиозных* людей. Именно традиционалисты видят здесь соблазн и стремятся вернуться к «старым мехам». Трудные требования, которые действительно следуют из Его присутствия, — это не требования тщательного соблюдения религиозных ритуалов. Но это чрезвычайно сложные, экзистенциальные требования: проститься с ощущением безопасности из-за своей принадлежности к конкретному сообществу добрых верующих и отправиться в путь к сердцу Бога. И эти экзистенциальные требования подразумевают риск гонений, вплоть до смерти, как в случае с Иисусом. Многие религиозные люди считают, что служат Богу, преследуя тех, кто наделен совестью, не готов к компромиссам и отваживается открыто говорить то, что думает. В общем-то именно это случилось с Иисусом, который «к злодеям причтен был». В этом и состоит «соблазн» Евангелия. И прежде всего это соблазн для тех, кто много сил вложил в определение «добра» для данного общества. В значительно меньшей степени это соблазн для тех, кто живет на обратной стороне этого общества, — проституток, мытарей («коллаборантов») и других. Так было на протяжении двух тысяч лет.

Когда Иисус сказал: «Блажен тот, кто не соблазнится о Мне», Он тем самым послал весточку Иоанну Крестителю, который уже начал сомневаться, действительно ли Иисус продолжает его собственную суровую миссию с призывами к покаянию. Ответ Иисуса подразумевает, что, следуя за Ним, мы сможем, *не соблазняясь*, переместиться из мира почти невыполнимых ритуальных требований в мир, где мы можем воплотить в жизнь весть от Бога. Разумеется, такая свобода совести может ввести в соблазн тех, кому для существования необходимы сакральные структуры. Но блажен тот, кого не соблазнит даже насилие, с которым он столкнется. Другими словами, соблазн Евангелия — не в невыполнимых требованиях, предъявляемых слабым индивидуумам, а в Божьем разрушении того, что только казалось сакральным.

Мы, христиане, сумели очень хитро ограничить влияние Иисуса с помощью критики «иудаизма». Нас вполне устраивает Иисус, обличающий «иудаизм», мы охотно рисуем карикатуру на «иудаизм» и объявляем, что именно для него Иисус был соблазном. Получается, что Иисус требует жертвоприношения! Однако наша вера учит, что Иисус обитает посреди нас, проповедует и ведет нас за собой. Значит, Его превращение в сурового господина, чье иго жестко, а бремя тяжело, — явный признак того, что мы где-то ошиблись, рассуждая о соблазне Евангелия.

Я полагаю, что мы не имеем права не обращать внимания на те места Евангелия, где Иисус обличает фальшивую «сакральность», превращающую Бога в соучастника кошмара. Обычно мы понимаем это так, что «Иисус преодолевает иудаизм», и тут же об этом забываем. Напротив, жить с соблазном Евангелия означает с радостью признать, что Иисус дал нам шанс принять глобальный иудаизм, отказавшись от склонности творить фальшивую «сакральность».

Соблазны неминуемо приходят, а быть блаженным означает жить с ними, не теряя веру в то, что Бог превыше всей созданной нами ерунды. Чтобы поддерживать эту веру, нужно, чтобы религиозные авторитеты помнили, что евангельский соблазн — в их собственных интересах. Другими словами, им необходимо самокритично вопрошать: не следуют ли они традиции многих институций возлагать на плечи людей тяжелое бремя и пальцем не шевелить, чтобы помочь им? Подумаем: не загнали ли нас собственные аргументы в ситуацию, когда мы постоянно сцеживаем комара и поглощаем верблюда; не путаем ли мы слово Божье с традициями человеческими, настаивая на четкой линии доктрины; не пора ли передать виноградник в руки тех, кто его возделывает?

Чтобы поддерживать привычку верующих к самокритике, следовало бы для примера создать учреждение, критичное по отношению к самому себе, хотя на данном историческом этапе трудно представить его конкретную форму. За последние столетия мы привыкли к утомительному зрелищу: светское право заставляет «неисправимые» религиозные инстанции хотя бы немного соответствовать их собственному учению. В результате многие из нас убеждены, будто светское право, несмотря на все его недостатки, создано провидением именно для этого. Мысль о том, что лучше бы нам сделать самим то, что нас все равно вынудят проделать другие, представляется непостижимой. Но каждый, кто начинает осознавать в себе «синдром группового мышления», всерьез подходит к поиску альтернативных мнений, чтобы нечаянно не совершить крупную ошибку. Иоанн Павел II именно поэтому обратился ко всему миру с вопросом, в чем же состоит суть христианского служения Петра. Тот, кто не сознает влияния «группового мышления» на свое собственное, обречен на то, что его голос не будет воспринят всерьез, так как в нем увидят лишь выражение интересов его институции.

Быть блаженным, не соблазняясь об Иисусе, означает также не позволять себе устрашиться тех, кто претендует на единственно верное понимание Евангелия. Это означает научиться не ассоциировать Бога с тем, что лишь кажется сакральным, но вызывает лишь страх. Блаженные, не соблазнившиеся об Иисусе, понимают, что в каждом поколении будут попытки насаждать священное с помощью насилия, — это неизбежно в нашем падшем мире. И в каждом поколении подлинно «сакральное» будет рождаться тихо и незаметно, чаще всего благодаря тем, кого считают закоренелыми врагами веры и добропорядочности. Так уж обстоят дела. Мы обнаруживаем на себе благословение Иисуса, когда понимаем, что непримиримых стоит не бояться, а пожалеть их. Нужно, действительно, бояться богов, которые требуют жертвоприношений. И Бог не становится подобным этим богам.

Мы не подвергаемся соблазну, когда отказываемся считать неверное решение церковных властей окончательным. Мы не желаем пугать их больше, чем они уже напуганы, но мы должны терпеливо и деликатно настаивать на своем участии в общей задаче — содействовать возрастанию роли Евангелия в нашей жизни.

В контексте таких рассуждений я хотел бы вернуться к церковному предупреждению относительно Жанин Грамик и Боба Нугента, проанализировав его более подробно.

Проблема неопределенности

Верить в добросовестность религиозных инстанций — значит верить, что перед нами не просто люди, которые неожиданно оказались в плену захватившей их опасной системы. Нужно помнить: «то, что они делают» и «то, что они говорят» связаны не так уж прочно; это не единое целое, которое пришлось бы либо принять, либо отвергнуть во всей полноте. Когда Господь учил нас различать эти вещи (Мф 23:3), Он тем самым не давал нам новую божественную

ГЛАВА ВОСЬМАЯ. Чтобы не соблазниться

заповедь. Иисус учил нас, как не соблазняться о религиозных иерархах: к ним нужно относиться так же по-братски, как, будем надеяться, они относятся к нам. Это один из способов отличить друга от такого собеседника, который на самом деле вовсе не хочет говорить со мной: первый проводит различия между тем, что я говорю и что делаю, а второй воспринимает все это как единое целое. Неспособность проводить эти различия является признаком, что такие люди — не друзья нам. При этом неважно, осуждают они нас, или, наоборот, *преклоняются* перед нами. В обоих случаях они лишь проецируют на нас уверенность в своей несокрушимой праведности.

Поэтому давайте попытаемся избегать проекций и дружески побеседуем, отделяя соблазн, вызванный неверными действиями церковных властей в случае с Грамик и Нугентом, от содержания предупреждения. Я очень надеюсь, что еще прежде, чем эти слова будут напечатаны, голоса таких людей, как кардинал Джордж, зазвучат громче. И тогда приговор будет пересмотрен, ограничения, наложенные на Боба и Жанин, сняты и давление на их конгрегации ослабеет. От соблазнов нужно не отмахиваться, а публично разбираться с ними, чтобы освобождаться от них.

Теперь я хотел бы сделать нечто такое, что вас, скорее всего, удивит. Однако это логически вытекает из идеи о том, как не соблазняться о церковных властях. Я хотел бы торжественно поблагодарить Конгрегацию вероучения за ее предупреждение относительно Боба и Жанин. Авторы этого документа затронули очень важную тему, и, если бы они не умаляли его значение своими гонениями, их слова могли бы помочь всей церкви провести зрелую дискуссию по этой сложной и болезненной проблеме.

Следует сразу же уточнить: я говорю это как католик, который решился публично отвергнуть то, что конгрегация называет «ясным и последовательным учением Католической церкви в этой области» (имея в виду ряд выдержек из церковных документов, созданных в период с 1975 года по настоящее время). Я не верю, что это учение действительно соответствует божественному откровению, переданному нам через Иисуса Христа. Я пришел к выводу, что учение конгрегации в отношении «гомосексуальных особ» представляет Бога неуместно причастным к человеческим традициям.

Я могу ошибаться, более того, я учитываю риск ошибки. Однако здесь я совершенно не собираюсь спорить о том, как приблизить формулировку церкви к Слову Божьему. Проблема истинности —

единственное, что здесь стоит обсуждать, но публично это может быть сделано только при определенных обстоятельствах, которые еще только начинают формироваться. А сейчас я хочу показать, насколько предупреждение конгрегации лучше и отчетливей, чем бо́льшая часть откликов на него. Поэтому я целиком поддерживаю стремление авторов предупреждения прояснить неопределенность и избавиться от фальши, которая окружает эту тему в церкви. Я нахожу, что предупреждение направляет дискуссию по этому вопросу в трех очень важных направлениях.

Первое из них (и самое неожиданное, лучше всего спрятанное) — признание деликатности и в то же время малой значимости данного вопроса; второе — признание губительного влияния на церковь неопределенности решений; третье — требование внутреннего согласия с существующим учением церкви.

Первый пункт явно присутствует в конце предупреждения, где говорится о наказании. Предупреждение начинается со своей развернутой апологии: говорится о том, каким долгим было расследование (более десяти лет), перечислены различные комиссии, которые изучали всю соответствующую литературу и т. д. Конгрегация вероучения выполнила функцию амортизации, отфильтровав некоторое количество грязи, вылитой на гомосексуалов и тех, кто осмелился их поддерживать. Учитывая ряд деликатных моментов, здесь присутствовало желание избежать непродуманных обвинений и приговоров. Примечательно и признание того, что вопрос этот, объективно говоря, не слишком-то принципиален.

Следует откровенно признать, что наказания двух обвиняемых можно считать умеренными, учитывая, какая волна гнева и страха поднялась в нашей и других церквах. Разумеется, это ни в коей мере не умаляет боль, причиненную Бобу и Жанин столкновением с этим могучим институтом. Они не были отлучены от церкви, значит, с точки зрения конгрегации данный вопрос не представляет серьезной угрозы для ее доктрины. «Ошибаться» в этой области не опасно для богословской добродетели. Боба даже не запретили в служении, и на момент издания предупреждения не было сделано ни одной попытки изгнать Боба и Жанин из их конгрегаций. Сан священника и монашеская жизнь не являются исключительной прерогативой тех, кто полностью согласен с учением церкви по этому вопросу. Наказание Боба и Жанин сводится к запрету на пастырскую деятельность среди геев и лесбиянок; им также временно запрещено занимать определенные должности в своих религиозных конгрегациях. Это, конечно, жестоко, но все-таки это не соответствует риторике некоторых христианских кругов: им ка-жется, что вопрос о гомосексуальности может разрушить евхаристическое общение, поставить под сомнение добродетель веры; все это лишает гея права называться христианином.

Простите за пошлую шутку, но те, кто считает Конгрегацию вероучения наследником инквизиции, пусть вообразят такую замечательную картинку: величественное аутодафе в пыльном испанском городе; огромная процессия, сопровождающая Боба и Жанин на костер; толпы обезумевших ультраправых католиков, счастливых, что наконец-то восторжествует вера их отцов; несколько безутешных гомосексуалов ежатся от страха за закрытыми дверями, не отваживаясь выглянуть. Процессию возглавляет пепельноликий кардинал Ратцингер с пылающим факелом в руке, неподалеку — мрачные Хики и Бертоне, облаченные в одеяния с полотен Эль Греко. Наш инквизитор подходит к костру, воздевает факел, а затем медленно подходит к Бобу и Жанин, чтобы заткнуть им рот и плюнуть в лицо. Мерзко, но все-таки разрядка напряжения.

Шутки в сторону: кажется, что здесь кардинал Ратцингер (и не в первый раз) продемонстрировал восхитительную ловкость рук. Хотя он и швырнул волкам кусок мяса (напомню, что этот кусок — две человеческие судьбы), кардинал фактически сумел снизить значимость данной проблемы. Это очень важно, так как в дальнейшем сцена для выяснения этих вопросов будет обустроена не так пугающе, как мы опасались. Если бы удалось отослать прочь службу безопасности, мы бы обнаружили, что накал страстей снизился и кардинал Ратцингер помог нам преодолеть очень сложную и болезненную тему почти без сопутствующей истерии. Тут, конечно, нужно поаплодировать.

Я хотел бы также поаплодировать конгрегации за признание, что в церкви сложилась атмосфера неопределенности по отношению к гомосексуальности. Преобладающая интенция предупреждения — положить конец этой неопределенности, сознательно поддерживаемой многими. Конгрегация разрушила впечатление, что католическое учение в данном вопросе выглядит иначе, нежели зафиксированное в официальных документах. Я это всецело приветствую. Правда, я сильно сомневаюсь, что Боб и Жанин сознательно поддерживали эту неопределенность. Но то, что они не покладая рук трудились в разграбленном винограднике, когда неопределенность казалась единственной разумной возможностью для пастырской деятельности, — это, безусловно, правда.

Но, как указывает конгрегация, верные католики заслуживают истины, а не неопределенности. Предполагается, что мы можем обойтись без серьезной дискуссии о том, является ли учение церкви правильным, а если нет, то что же является истиной. Нам дают понять, что под прекрасными дружественными сводами церкви мы можем укрываться до тех пор, пока не вздумаем раскачивать лодку, поднимая вопрос об истине и тем самым заставляя встрепенуться злобных ватиканских бюрократов.

Это глупо. Если учение церкви верно, то, разумеется, следует соблюдать его без всякой неопределенности. Конгрегация вероучения, которая представляет собой чиновничью канцелярию, а отнюдь не источник новых догматов (по крайней мере, в теории), не дает возможности кому-либо заявить, что учение церкви неверно. Конгрегация вынуждена настаивать, что она не может вступать в спор по данному вопросу, поскольку для нее это означало бы отказ от одной из своих ключевых опор. С учетом того, каковы эти опоры, ватиканские иерархи совершенно правы. Пока не стало совершенно очевидно, что конструкции, поддерживающие позицию конгрегации, не от Бога, и пока нам недоступна более полная и целостная оценка вопроса, нам придется придерживаться своей точки зрения. Авторы предупреждения вполне сознают риск выглядеть фарисеями и глупцами в глазах истории. Это бремя некоторые из них несут со значительным достоинством и терпением, причем делают это ради нас. Мы не католики, если не допускаем возможности, что фарисеи, как и свободные души, участвуют в строительстве божественного откровения во Христе.

Таким образом, истину следует поддерживать со всей недвусмысленностью. Я не согласен с тем, что сейчас считается истиной, но то, что верующие заслуживают определенности, — это совершенно правильно. Однако из позиции конгрегации вытекают очень интересные следствия, и ее членам явно не просто было пойти на это. Дело в том, что неопределенность в этой сфере свойственна большинству церковных деятелей. Фактически она пронизывает церковную жизнь на всех трех континентах, где мне доводилось работать. Эта неопределенность создает серьезную опасность для нравственного и духовного здоровья верующих. Обитатели бесчисленных семинарий, домов новициев, монашеских общин, курий и т. д. играют в нескончаемую игру неопределенностей, формулируя свою позицию примерно так: «Мы будем закрывать глаза на очевидное, пока вы не раскачиваете лодку и не начинаете говорить об этом». Результат — огромное множество

ГЛАВА ВОСЬМАЯ. Чтобы не соблазниться

членов касты клириков вовлечено во взаимоотношения постоянного шантажа: когда кому-то нужно пригрозить или от кого-то избавиться, всегда можно поднять этот вопрос. Тот факт, что в Ватикане создалась такая же атмосфера, никого не удивил, а возбудил лишь тех, кто искал скандала, как засвидетельствовали сотрудники римской курии, опубликовавшие «Унесенные ветром в Ватикане»[2].

Последствия такого извращенного образа жизни ужасны: на одной чаше весов — отвержение, лишение карьеры, потеря работы и репутации, в некоторых случаях самоубийство; на другой — продвижение по карьерной лестнице, безопасность и спокойная жизнь для тех, чья совесть позволяет им получать все это ценой отказа от собственной чести, солидарности с братьями и сестрами (отказа действительно следовать принципам Евангелия).

В пользу Ватикана говорит то, что в рамках его логики была сделана попытка проинспектировать семинарии. Чиновники провели различие между семинаристами, которые не считают гомосексуальность частью своей личности и мучаются из-за него, и теми, кому легко сказать: «Да, я гей, и именно как гей я призван служить Господу». Было решено, что первых можно допустить ко священству, а вторых — нет. Однако мало кто в здравом уме согласился с заимствованиями конгрегации из психологического жаргона, которые были призваны поддержать идею, что гомосексуалы имеют изначально извращенную природу. Так что разбирательство в семинариях оказалось выстрелом вхолостую, и культура подмигиваний, подталкиваний и отведения глаз вновь победила.

Мы видели, что Ватикан попытался разрешить имеющуюся неопределенность так: только геи, которые не принимают себя в этом качестве, могут быть хорошими священниками, поскольку лишь они следуют учению церкви. Эта позиция представляется мне честней и последовательней, чем другая (казалось бы, более «разумная»): в большинстве семинарий преобладают гомосексуалы, и потому гетеросексуальное меньшинство чувствует себя не на своем месте[3]. Я не ставлю под сомнение это наблюдение, однако далеко не так очевидно, что дестабилизирующий эффект возникает именно из-за этого факта. Многие семинаристы-геи в той или иной степени испытывают страх изгнания и ненависть к себе

---

[2] I. Milenari, *Via col vento in Vaticano*, Kaos, Milano, 1999.

[3] См., например, Donald B. Cozzens, *The Changing Face of the Priesthood*, Ch.7, Minnesota, The Liturgical Press, 2000. Книга содержит ссылки на ряд статей как анонимных, так и авторских, в *The Tablet*.

(вполне правомерные с точки зрения официального учения). Они привыкли испытывать уколы совести и задавать себе мучительный вопрос, не лицемерят ли они, живя за счет того института, который их ненавидит. Ну и, разумеется, таким состояниям души неизбежно сопутствуют сплетни, клевета, интриги, стукачество и борьба за власть. По крайней мере таков мой опыт жизни, преподавания и посещения семинарий на трех континентах.

Возможно, упомянутая дестабилизация как-то связана с недостатком искренности. Подобную атмосферу Дональд Коззенс исчерпывающе характеризует так: скорее это «а ля Трумен Капоте», чем «а ля Спенсер Трейси»[4]. Удивительно ли, что жизнь с геями, которые официально обречены на то, чтобы верить в свою ненормальность, имеет дестабилизирующий эффект? Это расшатывает психику не только гетеросексуалов, но и тех гомосексуалов, которые предпочитают откровенность. Мне представляется необходимым подумать, не лежат ли у истоков дестабилизации еще какие-то факторы, помимо гомосексуальности, например необходимость разделять ошибочную официальную характеристику однополой любви.

Я сильно подозреваю, что атмосферу можно оздоровить только в том случае, если всем будет все равно, женаты ли семинаристы той или иной ориентации, имеют ли они постоянных партнеров или ищут их. А вместо этого будет важно, ищут ли они справедливости, учатся ли они принимать на себя ответственность, любят ли они слабых и бедных. В таких условиях церковной жизни (точно так же как и в мирской) расцветет здоровый целибат, если к нему призовет Господь. Я также подозреваю, что в Ватикане прекрасно осознают, что, сняв обет целибата для гетеросексуальных священников, сохранять его для священников-геев долго не удастся. Рассуждая практически, здесь перед нами не только проблема целибата, в отношении которого позиция церкви может измениться. От целибата неотделим вопрос о якобы божественном запрете на однополое партнерство, как утверждают церковные власти. Рассматривать эти две темы по отдельности означает оказывать одностороннюю поддержку гетеросексуалам за счет геев.

Между тем, пока мы еще не собрались с духом открыто обсудить эти проблемы, конгрегация, безусловно, права, пытаясь изменить дестабилизирующую атмосферу неопределенности, пронизывающую нашу церковь. Деликатность и осмотрительность — качества

---

[4] "Telling the Truth", *The Tablet*, 5.8.2000.

вполне христианские, но тут всегда должен действовать принцип: «Да будет слово ваше: да, да; нет, нет; а что сверх того, то от лукавого». Неопределенность в этой сфере — способ не говорить ни да ни нет, а вместо этого сделать из всех нас трусов. Нельзя приблизиться к истине, следуя такому подходу: «Мы оставим грязную работу Ватикану, который все равно далеко. Мы позаботимся о том, чтобы у вас все было в порядке, если вы не будете раскачивать лодку. Конечно, мы сохраняем за собой право дистанцироваться от вас и проявить жестокость, если возникнут каки-либо проблемы». Поэтому конгрегацию можно только поздравить с тем, что она попыталась вынудить нас чуть смелее искать истину и избавляться от этой раковой опухоли в жизни церкви.

В церковной ситуации вокруг гомосексуальности присутствует и второй источник неопределенности, который может играть положительную роль. Речь идет о противоречии между поддержкой, которую церковь недавно начала оказывать идее прав человека (а значит, и геев), и официальным учением церкви о гомосексуальной склонности. По мере того как церковные иерархи оказываются вынуждены занять ту или иную позицию относительно изменений в светском законодательств разных стран, это учение предстает все более загадочным и устаревшим. Фактически на основании церковного учения по данному вопросу отвергается необходимость соблюдения прав меньшинств. Тем не менее противоречие между этими двумя факторами все-таки подталкивает нас к подлинной католичности.

Мы, по-видимому, находимся на одном из первых этапов радикального поворота в самосознании человека. Как часто бывало в прошлом, этот поворот предполагает постепенное выявление сути сотворенной реальности — того, что скрывается под шелухой агрессивного морализаторства. Мне думается, что это и есть подлинно христианский процесс. Человек, к которому применимы оба высказывания: «К злодеям причтен» и «Бог Истинный от Бога Истинного», подарил нам соблазн выхода из темницы «сакрального» учения к освобождающей истине. По счастью, окончательные формы, которые примет это движение, неведомы никому из нас. Я подозреваю, что Конгрегация вероучения радуется по этому поводу не меньше, чем я.

Теперь третье мое поздравление — в связи с постановкой проблемы внутреннего согласия. Предупреждение Конгрегации вероучения не просто устраняет неопределенность в этом смысле: в нем непосредственно затронут вопрос внутреннего согласия с учением. Согласно этому документу, пастырскую работу с геями и лесбиянками должны вести только те, кто верит, что учение конгрегации об этой сфере жизни исходит от Бога. Неоднократно указывалось, что это является безусловной новинкой, и легальность такого решения подвергалась сомнению[5]. Если конгрегация действительно нашла способ сочетать уважение к совести конкретного человека и правовую процедуру, я могу это только приветствовать. В этом и есть суть подхода к решению проблемы гомосексуализма в церкви. Ведь мы тоже настаиваем, что в этой области не должно быть лицемерия.

Именно лицемерие, а отнюдь не однополый секс, — основная проблема (как церковная, так и нравственная), которая способна разрушить жизни и погубить души. В сравнении с этим даже регулярные нарушения заповеди чистоты кажутся смешными. Конгрегация поступает смело и радикально, требуя прояснить неопределенность и внутренне согласиться с тем, что учение церкви в этой области исходит от Бога. Она добивается того, чтобы прекратилось лукавство вокруг этой темы.

В намерения конгрегации не входило нанести по-настоящему жестокий удар Бобу и Жанин, которые открыто и честно посвящали этим проблемам годы своей жизни и готовы ответить за это; их можно назвать кем угодно, но только не лицемерами. Того, что конгрегация потребовала от Боба и Жанин, мы все должны требовать друг от друга; особенно это касается тех, кто призван учительствовать и вести пастырскую деятельность. Кому из нас не доводилось встречать священников и епископов, которые пытались по-своему истолковать учение церкви по этому вопросу, придать ему другой оттенок, но в итоге все равно поддерживали его? Возможно, и мы сами — одни из них. Те же самые люди, когда «не на работе», очень милы, порядочны, терпимы и откровенно проявляют внутреннее несогласие с официальной доктриной. И мы, католики-гомосексуалы, слишком часто испытываем трогательную благодарность к таким людям. Конгрегация вероучения права: нам не за что их благодарить. Они должны либо поддержать учение церкви, поскольку считают его верным, либо заявить о несогласии с ним, будучи гото-выми ко всем последствиям этого шага.

Тема эта оказывается еще сложнее, как только мы задумываемся: в чем, собственно, состоит одна из причин формирования

---

[5] Предполагается, что в этом, в частности, состоит отклонение от процессуальной нормы в случае Жанин Грамик.

ГЛАВА ВОСЬМАЯ. Чтобы не соблазниться

такой атмосферы неопределенности и лицемерия. Дело в том, что гомосексуальных священников и епископов очень много, но тех, кто в этом открыто признается, среди них крайне мало. Важно, что единственный способ для конгрегации убедительно продемонстрировать верность своего учения — найти живого свидетеля, который признает свою гомосексуальную склонность расстройством, порочным по природе, чтобы этим признанием приблизиться ко Христу. Я не совсем представляю себе, что же это должен быть за свидетель.

Маски в сторону: скрытый гомосексуал, в сущности, не менее известен обществу, чем «открытый». Меняется лишь качество, а не сам факт его очевидности для общественного сознания. Однако «тайная» жизнь гею невыгодна, так как лишает его возможности быть свидетелем. Чтобы принести свидетельство в этой области, нужен гей, который сможет убедительно рассказать историю своей жизни и продемонстрирует христоподобную природу своего согласия с учением церкви, что и произведет в нем божественное преображение.

Давайте уточним, что здесь требуется засвидетельствовать не добродетельность целомудрия, а нечто совершенно другое. Вопрос целомудрия — совершенно другой, чем внутреннее согласие. Можно хранить целомудрие и не разделять доктрину Конгрегации вероучения, а можно разделять эту доктрину и не хранить целомудрия. В данном случае конгрегация требует не целомудрия, а внутреннего согласия со своим учением. Но если она хочет, чтобы ей поверили, нужны все-таки какие-нибудь достойные свидетели такого согласия.

Сам я пока что не встретил такого свидетеля. Но если что-то нельзя засвидетельствовать, не нужно говорить, что этого не существует. Конгрегация снова права. Более того, одна из максим римского права гласит, что молчание — знак согласия. Фактически это точное описание соучастия в деятельности группы. Если я не возражаю явным образом против того, что происходит в рамках моего сообщества, я тем самым соглашаюсь с ним. Если я соглашаюсь, потому что я считаю это правильным, все нормально. Но если я молчаливо соглашаюсь, только чтобы не оказаться в меньшинстве (которое и обладает истиной), тогда я не кто иной, как трус и лицемер. Чтобы победило зло, достаточно, чтобы добро ничего не делало.

Стремление конгрегации добиться внутреннего согласия приносит все более явные результаты: люди понемногу определяются со своими позициями. Учить чему-то должны только те, кто верят, что они излагают божественное учение. Если они соглашаются с какой-то доктриной вопреки самим себе, они должны открыто заявить об этом и быть готовыми к тому, что верные начнут обсуждать достоинства этой доктрины. Если для участников дискуссии данный вопрос не имеет однозначного ответа, им следует так и сказать; в таком случае они не могут утверждать, что учение исходит от Бога. Если же они не согласны с доктриной, им следует об этом заявить и быть готовыми к последствиям.

Более того, конгрегация может даже следовать общей идее собственного предупреждения и оказать практическую помощь в очистке атмосферы от неопределенности и лицемерия: для этого она должна гарантировать, что последствия явного несогласия будут менее ужасны, чем многие ожидают. Если неопределенность поддерживают трусы, то проявить милосердие — это не кричать на трусов, а дать понять, что им не нужно бояться своей честности. Если же неопределенность возникает из противоречия между двумя учениями, тогда нужно сесть, терпеливо разобрать все аргументы и заговорить наконец об истине, вопреки всей той путанице и лжи, которые возникают там, где встречаются вера и однополое желание. Лучший способ преодолеть неопределенность — поддержать тех, кто говорит правду. Это люди, которые не боятся ошибаться, потому что они знают, что важнее быть любимым, чем правым.

В Евангелии говорится о предмете пререканий, который открывает помышления многих сердец. То же Евангелие призывает проповедовать с кровли то, что раньше мы услышали сказанным на ухо. Я уверен, что предупреждение конгрегации пытается способствовать этому, и я уже объяснил, почему так думаю. Я просто хочу, чтобы практика конгрегации больше соответствовала ее лучшим намерениям, высказанным в ходе церемонии юбилейного года в базилике Святого Петра, посвященной молитве о прощении. О нем молюсь и я.

Глава девятая
В ПОИСКАХ СЮЖЕТА

Введение

Если бы десять лет назад кто-нибудь мне сказал, что меня, английского католического богослова, пригласят выступить перед высокообразованной аудиторией, рядом с Сан-Франциско, в качестве гей-активиста[1], я бы рассмеялся, как рассмеялась престарелая Сарра, когда ангел ей пообещал, что на следующий год у нее будет дитя. До сих пор я знал Сан-Франциско только по «Сказкам города» Армистеда Мопина*. Какие же колоссальные тектонические сдвиги произошли в наших странах, в наших формах социальной самоидентификации, в наших церквах и душах, если такого рода события стали возможны! Как же изменилось наше понимание того, что значит быть человеком, христианином, быть рациональным! Я хочу для начала попросить вас задуматься над тем, насколько поразительно то, что это вообще стало возможным.

Меня попросили провести дискуссию по проблеме «Насилие и гомосексуальность»; из-за многочисленных убийств геев этот зловещий вопрос приобрел актуальность[2]. Поражают воображение те

---

[1] Эта глава изначально представляла собой конспект выступления, состоявшегося в Вудсайде, Калифорния, в октябре 1999 г., в рамках серии дискуссий о насилии. Организатор мероприятия сообщил, извиняясь, что он назвал меня «гей-активистом», чтобы продолжить ряд авторов, среди которых были, в частности, афроамериканский богослов и раввин. Некоторые рождаются гомосексуалами, другие приходят к этому, а некоторые оказываются «гей-активистами» совершенно неожиданно для себя.

* В «Сказках города» А. Мопина рассказывается, в частности, о судьбе Харви Милка (1930—1978) — первого открытого гомосексуала США, который был избран на государственный пост: он стал членом наблюдательного совета города Сан-Франциско. В 1977 г. Милк выиграл выборы, а в следующем году он был убит. — *Прим. пер.*

[2] Недавно в Реддинге (Калифорния) была убита гомосексуальная пара; очевидно, преступники были убеждены, что делают Божье дело.

оправдания, которые находят для себя жестокие убийцы: они, видите ли, искали утраченную идентичность, так как были не в состоянии жить в обстановке неопределенности.

Боюсь, что мы в каком-то смысле повторяем логику убийц, когда сводим ситуацию к самоочевидному формату «насилие и проблема гомосексуальности». Каждому ясно, что насилие — это плохо, что гомосексуалы — нормальные члены гражданского общества, и вопрос только в том, как нам остановить или хотя бы ограничить насилие. Это объединяет нас в порыве благородного негодования, мы начинаем ощущать себя хорошими людьми и причины «проблемы» ищем исключительно во внешней ситуации.

Однако формула «праведный обвиняет» неизбежно порождает насилие. Поэтому я попытаюсь выбрать другую дорогу, хотя вы, возможно, сочтете, что, идя по ней, я лишаюсь права называть себя католическим богословом и считаться гей-активистом. Я хотел бы отстраниться от этих определений и посмотреть, сможем ли мы взглянуть на проблему с другой стороны. Сейчас я хочу говорить не о насилии и гомосексуальности, а о творении и трусости.

Призыв Гомеса

Пару лет назад меня поразило одно высказывание Петера Гомеса, проповедника из Гарвардского университета, в его «Хорошей книге»[3]. Рассуждая о том, как правильно читать Библию и не попасть под действие табу на тему гомосексуальности, Гомес почти с сожалением отметил, что в движении за права гомосексуалов не хватает чего-то очень важного. Героическое движение за гражданские права афроамериканцев развивалось и крепло благодаря множеству великолепных библейских образов и историй, в основном восходящих к Исходу и неумолимому приказу Бога: «Отпусти народ мой». К сожалению, в сокровищнице движения за права гомосексуалов ничего сопоставимого нет, и это важная лакуна. Другими словами, афроамериканцы смогли пережить библейскую историю освобождения от рабства так, что истинность их живого опыта оказалась неопровержимой. Фараон безгласен — сперва говорить ему мешает ярость, потом стыд; когда речь к нему возвращается, ему приходится учиться говорить с еврейским народом на равных.

Думаю, наблюдение Гомеса абсолютно справедливо, и я вижу в нем вызов. Мы, гомосексуалы, до сих пор не умеем вписать

---

[3] P. Gomes, *The Good Book*, New York, William Morrow, 1996.

ГЛАВА ДЕВЯТАЯ. В поисках сюжета

наши судьбы в библейские истории, поселиться в библейском мире. Наши истории фрагментарны: мы рассказываем о том, как открывали обществу свою идентичность; как противостояли лицемерию; как выживали со СПИДом и приобретали бесценный опыт; как мы понимали, что действительно умеем любить; как мы становились надежными партнерами и мужьями друг для друга; как мы изобретали новые формы семейных связей; как мы отстаивали свои права; как мы противостояли религиозному насилию; как мы добивались, чтобы нас принимало общество. Все эти повествования заслуживают уважения, многие поражают, глубоко затрагивают наши сердца. Но пока они фрагментарны, это лишь реакция на внешние обстоятельства. И это означает, что все-таки наш сюжет до сих пор хромает, до сих пор не обрел живого дыхания, не обзавелся орлиными крыльями.

Прежде чем продолжать, я хотел бы обозначить свою позицию как позицию верующего католика. Я говорю не о такой стратегии: «Ну-ка, ребята, в Библии много хороших сюжетов. Если мы научимся излагать нашу историю в библейских терминах, мы одержим победу над нашими врагами, представив себя носителями высокой морали». Это было бы циничным маркетинговым упражнением по поиску подходящей истории. Нет, я говорю совершенно о другом. Я убежден, что существует лишь одна библейская история — та, что рассказана Богом; именно внутри нее нам следует найти свое место. Другими словами, Господь призывает нас к бытию, даруя нам сюжет для нашей истории. Этот все еще незавершенный сюжет питается упоминаниями в Библии. Иначе говоря: нам не нужно подыскивать подходящую историю, нам нужно просто понять, что нас приглашают прожить повесть о нашей призванности к радости и бытию. Пусть это понимание будет достигаться медленно и болезненно, пусть нам предстоит продираться через хаос и терять нить повествования. Это повествование вовсе не напоминает попытку обелить себя в полиции. Нет, здесь мы открываем для себя, какое место нам отведено в подлинной истории.

Я хочу здесь и сейчас, вместе с вами, попытаться ответить на вызов Гомеса и понять, почему же для гомосексуалов это так сложно — найти себя внутри библейского сюжета. Это что-то вроде требования вавилонян к изгнанникам из Иерусалима петь песнь Сиона. Но я сразу хочу добавить, что, по-видимому, среди нас постепенно зарождается способность прожить эту подлинную историю.

От «no story» до «coming out»

Чтобы понять, насколько сложна стоящая перед нами задача, обратим внимание на абсурдность самого факта, что открытый гей сейчас говорит с вами о Боге. Еще не так давно такая беседа была бы невозможна: одно то, что я гей, вывело бы меня за рамки любой рациональной дискуссии, не то что богословского спора. И это не потому, что наш голос так высокочастотен, что другие его не способны услышать. Причина — во всеобщей уверенности, что все Божье по сути противоположно всему, что касается геев. Причем так думали не только гетеросексуалы, но и сами геи.

Я не устаю подчеркивать: не было даже слов, не то что сюжета, в который можно было бы вписать наши судьбы. Ассоциации со словом «гей» — стыд, обман, отверженность, шантаж, болезнь, ненормальность, самоубийство и средоточие всего порочного. Более того, такие ассоциации формировали жизнь и отношения гомосексуалов. Для всех прочих это была банальность, нечто малозначимое, а для тех, кто сам вызывал эти ассоциации, — жгучая экзистенциальная проблема. Если мое «я» подлежит уничтожению, как оно может поведать свою историю?

Более того, библейский мир как источник всех историй был целиком и полностью закрыт для гомосексуалов, по крайней мере, так казалось. Мы явно были врагами религии и Бога, даже если мы воспитывались в глубоко религиозных семьях (что встречалось довольно часто). Как можно следовать заповедям добра, праведности, чистоты, когда мы, к своему отчаянию, обнаруживаем, что мы враги Божьи? Как можно добровольно признать обвинение, что мы в каком-то смысле сами выбрали это ужасное извращение? Как можно принять общее мнение о себе, если для этого требуется отрицать самих себя и тех, кто нам подобен? Как можно убить себя, если не фактически, то просто признав, что мы не имеем права на существование?

По общему мнению, библейский мир, Бог и наши церкви могли обратить к нам лишь жестокий лик отвержения — или же принять нас при условии нашей самоотверженности (по сути, это то же самое в чуть более смягченной и лукавой формулировке). Поэтому все то, что могло бы привести нас к подлинной жизни, казалось невозможным. Однако ростки новой жизни появились и в нашем гетто: их подпитывали протестные движения, стремление к политическому освобождению. Те, кто их растил, были действительно отважными людьми. Их часто ненавидели даже те из нас, кто продолжал в ужасе прятаться под покровом религий, даже когда эти религии заставляли нас ненавидеть себя. Наша история рождалась среди ужасающей эпидемии, которая, с одной стороны, разрушила все внешнее, а с другой — поставила вечные вопросы в невероятно актуальной форме.

Один из ключевых элементов этой нашей новой истории — понятие *каминг-аут* («раскрытие»). По-видимому, этот термин изначально возник в сленге 1950-х: группа друзей отмечала в своем кругу «раскрытие» своего друга-гея, позаимствовав слово у юной леди, которая «выходила в свет» на вечеринке. Лишь позднее центр тяжести понятия переместился на нечто более важное: человек «выходил из чулана», больше не желая скрываться и вести двойную жизнь; так он становился тем, кто он есть.

Любопытно наблюдать, как этот сдвиг захватил общественное воображение: теперь термины *каминг-аут* и *чулан* стали частью общепринятого лексикона, и их можно применить во всех тех случаях, когда человек публично поддерживает непопулярную точку зрения (например, когда он признается в любви к Чайковскому в кругу высоколобых поклонников Вагнера). Однако понятие *каминг-аут* содержит в себе больше скрытых смыслов, чем кажется на первый взгляд. Оно предполагает, что раньше существовало нечто личное, скрытое, а теперь — только публичное и явное. В результате тот, кто совершил каминг-аут, начинает жизнь с чистого листа, но не проходит через опыт евангельского обращения. Для него существует «до» и «после».

Я ни в коей мере не хочу умалять опыт каминг-аута, который для многих из нас становится важным рубежом в духовной жизни. Однако мои тридентские[4] пристрастия породили во мне особую чувствительность к опыту евангельского обращения. В книгах, которые в 1993 году опубликовали Брюс Боуэр[5] и Микеланджело Синьориле[6], занимающие принципиально разные позиции, я отметил любопытное и очень трогательное совпадение. Оба автора упомянули весьма похожий случай в своей биографии: став известными геями, они встретились с бывшим сокурсником по колледжу или университету. Уже во время учебы все знали, что этот человек — гей (из-за какой-то характерной черты в поведении). В атмосфере огромного

---

[4] Тридентский собор состоялся в XVI в. в г. Тренто (Италия). На этом соборе был принят ряд вероучительных документов, которые представляли собой реакцию Католической церкви на Реформацию.

[5] B. Bawer. *A Place at the Table*, New York, Simon & Schuster, 1993.

[6] M. Signorile, *Queer in America*, New York, Doubleday, 1993.

давления и насилия он нес тяжкое бремя пребывания на свету, пока наши авторы «сидели в чулане». Ему остро нужна была солидарность именно в тот момент, но будущие писатели тогда еще не были готовы открыто присоединиться к этой мишени насмешек. И оба наши автора с гордостью сообщают, что их сокурсник пришел и поблагодарил за то, что каждый из них стал выразителем надежд и чаяний гомосексуалов. Снимите шляпы, леди и джентльмены: перед нами подлинное великодушие, духовное величие! Работник в винограднике, трудившийся с самого утра, не разозлился, что господин заплатил пришедшему позже одинаковое с ним вознаграждение. Нет, он обрадовался, что тот вообще дошел до виноградника, да еще и с серьезной экипировкой!

Я хочу сейчас не просто поразиться этому благодатному откровению, но и подчеркнуть, что это совпадение раскрывает еще одну особенность акта каминг-аута. Обычно о ней не говорят, но, на мой взгляд, она важна для той подлинной истории, которая может послужить ответом на вызов Гомеса. Проблема здесь в следующем: каминг-аут повествует об эволюции индивидуума от напуганного потенциального гея к цветущему реализовавшемуся гею. Такой человек говорит: сперва я был грешником, затем познал Иисуса, и теперь я спасен; конец истории.

Однако встреча с прошлым, через которую прошли два наших автора, не должна быть просто случайной кодой нашего сюжета. Это скорее его ключевая составляющая, и без нее мы не сможем перейти на тучные пастбища оригинальной, не-реактивной, дарованной нам идентичности. В подлинной истории о каминг-ауте присутствует элемент своего рода раскаяния: я был трусом и не стоял рядом с моими братьями, пока солнце было высоко, но теперь я наконец обрел благодать встать рядом с ними, рискуя осуждением.

И здесь находится одна из критических точек в отношениях между гей-сообществом и церковным христианством. Пока сюжет о каминг-ауте превращают в банальность, сводя его к опыту индивидуального обращения, мы ничего не добьемся. Слишком легко сказать: «Гомосексуальность не может стоять в центре бытия, поэтому я не буду открываться, чтобы меня не ограничили рамками этой ничего не значащей идентичности».

Но суть в том, что, если я не поддерживаю своих братьев, я соглашаюсь с тем, как с ними поступают. Подлинная драма каминг-аута состоит в том, что человеку приходится встать во весь рост посреди толпы, которая очень напоминает линчующую. Необходимо осознать, что, занимая эту позицию, я превращаюсь в настоящего участника общественной жизни. Нужно также понимать, что предыдущая моя неготовность встать рядом со слабыми была пособничеством насилию.

Мне думается, что наш церковный истеблишмент сотрясается именно от постепенного осознания этого страшного факта. Ни официальная доктрина, ни богословское образование, ни каноническое право не могут навсегда избавить от стыда проповедников, которые приводят слова Иисуса «Возьми свой крест и следуй за Мной», «Готовы ли вы пить чашу, которую Я буду пить?» и не могут исполнить то, что проповедуют, в той самой области, которая непосредственно касается столь многих из нас и где столько примеров нравственного величия со стороны наших внецерковных братьев.

От «каминг-аута» до «сотворенности»

Итак, я продолжаю свои фанатичные тридентские рассуждения по данному вопросу. Я говорю «тридентские», поскольку в богословском смысле мы обсуждаем как раз разницу между тем пониманием первородного греха и обращения к новой жизни, которого придерживались реформаторы XVI столетия, и тем, на чем с поразительной проницательностью и мудростью настаивали отцы Тридентского собора. Думаю, ключевой момент здесь — связь между обращением и творением, которую разорвали реформаторы.

Я хочу разобрать здесь некоторые факторы, которые мешают переходу от тупикового нарратива о каминг-ауте к подлинно католическому нарративу. Большинство комментаторов-гомосексуалов с годами пришли к выводу, что каминг-аут — это не одномоментный опыт, а процесс, растянутый во времени. Уже одно это понимание представляет собой шаг навстречу Триденту: мой брат по вере и соотечественник Эндрю Салливан упоминает об этом в нескольких эссе[7]. Я хотел бы чуть подробнее разобрать отдельные фазы этого процесса и показать, что его ходу мешает, в частности, неспособность обнаружить связь между раскаянием и творением.

---

[7] Ср. A. Sullivan. *Virtually Normal*, New York, Random House, 1996 и *Love Undetectable*, New York, Alfred A. Knopf, 1998.

Подпевать на дискотеке гимнам, вроде «Я та, кто я есть»*, очень легко, и это опьяняет. Но дорога к подлинному пониманию того, что мы любимы Богом, для большинства из нас только началась. И в этом, мне кажется, состоит самое трудное препятствие к тому, чтобы ответить на вызов Гомеса и соотнести себя с библейской историей. Последний оплот богословского сопротивления тому, чтобы наша история тоже была рассказана, — официальная версия доктрины о сотворении мира. Протестантское изложение Книги Бытия в нашем вопросе сводится к знаменитому «Бог создал Адама и Еву, а не Адама и Севу». А при католическом толковании говорится о том, что вечный закон Бога воплощен в естественном законе и раскрывается лишь через репродуктивное творение.

Давайте выделим во всем этом многоголосии два основных голоса. Во-первых, голос гея, в котором звучит откровенная гордость, скрывающая уязвимость: «Я тот, кто я есть». Само по себе это глубоко библейское высказывание, так как оно соответствует имени Бога, позволяющему миру существовать. Далее, есть голос церкви, обращенный к геям: «вас нет». Я хочу подчеркнуть, что проблематичен даже не церковный запрет на сексуальные отношения между партнерами одного пола, но тон оправдания этого запрета. Это глухой рык, который претендует на то, что это грохочет Бог: «Вас нет. Я вас не создавал. Я создаю только гетеросексуалов. Вы — испорченные гетеросексуалы. Если вы согласитесь на эту роль, Я спасу вас. Но если вы настаиваете на том, что *существуете* вопреки Мне, то вы погибли».

Мне трудно подобрать слова, чтобы выразить, насколько могуч этот голос церкви и насколько сильно он влияет на судьбы даже тех геев, которые вроде бы принимают себя такими, как есть. Это голос, который даже отважных лидеров геев превращает в трусов, когда дело касается церкви. Если бы у меня было время и средства написать книгу, она была бы посвящена процессу освобождения нашего сознания от страха, потому что только так мы сможем продвинуться вперед.

Я знаю только одну историю, которая доходит до этих глубин, одновременно утверждая «я есть тот, кто я есть» со всей бесстрашной уязвимостью и давая людям силу выйти за пределы этой уязвимости, открывая, что мы любимы. И это история человека, который ясно видел, что политико-богословский истеблишмент его

---

*Очевидно, имеется в виду песня *I am what I am*, написанная в 1983 г. американским композитором Джерри Херманом и получившая популярность как песня Глории Гейнор. — *Прим. пер.*

времени превращает Бога в победителя слабых и испуганных, в любителя жертв, а не милости; такому «богу» приносит радость ломать тростник (и так уже истерзанный) и задувать догорающие свечи. И тогда этот человек сделал поразительное заявление: только Я знаю Отца, и только Отец знает Меня; мое «Я есмь» целиком, полностью и без всяких условий даровано мне Тем, кто вызвал к жизни все вещи; поэтому Я не стану робко добиваться признания, что Я вообще существую.

Это утверждение и его следствия имеют чрезвычайный антропологический смысл: либо это просто кощунство и Бог действительно поддерживает вечный закон, который всех нас обращает в прах земной; либо тот «бог», кто установил этот закон, — всего лишь наша идолопоклонническая проекция истинного Бога. На самом деле подлинное отцовство Божье открывается нам только тогда, когда мы сами становимся изгоями, принимая поношения от тех, кто претендует на знание божественной истины; таким образом мы вступаем в своего рода братство с Иисусом.

На третий день после распятия Отец Господа нашего Иисуса Христа открыл всем, что Его Сын был прав, когда доверился своему Отцу. Ведь Он — Бог, дарующий жизнь и сохраняющий жизнь даже в таком существе, которое было убито: таково могущество и величие Его творческой силы.

Давайте еще раз попробуем разложить по полочкам все эти тонкости. Единственный подлинный рассказ о творении, который у нас есть, — это рассказ о распаде того порядка вещей, которому свойственно распинать невинных. Это рассказ о бескорыстном Спасителе, который призывает своих сыновей и дочерей к бытию из ничто; при этом даже смерть не становится врагом творения, поскольку Тот, кто дарует нам бытие, поддерживает его в нас.

Именно это мы вспоминаем каждый раз, совершая таинство евхаристии, — о мой любимый Тридент! Мы празднуем подлинное присутствие нашего распятого и живого Господа, который вдыхает в нас силу раскаяться, позволяет освободиться от железных оков мирского отцовства. Он учит нас относиться друг к другу как к слабым людям — братьям и сестрам, с которых не следует спрашивать слишком строго. Внешне не всегда заметная, но на самом деле бесконечно сильная творческая любовь Отца, который есть, дарует нам жизнь.

Я хочу подчеркнуть (и это, мне думается, основа нашей веры), что учение о творении и о воскресении — это одно и то же учение. Согласно этому учению, Отец Иисуса Христа, к злодеям причтенного, — Бог. Это учение экзистенциально непостижимо на основе какого бы то ни было богословского *a priori*. Оно постижимо лишь в том случае, когда мы сами проживаем подобие смерти, страдая от ложного отцовства, которому мы столько времени доверяли. И вот мы, обращенные в ничто, отбросы общества, все же оказались призваны к бытию, и притом как дети Бога. Короче говоря, это учение, которое можно понять, пройдя как раз через то, через что проходят гомосексуалы. И оно неизбежно будет казаться ложным, безумным, еретическим, как любое подлинное откровение.

Слушайте же полусумасшедшего еретика, который не отступает от невероятности истины:

> Помни Господа Иисуса Христа от семени Давидова, воскресшего из мертвых, по благовествованию моему, за которое я страдаю даже до уз, как злодей; но для слова Божия нет уз. Посему я все терплю ради избранных, дабы и они получили спасение во Христе Иисусе с вечною славою. Верно слово: если мы с Ним умерли, то с Ним и оживем; если терпим, то с Ним и царствовать будем; если отречемся, и Он отречется от нас; если мы неверны, Он пребывает верен, ибо Себя отречься не может (2 Тим 2:8-13).

Разве эта история — не наша?

Что случилось с Павлом и другими учениками, которые были если не гонителями Христа, то трусами, лицемерами, предателями? Им была дарована милость уйти от прежнего отцовства и прийти к новому, последовать за Иисусом к кажущемуся атеизму, за которым скрывалось отцовство Творца всех вещей. Они прошли неизбежный путь, начав с боязливого «я тот, кто я есть»; это звучало естественно, пока Иисус был рядом, чтобы защитить их. Но в результате все это показалось наивным хвастовством, когда «официальный» голос как будто победил.

И тем не менее все свидетельствует о том, что вскоре после этого разочарования прежние трусы сумели выдержать давление исполнителей рокочущей старой мелодии. До них дотронулось нечто, избавившее их от слабости и превратившее их в отважных мужей, которым было легче умереть, чем промолчать об истине. Эти люди узнали, кто их настоящий Отец, они открыли для себя, что умеют говорить с невероятной прямотой, благодаря тому, что в их словах являет себя истина. В Новом Завете даже есть специальное слово для этой диковинной новой формы отваги: *parrhēsia*. Их совесть освободилась из оков ложного отцовства мира, и они заговорили как сотворенные дети, отдыхающие в радости своего открытия.

Я думаю, что среди нас, гомосексуалов, уже есть признаки подобных изменений. Уже есть знамения, что мы раскрываем в себе подлинное сыновство, которое дано таким, какие мы есть. И никакая земная власть не может отнять его у нас, точно так же как ни одна земная сила не сможет отменить крещение Корнилия, после того как на него снизошел Дух Божий (Деян 10:44). Мы поймем, что эта благодать коснулась нас, когда нас перестанут волновать и соблазнять церковные авторитеты, злые проповедники, лицемерные политики. Тогда нам будет не до них — мы будем заняты собственной работой. Если мы действительно научились проживать библейскую историю, нам нужно видеть то, что скрывается за гневом, ненавистью и агрессией в сердцах наших гонителей. Ведь мы их тоже проклинали с таким же гневом, ненавистью и агрессией — пока находились в плену своих недостойных, зажатых «я». Нам еще предстоит научиться общаться с братьями, скрывающимися под масками лицемеров, трусов, предателей.

Насилие и проблема гомосексуальности

Я попытался здесь перенести акцент с той темы, ради которой меня пригласили, на тему «творение и трусость». Это произошло потому, что насилие — это не «их» проблема. Насилие — это «наша» проблема, причем сама по себе совершенно не интересная. Грохот, ярость, но за этим нет ничего. Насилие — это стремление придерживаться старого порядка, в то время как посреди нашего мира, в жестоких родовых схватках Творец создает новое творение. Нас всех сформировали насильственно созданные сообщества, все мы склонны хранить им верность и прекрасно умеем скрывать это от самих себя. Я говорил о трусости, потому что это была моя беда, мой способ держаться прежнего отцовства, не позволяя себе обрести новое и родиться вновь. Но с тех пор как любезные гонители как будто сговорились подталкивать меня в том направлении, куда я сам никогда бы не пошел, я начал смотреть на все это шире. И теперь я вижу, что вера в Творца делает возможной искреннее братство, когда не нужны никакие определения собственной идентичности.

Но вернемся к событиям, ставшим непосредственным поводом для нашей беседы. Давайте подумаем об этих убийствах. Я помню Мэттью Шепарда, пару из Реддинга, Билли Джека Гэзера, Скотта Амедьюра* и других жертв — все они в руках Божьих, и им не нужна наша помощь. Но в чьих руках их убийцы? И как мы эти руки используем? Я видел этих парней по телевизору, читал о них в газетах и журналах. Что я мысленно вижу? Трейлерные парки, пыльные пикапы с наклейками «за» огнестрельное оружие, изношенные джинсы, дешевые белые футболки. Я вижу, что их головы полны беспорядочных воспоминаний о разных дурацких интерпретациях Библии, которые им доводилось слышать; они обожают теории заговора и прочие бессмысленные идеи, любимые оскорбленной нищетой. Я вижу мальчиков, молчаливо вопиющих о мужественности, в то время как им навсегда отказано во всем, кроме самых дешевых и вульгарных атрибутов этой мужественности. Они думают: «Если я даже пидора не могу побить, то кого ж я могу побить-то, кроме себя?» Только Фланнери О'Коннор умела воздавать должное этому миру — с реализмом и уважением, даже с любовью.

Но я вижу и нечто другое. Я вижу таких же мальчиков, как те, с которыми знакомился в гей-клубах и одним из которых был я сам. Они сидят в темных комнатах и ваннах, мечтают нашарить опору для своей мужественности, поверить, что и они могут иметь какую-то ценность, иметь достоинство, быть любимыми, просто быть. Я вижу, что этих мальчиков соблазнил наш меняющийся мир с пе-

---

* *Мэттью Уэйн Шепард* (1976—1998) — американский студент, скончавшийся в результате пыток в октябре 1998 г. в штате Колорадо. По-видимому, причиной убийства стала его гомосексуальная ориентация. В 2009 г. в законодательство США была внесена поправка, согласно которой понятие «преступление на почве ненависти» было распространено и на преступления в отношении гомосексуалов; эта поправка получила имя Мэттью Шепарда. На месте его убийства поставлен памятник; его истории посвящен ряд фильмов и музыкальных произведений.

Гэри Мэтсон (1949—1999) и *Уинфилд Моудер* (1959—1999) были убиты 1 июля в штате Калифорния. Убийцы — два брата, христианские фундаменталисты — признали, что причиной убийства стала сексуальная ориентация их жертв.

Билли Джек Гэзер (1960—1999) был жестоко убит 19 февраля 1999 г. в штате Алабама. Убийцы утверждали, что причиной стали его сексуальные домогательства.

Скотт Бернард Амедьюр (1963—1995) в американском развлекательном шоу признался, что испытывает влечение к знакомому мужчине и 9 марта 1995 г. был этим человеком застрелен. — *Прим. пер.*

ревнутыми ценностями, где все мы пытаемся найти себя и все терпим поражение. Мы мечемся, находясь в отношениях, которые не умеем поддерживать. Мы изливаем агрессию в своих статьях; мы ищем «политически корректную» оболочку, под прикрытием которой можно вести охоту на врага; мы порицаем оружие столь же яростно, как другие его защищают. Я учусь видеть во всех этих людях братьев — обычных или «голубых», какая разница! Это соблазненные братья, которые вынуждены отнимать бытие друг у друга, поскольку никак не могут научиться получать его от Того, кто только и дарует бытие.

А посреди всего этого я вижу святое сердце Иисуса, трепещущее и кровоточащее от любви и боли, потому что все эти люди — Его братья: слабые, лишенные Отца, лишенные Пастыря; среди них — убийцы, предатели и просто запутавшиеся. Конечно же, их все-таки можно сделать частью истории о том, что человеку под силу пребывать в бытии, несмотря на всю свою неприкаянность, браваду и потребность в маскировке. И я слышу слова Иисуса, которые пронзают меня до глубины души: «Паси овец Моих, паси агнцев Моих!»

Глава десятая
Никодим и юноши на площади

Введение

Когда я изучал богословие, мне всегда не хватало «серьезного диспута» относительно взаимоотношений между Богом и гомосексуалистами. Но теперь я понимаю, что это — к лучшему. В любых дебатах преимущество получают те, кто заинтересован в споре. Кроме того, в них приходится использовать заранее оговоренные термины, например «гомосексуальные действия», «учение церкви», «жизнь геев». Однако в таком споре всегда участвуют только те, у кого велики шансы на победу. Но зачем предоставлять такие преимущества оппонентам? Зачем оставаться в рамках чужих понятий, не начиная их переоценку?

Понимание того, что не существует удобного игрового поля для такой дискуссии, затрудняло для меня выбор голоса, к которому я мог бы присоединиться. Разумеется, существуют богословы, которые ведут насыщенную гомосексуальную жизнь, и есть множество геев, которые ведут насыщенную богословскую жизнь. Но немногие из них считают своим призванием объединить эти языки. И даже если нам удастся совершить этот лингвистический подвиг, какую интонацию стоит выбрать — раскаяния, гнева, восторга, траура, пренебрежительного высокомерия? Я хотел найти подходящую интонацию для голоса, который не призывает к мести, а говорит нечто противоположное. Тут необходимо сильно напрячь воображение. Саги об отмщении слагаются на основе простейшей сюжетной линии, но ведут они с завидным постоянством в никуда. Вполне естественно, что расплести всю ткань мщения — самая сложная задача для сказителя. Превратить прощение в прочную антропологическую реальность — тяжелейшее испытание для нашего воображения.

Я не знаю, какую форму в будущем примет христианская дискуссия о проблемах гомосексуальности, но надеюсь, что в основном будет продолжена линия Пятидесятницы. Благодаря этому мы узна́ем правду о том, что скрывается за нашим умением устраниться от участия в линчевании. Только вдали от пылающего пламени дискуссий о природе гомосексуальности мы сможем понять, о чем идет речь на самом деле. Понимание рождается там, где люди отказываются поджигать уже сложенный костер. Единственный смысл словосочетания «естественный закон» — это та жизнь, которую любящий Бог всегда предназначал для нас. Мы постигаем этот закон по мере того, как уходим от мрака собственных нравственных решений, от наших ложных представлений о жертвенности. Ведь все они — полная противоположность поиска истины под руководством Параклита.

Поэтому я не уверен, что дискуссия по вопросу о гомосексуальности в рамках церкви действительно имеет какое-то значение. Шаг в сторону от костра люди делают в основном в других местах, и понимание приходит там, где этот шаг сделан. И все же милосердие требует построить мост между парализованной церковной полуправдой и возможностью «жить на свету». Это понятие впервые звучит в Евангелии от Иоанна. Если когда-нибудь и пройдет настоящая церковная дискуссия о гомосексуальности, то это произойдет, только если евангельский Никодим научится говорить правду.

Юноши с площади

Несколько лет назад в небольшом городе одной латиноамериканской республики один мой друг, тоже священник-иностранец, познакомился юношами, которым было около двадцати лет, *los jóvenes de la plaza*. Эти юноши на закате выходили на главную площадь. Они были геями, то есть имели опыт эмоциональных связей и сексуальных отношений с людьми того же пола. Юноши отличались глубокой честностью и порядочностью, в том числе за пределами их узкого круга. Мой друг священник — гомосексуал, не скрывающий этого, часто заинтересованно разговаривал с этими молодыми людьми, стараясь прививать им чувство собственного достоинства. Его внимание укрепляло веру в то, что их судьбы и истории любви вовсе не бессмысленны и не мимолетны. Мой друг уверен, что мы способны избежать разрушительных эмоций и стереотипов поведения, если почувствуем себя ценными и любимыми. Вскоре мой друг узнал нечто поразительное: он был отнюдь не первым священником, с которым познакомились эти юноши, причем многие из них выступали в роли их клиентов, а не друзей. Молодые люди философски относились к тому, что именно эти священники громче всех обличали с кафедры зло и порочность гомосексуализма. Понемногу мой друг оказался в опасной ситуации, столь многое узнав о том, как соотносятся публично обличаемый и тайно реализуемый порок. С точки зрения моего друга он честно выполнял свою пастырскую работу. А клиенты этих юношей видели угрозу в том, что они охотно делятся с дружелюбным священником своими историями. Мой друг не платил за это собственным грешным секретом, поэтому его нельзя было шантажировать, и он казался опасным.

Не нужно быть гением, чтобы догадаться, чем закончилась эта история. Несколько священников-геев при поддержке коллег из другого города сумели дискредитировать моего друга и добиться того, что он стал *persona non grata*, был отозван церковным начальством, а затем даже отправлен на психологическую экспертизу и лечение. К счастью, добросовестный руководитель медицинского центра сразу увидел, что для этого не было никаких оснований. Теперь мой друг весьма плодотворно служит священником (наполовину инкогнито) в крупном городе другой страны[1].

Разумеется, этот сценарий не нов. Все мы знаем из Евангелий, что Иисус находил радость в общении с «грешниками», в то время как фарисеи смели лишь осторожно приблизиться к Нему. Их постоянно соблазняла близость Иисуса к тем, кого они считали пребывающими «вне Закона». Историю юношей с площади легко понять так, что нужно просто сказать «браво» моему другу и «фу» другим священникам; конечно, многие из нас захотят сделать именно это. Но после некоторых размышлений я извлек из этой истории другой урок.

Взаимоотношения юношей с площади и священников, проповедующих с кафедр, сообщили мне нечто новое об Иисусе. Мне стало понятно, какая эволюция социальных отношений стояла за тем фактом, что Он делил стол с грешниками. Именно в этих историях заключена взрывная сила, хотя в церкви об этом говорится крайне редко. Иисус тогда, как и Его последователи сегодня, успешно разрушают социально сконструированное понятие о добре. Дело вовсе не в том, что для хороших людей у Иисуса вечно не хватало времени, а для плохих Он всегда его находил. Просто Иисус оказался

---

[1] Я не раскрываю здесь никаких тайн. Мой друг дал согласие на публикацию его истории, он читал и корректировал данный текст.

ГЛАВА ДЕСЯТАЯ. Никодим и юноши на площади

в мире, где добро было «захвачено в плен» фарисеями и породило собственную противоположность — зло. Другими словами, мир фарисеев и мир злодеев подразумевают и структурируют друг друга: это самовоспроизводящаяся система. Иисус был носителем идей, которые некоторым Его современникам казались атеизмом. Ведь Он не видел ничего божественного в этой системе и установленных ею разграничениях. Другими словами, Иисус не считал порядок религиозного «добра» божественным и не осуждал то, что является «злом» с точки зрения этой традиции.

По-видимому, Иисус полагал, что добро и благость Божья выражаются совершенно иначе. Он дал понять, что обрести это добро легче тем людям, кто остался на «дурной» стороне вымышленной схемы, нежели тем, кто присвоил «хорошую». Конечно, человек, которому почти нечего терять, может освободиться от «дурной» социальной идентичности, только когда он поверит в собственную ценность. Те же, кому терять пришлось бы слишком многое, предпочитают привычную систему разграничения добра и зла, не открыв в себе ту же потребность в очеловечивающей любви, которая есть и у «плохих». Некоторые из этих «добрых людей» скорее предпочтут потерять вечную жизнь, но сохранить удобную земную, чем наоборот. Так первые станут последними, и последние — первыми.

Иисус не смотрит на земной мир извне; Он не просто предлагает нам какую-то теорию по социологии групп. Иисус жил и продолжает жить в нашем сложном мире человеческих страстей. И такие же люди, как мы, испугавшись своих страстей, выстроили и укрепили жесткую систему различения добра и зла. Если вернуться к теме, с которой мы начали, то можно сказать: Иисус живет одновременно в мире юношей с площади и в мире священников их города, так как это один и тот же мир. Ведь Он знал тогда и знает сейчас, что у тех и у других — одна и та же страсть.

Вот что меня, гомосексуала и священника, потрясло и заставило задуматься: Иисуса не соблазняет ни мир гомосексуалов, ни мир священников. Он не осуждает ни мир принудительной, обрядовой доброты, ни тем более тех, кто бьется за жизнь в этом мире. Оковы страстей в наших ночных клубах и оковы страстей в наших церковных куриях — одни и те же, это две стороны одного и того же греха.

То, что некоторые священники «агнцы днем и козлища ночью» — тайна только для тех, кто поддался тому же соблазну. Иисус знает, что и те и другие принадлежат к одному миру, что каждый священник мог бы оказаться на месте юноши с площади, а тот — на месте священника. Для Иисуса не существует невидимого подполья: для Него все происходит при свете дня. Из любой точки внутри системы социально сконструированного добра и зла каждый из нас может переместиться туда, где он почувствует себя любимым. Там он станет жить искренне и честно, научившись говорить слова любви от сердца к сердцу. В истории юношей с площади беда не в том, что у священников были интрижки с ними (причем иногда за деньги). Беда в том, что эти юноши не получили Благую весть о том, что им незачем упорствовать в этой унизительной комбинации добра и зла. А когда мой друг попытался разобрать стену между двумя этими мирами, лишь чудо путешествия по воздуху спасло его от распятия.

Трагедия начинается с того, что мы начинаем воспринимать сконструированные нами добро и зло как онтологические категории. Тогда добро превращается в нечто сакральное, и нам кажется, что мы сможем избежать болезненного блуждания по лабиринтам страстей, которые подстерегают лишь тех, кто всегда находится на площади (а не под покровом темноты). Мы придаем сакральность также и злу, создавая не только ложный культ освобождения от правил, но и ложный культ несвободы: мы находим определенное удовольствие в том, чтобы быть «плохими». Однако те, кто всегда на площади, без особых потерь могут перейти к ответственным, взрослым отношениям. Это произойдет, если их случайная связь перерастет в подлинную близость и они сумеют найти слова подлинной любви.

Для священников это сложнее, поскольку априорная праведность самого их статуса онтологизирована как в церковном праве, так и в рамках «божественного установления» (во что верят многие). Мы вскоре обнаруживаем, что слова, позволяющие нам почувствовать себя любимыми, не дают нам оставаться в рамках структуры, отвергающей подобную любовь. И мы оказываемся перед искушением сделать выбор в пользу этой структуры и потаенного секса: это две стороны одной медали, которые не могут дать нам ни жизни, ни любви. Самый лучший способ укреплять церковные рамки — осудить страсть и тем самым воспроизвести соблазн, ею вызванный. Так можно остаться в общепринятых границах добра и зла, отчаянно надеясь, что нас самих не уличат в пороке. Один из наиболее эффективных способов добиться этого — настаивать, что с богословской точки зрения нечто в самой природе однополого желания делает его онтологическим соблазном. Тогда есть шанс, что мы сумеем построить карьеру и не поддаться хаосу любви.

ГЛАВА ДЕСЯТАЯ. Никодим и юноши на площади

Иисус свободно перемещается между миром грешников и миром праведников, сохраняя целостность личности без всяких усилий. Это знак того, что страсть, очищенная от соблазна, все-таки существует. Иисус не испытывал потребности сбежать из мира грешников. Он не боялся мира купленных юношей, ночей на пустыре, темных комнат, саун и т. д. Он спокойно относился к страстям и видел во всех этих мирах место, где люди могут испытать касание любви. Эта любовь может научить людей быть заботливыми и ответственными братьями, не соблазняясь и не соблазняя других.

Точно так же Иисус не был соблазнен миром праведных. Он хорошо понимал его опасность и предостерегал своих последователей от дурного влияния «фарисейской закваски», от фарисейских методов «возвышать» социальную и религиозную культуру. Однако Иисус прекрасно видел, что эти люди близки к Царству Божьему: лишь один шаг отделял их от готовности отрешиться от безопасного «мира сего» и последовать за Ним.

Нет никакого внутреннего безобразия ни в желаниях «грешников», ни в желаниях «праведников». Никто из них не безнадежен, каждый может научиться любить по-другому и стать верным приверженцем Царства. Иисус не был ни грешником, ни фарисеем, Он — образец для подражания, пример здоровой человеческой страсти, которая способна вырвать человека из наших систем «добра» и «зла» и ввести в Царство Божье. Следовать за Тем, кто не фарисей и не распутник, означает умение пройти насквозь мир «соблазнительной» страсти ночью и мир «священной» страсти днем. Это означает сознавать, что изнутри нашей искаженной страсти вполне можно прорваться к желанной цели.

Ночью

Никодим появляется в тексте апостольского свидетельства трижды[2]. Он практически ничего не говорит, но между первым и последним появлением в нем происходит глубокая внутренняя трансформация. Первое появление Никодима происходит ночью. Он — один из фарисеев, «начальников Иудейских», который скрывает от своих коллег факт своего общения с Иисусом. Возможно, фарисеи опасаются, как бы «народ» не подумал, что они говорят одно,

---
[2] Ин 3:1-21; 7:50-53; 19:39-42.

а делают другое. Ведь в первый раз Никодим предстает перед Иисусом в качестве представителя той группы фарисеев, которые потенциально могли стать его учениками. Никодим говорит Ему:

> Равви! мы знаем, что Ты учитель, пришедший от Бога; ибо таких чудес, какие Ты творишь, никто не может творить, если не будет с ним Бог (Ин 3:2).

После этого Никодим успевает задать еще пару глупых вопросов. Иисус не проявляет нежности по отношению к тем, кто не осмелился «выйти из чулана». Напротив, Он довольно резко заявляет, что родиться от Духа — это совсем не то, что родиться от плоти. В Евангелии от Иоанна «плоть» означает не просто секс и пищу, но всю ту культуру человеческого сообщества, которая построена на лжи и братоубийстве. Иисус не одобряет ночных визитов Никодима, Ему это вовсе не льстит. Иисус знает, что готовность следовать по ночам одним устремлениям, а днем другим, — это верный признак того, что и те и другие искажены. Иисус прямо говорит Никодиму: тайных учеников у Меня быть не может. Те, кто рожден от Духа, движутся иными путями, чем рожденные от плоти. Между двумя образами жизни существует кардинальный разрыв. Когда Никодим удивляется этому, Иисус говорит:

> Ты — учитель Израилев, и этого ли не знаешь? (Ин 3:10).

Предполагается, что в Израиле всегда существовало разграничение между почитанием религиозных авторитетов и подлинным культом Яхве, так что любой учитель Израиля был способен определить, что в его наставлениях принадлежало плоти, а что — Духу.

После этого Никодим не произносит ни слова, и Иисус фактически начинает говорить не с этим конкретным человеком, пришедшим ночью, а с группой фарисеев, так и не понявших Его весть. Ведь и сам Никодим использовал местоимение «мы», когда представлялся. Получается, что Иисус обращается не к ночной части его личности, а к дневной, пока еще определяющей сущность Никодима. И это несмотря на то, что только во время опасных ночных вылазок он ощущает себя честным человеком, самим собой. Однако ответить на вызов судьбы и поверить в Сына Человеческого Никодиму предстоит именно днем.

Самая известная фраза Нового Завета:

> Ибо так возлюбил Бог мир, что отдал Сына Своего Единородного, дабы всякий верующий в Него не погиб, но имел жизнь вечную (Ин 3:16).

ГЛАВА ДЕСЯТАЯ. Никодим и юноши на площади

Произнеся это, Иисус делает выводы: если вы в Него верите, то не побоитесь выступить с этой верой перед всем миром, на свету; если не верите, тогда вы предпочтете тьму, из-за которой никто не узнает, чем вы занимаетесь.

> Ибо всякий, делающий злое, ненавидит свет и не идет к свету, чтобы не обличились дела его, потому что они злы; а поступающий по правде идет к свету, дабы явны были дела его, потому что они в Боге соделаны (Ин 3:20-21).

Бедный Никодим! Он думал, что и ночью ему прекрасно удастся засвидетельствовать свою веру в Иисуса. Вместо этого ему сообщают, что его дневные занятия и ночная исповедь несовместимы, что он должен продемонстрировать свою веру при свете дня. Когда Никодим шел домой после встречи с Иисусом, у него явно было тяжело на душе. Ведь то, что он говорил «на ухо внутри дома», то следует провозгласить «на кровлях» (Лк 12:3). В следующей главе Евангелия от Иоанна женщина у колодца в Самарии не соблазнилась об Иисусе; но Никодим соблазнился, о чем свидетельствует его дневное молчание.

В следующий раз, когда мы встречаемся с Никодимом, он уже набрался некоторой храбрости и делает попытку выйти из чулана (Ин 7:45-52). После того как стражам Храма не удалось схватить Иисуса, говорившего в Храме открыто и потому соблазнительно, фарисеи сильно разозлились, так как речи этого Человека могли поколебать доверие народа к ним.

> Уверовал ли в Него кто из начальников, или из фарисеев? Но этот народ невежда в законе, проклят он (Ин 7:47).

Здесь Никодим отваживается нарушить разгневанное единодушие, способное лишь подвергать анафеме несогласных. Чтобы помешать насилию, он задает вопрос юридического свойства, по процедуре:

> Судит ли закон наш человека, если прежде не выслушают его и не узнают, что он делает? (Ин 7:51).

Но фарисеев не обмануть. Незачем соблюдать процедуру, если истина заранее известна. Любой, кто защищает такого человека, скорее всего, «один из них»:

> На это сказали ему: и ты не из Галилеи ли? рассмотри и увидишь, что из Галилеи не приходит пророк (Ин 7:52).

Другими словами, только «один из галилеян» способен воспринимать Иисуса всерьез, может подумать, что Он может говорить истину. И все же Никодим смог вставить им палки в колеса: он разрушил фарисейский заговор единодушного осуждения, отошел от них в сторону, «и разошлись все по домам».

Что происходило в голове Никодима, когда он возвращался домой? Он только что по-новому воспринял идею полной несовместимости плоти и Духа. Фарисеи выразились еще яснее: для них даже само обсуждение слов Иисуса о Боге показалось чересчур радикальным решением. Иисус просто поставил Никодима перед выбором, и фарисеи сразу поняли, что в результате они уже не единодушны. «В чулане» нельзя чувствовать себя в безопасности ни днем ни ночью. Если ночная правда откроется, вы утратите свой дневной круг общения: вас разоблачат и прогонят. Что страшнее — попытать удачи вместе с живым Богом или пытаться выжить посреди озверевшей толпы?

Мы знаем, что в конце концов Никодим решился. Последний раз мы встречаем его, когда он и Иосиф Аримафейский, «ученик Иисуса, но тайный из страха от Иудеев», вместе хоронят Иисуса (Ин 19:38-42). Иосиф получает у Пилата необходимое разрешение, а Никодим приносит огромное количество смеси из смирны и алоэ, около ста литров. Евангелист напоминает нам, что Никодим — это тот человек, который раньше приходил к Иисусу ночью. Но теперь Никодим и Иосиф погребают Иисуса именно днем, до заката (до наступления дня субботнего, чтобы не стать «нечистыми»). То есть Никодим теперь был готов к изгнанию и казни за то, что не принял сторону гонителей Иисуса. Он сумел почтить Того, кто, по слову Писания, умер на кресте как проклятый Богом (в тот момент Никодим наверняка еще думал именно так). Может быть, это был слишком робкий поступок, так как он все же не отважился почтить Иисуса при жизни. (Так же вели себя некоторые из нас, решаясь помогать только гомосексуалам, больным СПИДом в последней стадии). Но даже и в этом случае поступок Никодима свидетельствует о его подлинном внутреннем освобождении, о разрыве с миром «плоти» и рождением для мира Духа.

Ты — учитель Израилев, и этого ли не знаешь?

Я ни в коем случае не имею в виду, что Иисус был геем или что Никодим был тайным гомосексуалом. Однако мне кажется, что «проблема Иисуса» в Палестине первого столетия и «проблема гомосексуальности» в современном христианстве удивительно похожи.

ГЛАВА ДЕСЯТАЯ. Никодим и юноши на площади

Поэтому было бы глупо не попытаться использовать Евангелия для того, чтобы найти путь к пониманию дела Божьего.

Между первым и последним появлением Никодима на страницах Евангелия произошли огромные перемены. Следует предположить, что этот образованный религиозный деятель не просто по какой-то прихоти сменил одно служение на другое. Сама постепенность и неуверенность обращения Никодима позволяет считать, что он действительно задумался над главным вопросом, поставленным перед ним Иисусом: «Ты — учитель Израилев, и этого ли не знаешь?» Другими словами, Никодим попытался провести разграничение между тем, что в его собственной религиозной традиции было от «плоти» и что — от Духа. Это вынудило его подойти критически к самому себе и к целому ряду утверждений, которые раньше казались ему священными. Он понял, что ошибался, вовсе не потому, что впервые узнал нечто новое. Дело в том, что Иисус помог Никодиму открыть в его традиции целый ряд элементов, которые обладают значительно большим весом и важностью, нежели господствующая ортодоксальность. И эта ортодоксальность явно расходилась с потаенными мелодиями подлинной древней традиции. Вышло то, о чем Иисус говорит в Евангелии от Матфея:

> Всякий книжник, наученный Царству Небесному, подобен хозяину, который выносит из сокровищницы своей новое и старое (Мф 13:52).

Никодим, как опытный фарисей, прекрасно знал, что разрыв традиции просто так не происходит. Писцы, фарисеи, священники, богословы — все мы защищаем преемственность, облекая традицию в новые слова, в новые стили. Никодим тоже стремился заново открыть и оживить внутри этой традиции все то, что указывает на истинного Бога. Это дает нам возможность разорвать с порядком «Египта», порядком «этого мира», порядком «плоти» и со всем тем, что побуждает нас превращать Бога в функцию «плоти». Фактически Никодим именно это и сделал, когда разрушил единодушие группы, задав вопрос относительно процедуры. Чтобы избежать насилия, соответствующего фарисейскому толкованию Закона, он противопоставил ему сам Закон. Он поступил в полном соответствии с благородной иудейской практикой: истолковал Закон так, чтобы он свидетельствовал о Духе, а не превращался в инструмент «плоти», требующий жертвоприношения.

Судя по имеющимся у нас текстам, Никодим понимал, что стоит не просто перед чисто интеллектуальной задачей. Он оказался перед лицом экзистенциальной проблемы и был вынужден занять определенную позицию по отношению к социально сконструированному миру добра и зла. Иисус подвергал этот мир сомнению каждый день, свободно ориентируясь внутри него. Никодим знал, что толковать традицию с точки зрения Духа невозможно в вакууме. Придется либо придерживаться фарисейского деления мира на тех, кто знает Закон, и тех, кто «проклят» (Ин 7:49), либо попытаться разрушить это разделение, невзирая на последствия. И именно этим последним делом Никодим и занялся.

Назад на площадь

Размышляя о разрыве между плотью и Духом, о котором говорил Иисус, Никодим подошел к площади. Обычно он рано возвращался домой и почти не знал, что происходит здесь после наступления темноты, но сегодня все было иначе. К своему удивлению, Никодим обнаружил, что начинается какой-то карнавал. Тропическая ночь была безоблачна, и дивная площадь с изящными деревьями и литыми металлическими скамьями заполнилась в одно мгновение. Здесь были люди всех возрастов, одни — в повседневной одежде, другие — в карнавальном костюме, кто-то присматривал за малышами. В разных углах площади играли музыканты, посредине был сложен большой костер, который оставалось только зажечь; неподалеку несколько человек готовились запустить фейерверк.

Взгляд Никодима остановился на одном из участников маскарада. В дальнем углу площади сидел человек в облачении Великого Инквизитора; казалось, он позаимствовал костюм у актера из спектакля «Дон Карлос». Подойдя ближе, Никодим увидел на колене Инквизитора маску с остроконечной бородкой и очками, что выглядело несколько комично. Никодим рассердился: фиеста — это прекрасно, но насмехаться над церковью непозволительно! Решив отбросить свою пуританскую сдержанность, Никодим прошел мимо компании гуляк в костюмах Арлекина, обогнул пару мужчин в обуви на высоких каблуках и подошел к Инквизитору. Тот медленно обернулся, и глаза их встретились.

— Вы! — произнес Никодим с изумлением и гневом. — Вы две тысячи лет пытались убедить людей, что Вы — не Великий Инквизитор, а теперь опустились до этого?

Этот «инквизитор» приложил палец к губам и стал прилаживать маску к лицу. Потом он кивком указал на компанию гуляк,

ГЛАВА ДЕСЯТАЯ. Никодим и юноши на площади

пробиравшихся сквозь толпу. Четыре молодых человека толкали в их сторону кого-то в костюме Герцогини. Когда они приблизились, Инквизитор принял торжественную позу на краю парковой скамейки. «Герцогиней» явно был мужчина среднего роста, с расплывшейся фигурой. Он поклонился Инквизитору, отчасти повинуясь нажиму спутников, но сначала попытался уклониться от беседы с ним. Как с огорчением заметил Никодим, симпатичные юноши явно хорошо знали «Герцогиню». Чтобы добавить перца в эту смесь судебного процесса и фарса, один из парней ущипнул ряженого за попу и подмигнул Инквизитору, как бы говоря: «миссия выполнена». В заранее подготовленный зал суда доставили «Герцогиню», которая приняла позу кающейся грешницы, поискала скамеечку для коленопреклонений, но не найдя ее, изобразила разочарование.

— Се Человек! — воскликнула «Герцогиня» высокопарно, насмехаясь и над своими спутниками, и над Инквизитором, который торжественно возгласил:

— Итак, начинаем слушания. В какой ереси обвиняется эта леди?

«Герцогиня» сделала небольшой реверанс, шутовски благодаря за любезное обращение.

— Сначала приговор! — воскликнул один из юношей (явно читавший «Алису в стране чудес»); так он напомнил о костре, который предстояло зажечь.

— Грех против вкуса, грех против вкуса, — загудел другой, одежда которого свидетельствовала о ревностном соблюдении всех правил этого социума.

— Нечестно, нечестно, — взвизгнула «Герцогиня». — Любой человек старше 28 лет, у кого талия шире 28 дюймов, имеет индульгенцию. Я знаю мой катехизис!

Никодим обратил внимание, что тон этой «дамы» тоже копировал не слишком удачный эпизод из спектакля «Дон Карлос». Началось перечисление ее грехов.

— Скупость, — выпалил третий парень, а потом злорадно добавил (в ответ на удивленно поднятые брови Инквизитора): всего двадцать песо за час.

«Герцогиня» дала понять, что и эта цена была высоковата за такого парнишку, но не каждый догадался, о чем идет речь. Самый незаметный из юношей сказал:

— Зависть. Эта «Герцогиня» помешала мне ходить в семинарию, потому что я был другом другого священника.

«Герцогиня» явно не понимала, как реагировать на этот приступ искренности, но тут другие юноши возмутились, принялись отталкивать и щипать обвинителя.

— Хватит! — рявкнул Инквизитор. — Я ждал обвинения в ереси. А то, о чем вы говорите, всего лишь подстрекательство к бунту против царства земного. Поэтому я могу только передать «мадам» в руки светского правосудия.

— Ум-м-м, — пробасила «Герцогиня» (забывшая про свой фальцет), в ужасе округлив глаза. Она пристально смотрела на мускулистого парня в одежде цвета хаки и армейских ботинках, который вполне мог исполнить роль палача — «руки» светского правосудия. Юноши восторженно зашумели, а Инквизитору пришлось поправить маску.

— Итак, — сказал Инквизитор, восстановив самообладание. — С учетом того, что вы, невежды, так и не можете предъявить обвинение Герцогини в ереси, памятуя о своей ответственности, я вынужден перейти к ординарному и экстраординарному вопросу. Последние слова он произнес так, словно воображаемый писец должен был использовать для них прописные буквы.

— Сначала я предложу ординарный вопрос. Мадам, в присутствии этих свидетелей я заклинаю Вас исповедовать веру в чистое, постоянное и неизменное учение Святой Матери Церкви в отношении гомосексуальных действий и гомосексуальной склонности. Готовы ли Вы признать это учение истинным?

— С превеликим удовольствием, — объявила «Герцогиня», которой не часто выпадал шанс показать себя в роли профессора. «Она» выпрямилась и торжественно подняла руку, но потом, видимо, сочла, что эта поза больше подходит бойскауту. Поэтому «Герцогиня» царственно сложила руки на груди и принялась декламировать, стараясь сохранять прежний оперный тон:

— Я искренне и твердо полагаю, что гомосексуальные действия всегда объективно порочны. — Она с демонстративным отвращением тянула «о» в слове «гомосексуальные». — На основании Священного Писания, — продолжала она, — которое представляет гомосексуальные действия как тяжкую форму разврата, предание неизменно считает гомосексуальные акты внутренне неупорядоченными. Гомосексуальная склонность, хотя сама по себе и не является грехом, означает склонность к поведению, которое является внутренне порочным.

Она закончила свою арию *rallentando*: получилось нечто вроде интонаций миссис Тэтчер, когда та подводит итоги.

ГЛАВА ДЕСЯТАЯ. Никодим и юноши на площади

Юноши громко зааплодировали — все, кроме того, который выдвинул обвинение в грехе против вкуса. Он был воспитан в церкви пятидесятников, просто знал, что все это плохо, и не понимал всей этой «католической ерунды» о предании. Парень, обвинивший «Герцогиню» в скупости, явно знал Писание: он проделал несколько танцевальных па, выдержав паузу перед изящным оборотом ее речи: «должна считаться объективно неупорядоченной».

— Прекрасно, мадам, — произнес Инквизитор, поправляя маску жестом снисходительного одобрения. — Поскольку я не смог уличить Вас в незнании ответа на ординарный вопрос, переходим к экстраординарному.

Он сделал паузу, поскольку публика на площади приветствовала зажженный костер громкими криками и аплодисментами.

— Исповедуйте Вашу веру в ясное, постоянное и неизменное учение святой матери церкви о плотском вожделении так, как его сформулировал Тридентский собор. Я также напоминаю вам, — произнес он, демонстративно кутаясь в свое одеяние шестнадцатого века, — что и я сыграл хотя и небольшую, однако немаловажную роль в деятельности этого августейшего собрания. Принимаете ли Вы это учение?

«Герцогиня» помолчала, несколько огорошенная вопросом: исполняющий ее роль священник преподавал в семинарии курс о Триденте и первородном грехе. Была ли это изысканная месть, задуманная кем-то хорошо его знающим? Может быть, это сделал его собрат по ордену, другу которого он не дал поступить в семинарию?

Выпрямившись, прекрасно понимая, что маска Герцогини начинает потихоньку сползать, он стал декламировать:

— Я твердо верю и следую тому, что постановил Тридентский собор, а именно: если кто-либо утверждает, что вина первородного греха не отпущена нам по благодати Господа нашего Иисуса Христа, данной нам в крещении, или же полагает, что подлинная природа этого греха тем самым не устранена, но лишь очищена и не атрибутирована — да будет анафема. Ибо Бог ничего не ненавидит в рожденных заново, поскольку те, кто истинно погребены со Христом к смерти через крещение, «кто не ходит по путям плоти», но отложили ветхого человека и облеклись в нового, созданного по подобию Божьему, стали невинными, незапятнанными, чистыми, беспорочными и любимыми детьми Бога, поистине «наследниками Божьими и сонаследниками Христу», так что ничто не мешает их восхождению на небеса. Святейший Собор исповедует и принимает, что крещеные сохраняют способность к вожделению или склонность ко греху; она оставлена им для внутренней борьбы и не может повредить тем, кто не поддается, но по милости Христа оказывает сильное сопротивление этому влечению; поистине, «тот будет увенчан, кто борется согласно правилам». Апостолы иногда именуют это вожделение грехом, но Святейший Собор провозглашает, что Католическая церковь никогда не называла его грехом в том значении, что в тех, кто уже возродился к жизни, это есть подлинный грех в собственном смысле, но в том значении, что это — результат греха и ведет ко греху. Если же кто придерживается противоположных взглядов, да будет анафема[3].

Мужчина в роли «Герцогини» начал свою речь фальцетом, но к концу ее он говорил уже своим голосом, с оттенком гордости за величие древнего текста. Никто не аплодировал; казалось, юношам было немного неловко за эту затянувшуюся шутку (если это была шутка).

Однако Никодим был поражен. Он уже забыл, что Тридент с такой бескомпромиссностью утверждал абсолютное отсутствие ненависти, абсолютное отсутствие осуждения после того, как Петр излил воду на Корнилия. Никодим забыл также о проявленной Тридентом удивительной свободе настаивать на том, что нет порочных страстей самих по себе, а существуют лишь искаженные добрые стремления.

— Ну что ж, — задумчиво произнес Инквизитор. А «Герцогиня» повернулась к своим спутникам в надежде вернуть утраченную атмосферу.

— Итак, во что же Вы верите? — спросил Инквизитор.

— В каком смысле «во что я верю»? — фыркнула «Герцогиня», облачаясь в раздражение, как в маску. — Разумеется, я верю и в то, и в другое! Ваше высокопреосвященство не может не видеть, как прекрасно сформулировано учение о гомосексуальной склонности, которое в точности совпадает с учением о плотском вожделении.

Парень в армейских штанах тем временем рылся в кармане, чтобы извлечь пачку сигарет из-под связки ключей и презервативов. Когда ему это наконец удалось, он предложил сигарету другу и взял одну себе. «Герцогиня» взглянула на них неодобрительно, но Инквизитор жестом тоже попросил себе сигарету и, поняв, что в маске курить довольно сложно, засунул ее за ухо.

---

[3] Адаптированный перевод N. Tanner (ed.), *Decrees of the Ecumenical Councils*, London: Sheed & Ward/Washington DC: Georgetown University Press, 1990.

ГЛАВА ДЕСЯТАЯ. Никодим и юноши на площади

— Продолжайте, — сказал он.

— Итак, — произнесла «Герцогиня» уже профессорским тоном, — Тридент учит, что человеческие страсти по своей природе благи, однако мы всегда и везде испытываем их как неумышленно неупорядоченные, так что нет человека, чьей жизнью не руководили бы неупорядоченные страсти. Но правда и то, что нет человека, кто и под игом этих неупорядоченных страстей не мог бы научиться желать того, что благо.

— Браво! — воскликнул Инквизитор, и мальчики вежливо зааплодировали.

Воодушевившись, «Герцогиня» продолжала с особенной гордостью:

— Понимаете, существует огромная разница между идеей о том, что Бог любит нас такими, какие мы есть, и благодаря Его любви мы дорастаем до чего-то еще более прекрасного, чего мы и вообразить не могли, и учением, сложившимся во времена Реформации, согласно которому Бог любит нас не такими, какие мы есть; просто Он любезно согласился сделать вид, будто мы — другие, хорошие. Такова разница между словами: «Я люблю тебя» и словами «Я буду любить тебя, если ты станешь другим». Не думаю, что реформаторы действительно так считали, но многие приписывают им такую позицию.

Юноша-пятидесятник выглядел слегка смущенным, не зная, как защитить свою религиозную традицию; одновременно он сомневался в том, что ее действительно стоит защищать.

— Продолжайте, — сказал Инквизитор.

— Получается, что вопрос состоит в том, как выглядит действительно благое желание, — продолжала «Герцогиня».

— Неужели? — иронически вопросил Инквизитор.

— Да, конечно, — поспешно ответила «Герцогиня». — Давайте для простоты рассмотрим пример, не имеющий отношения к сексу. Жадный и нечестный человек может постепенно научиться быть порядочным и даже щедрым. Он может научиться рисковать своими деньгами ради нуждающихся, научиться не ставить собственную безопасность выше отношений с друзьями.

Парень, который заявил, что ему недоплатили, ухмыльнулся и обнял «Герцогиню». Вообще говоря, он не знал, были ли те деньги платой за оказанные услуги или знаком дружеских чувств того мужчины.

— А вот еще один пример движения к объективно доброму желанию, — продолжала «Герцогиня», обрадовавшись объятию. — Тот, кто постоянно за красивыми словами пытается скрыть правду, может постепенно научиться говорить правду, даже когда это ставит под угрозу его благополучие и саму жизнь; ведь есть люди, которые желают сохранить *status quo* в собственных интересах любой ценой.

Юноша, которому «Герцогиня» помешала поступить в семинарию, пристально посмотрел на нее. «Герцогиня» закашлялась и добавила в сторону: «Ну, может быть, это был плохой пример». Юноша ехидно усмехнулся.

— Ну давай, давай, — сказал парень в армейских штанах, раздавив окурок носком ботинка, — переходи к сексу.

— Я напомню, если позволите, — продолжала «Герцогиня», — как объективно выглядит благое желание. Любой, какие бы сексуальные страсти его ни терзали, может однажды начать вести целомудренную жизнь в соответствии со своим семейным положением. Если человек одинок, целомудрие для него означает жизнь и дружбу без секса. Для того же, кто состоит в браке, целомудрие — это такой секс, при котором всегда допускается возможность иметь детей (для чего секс и предназначен природой). Вот как все просто. Любое сексуальное желание, которое не укладывается в этот шаблон, создает склонность к порочному поведению; значит, это желание внутренне не упорядочено. *Et voil*. Поэтому между учением Тридентского собора и учением церкви о гомосексуальной склонности и сексуальных действиях нет противоречия.

«Герцогиня» закончила глубоким поклоном Инквизитору, как бы говоря: «Ты не думал, что вытяну, да?»

Инквизитор не шевельнулся.

— Подожди-ка, — сказал пятидесятник с некоторым раздражением. — Может я, конечно, тупой протестант, но даже я вижу, что тут что-то не так. Ведь тогда получается, что нет вообще никакой разницы между людьми, не принимающими ваше церковное учение о контроле за рождаемостью, и гомосексуалами. В чем же различие между мужем и женой, применяющими контрацепцию, и мной, спящим с моим другом?

— Никакой разницы, — отвечала «Герцогиня», сияя. — В этом красота церковного учения. Оно не делает различий между гетеросексуалами и гомосексуалами. И это, между прочим, означает, что крайне непоследовательна та церковь, которая не разделяет наше учение о недопустимости контроля за рождаемостью, но запрещает однополый секс. Единственное, что мешает полностью принять гомосексуальные пары, — предрассудок.

ГЛАВА ДЕСЯТАЯ. Никодим и юноши на площади

— Круто! — воскликнул несостоявшийся семинарист, разрываясь между гордостью за последовательность собственной церкви и желанием прийти на помощь пятидесятнику. — Но на практике все не так. Если ты прав, церковь не должна возражать против наших гражданских прав, против регистрации однополых союзов и даже возможности венчаться в церкви; ведь церковное учение о сексе касается нас в той же степени, что и гетеросексуалов! А это означает, что мы тоже вправе жить парами, а уж занимаемся ли мы сексом или нет — это дело нашей совести. Но ведь все совсем не так. Гетеросексуальные пары, прежде чем пожениться, не клянутся придерживаться церковного учения о контрацепции. Другими словами, упорядоченность их жизни важнее того, признают ли они это учение или нет. С нами же все иначе: только если мы принимаем церковное учение о сексе, нам позволяют встречаться на территории церкви. Когда отец Джон хотел служить мессу для гомосексуалов в своем приходе, вы все были против, потому что он не собирался во время службы пропагандировать учение церкви о порочности гомосексуальных действий. Другими словами, в нашем случае чистота учения ставится выше порядка в наших жизнях. А если вы хотите избегать предрассудков, зачем же вы так радостно объединяетесь со всеми церквами, которые не согласны с вами по поводу контрацепции, но разделяют ваше отношение к геям, лишь бы не позволить нам получить гражданские права? Если бы вы были последовательны, вы бы не стали вступать с ними в союз. Вы сказали бы, что не станете принимать участия ни в одной законотворческой компании, которая по-разному трактует гетеро- и гомосексуальные отношения. На практике это показывает, что наша церковь столь же охвачена предрассудками, как и те, о которых вы говорите с таким презрением. И получается, что ваш тезис о «Боге, любящем нас такими, какие мы есть», на практике превращается в сказанное вами о Реформации: «Бог любит нас только тогда, когда мы согласны быть кем-то еще».

Юноша остановился, задыхаясь, под одобрительные возгласы его друзей.

— Знаете... — медленно начал парень в форме. Все удивленно обернулись, поскольку он не был любителем поговорить. — Я думал о своих родителях. Они знали, что я гей, еще прежде, чем я сам это понял. Когда я сказал им наконец, с кем встречаюсь, то увидел, что они уже приняли это, несмотря на все предрассудки. Я всегда думал, что они просто наивны и не понимают, что означают мои ночные похождения. Когда я им открылся, они признались, что сначала были шокированы. Но, подумав, они решили, что должны делать для меня то же самое, что делали для моего брата и моих сестер, когда они начали строить свои семьи, — выслушивали их истории, лечили сердечные раны, вытирали слезы (конечно, этим больше занималась мама). Они задумались о том, одобряет ли церковь такую толерантность, и спросили об этом священника. Он ответил, что вовсе не одобряет и что главная обязанность родителей — научить меня церковному учению о «внутренне порочном поведении», и добиться того, чтобы я прекратил заниматься сексом с мужчинами. Они долго думали, представив себя на моем месте, и наконец решили игнорировать мнение священника.

Никодим улыбнулся, и ему вдруг вспомнилось: «Какой из вас отец, когда сын попросит у него рыбы, подаст ему змею вместо рыбы?» Парень продолжал:

— Они вовсе не были наивны и прекрасно знали, что со мной происходит. Они старались познакомиться с моими друзьями и надеялись, что однажды я поделюсь с ними своими историями и печалями, и тогда они смогут помочь мне двигаться вперед. Однажды, когда мне было четырнадцать, отец прочитал мне суровую лекцию о том, что такое быть ответственным и как пользоваться презервативами. Я делал вид, что очень рад быть осмотрительным гетеросексуальным мальчиком. Лишь позднее я понял, что на самом деле он, чтобы не смутить меня, объяснял, как следует быть осмотрительным геем; он дал мне понять, что никто не начнет скандалить, если в моей комнате обнаружатся презервативы. В тот день, когда я им открылся (лет пять спустя), они заплакали, и я подумал: «Ох, как это ужасно...» А они плакали от радости, что их риск оправдал себя. Они настаивали, чтобы мой друг пришел к нам на ужин, но он всегда очень нервничал, когда не нужно было ничего скрывать. Вот что имел в виду Инквизитор, когда спросил, в какое из учений вы верите!

Все удивились, что пятидесятник упомянул об Инквизиторе в прошедшем времени. В самом деле, парковая скамейка опустела, и удаляющееся облачение и запах сигаретного дыма указывали на то, что Инквизитор устал от своей маски и ушел. А юноша-пятидесятник продолжал:

— Ты прекрасно показал логическую связь между этими учениями, но на практике получается: если ты веришь в церковное учение о гомосексуальной склонности, то не веришь в учение о благих страстях. Ведь согласно этому учению, гомосексуальность мешает взрослению и становлению личности мальчика. На самом деле если бы ты действительно верил в учение твоей церкви о страстях,

ГЛАВА ДЕСЯТАЯ. Никодим и юноши на площади

ты бы не верил в учение о гомосексуальной склонности. Ведь главное, что мальчики растут и учатся любить друг друга. А теперь, когда Инквизитора здесь нет, — ну давай, скажи, что ты ошибался! Признай, что его родители были правы, когда плевали на слова священника!

«Герцогиня» молчала. Теперь, когда Инквизитора рядом не было, игра была окончена. Не перед кем было отстаивать чистоту учения. Вокруг были только юноши, которые понимают одновременно слишком много и слишком мало. Слишком много, так как единственное, что их интересовало, — это практика. И слишком мало, потому что для священника (в роли Герцогини) пропасть между чистотой учения и путаницей страстей — это и есть самый главный вопрос его работы. Юноша, утверждавший, что ему недоплатили, придвинулся к своему другу ближе, чувствуя его печаль, и взял его за руку. Священник знал, что этот юноша очень любил его, и, говоря по правде, он сам очень любил его — и не понимал, что с этим делать.

— Знаешь, что я понял, — сказал юноша ласково, — я ведь все время думал про эти деньги. Помнишь, как это было вначале. Я настаивал, чтобы ты платил мне, потому что старался убедить себя, что я — не гей. Если мне платят, это значит, что я просто продаю тебе услугу, оставаясь гетеросексуалом. Но со временем я понял, что являюсь настоящим геем, и мне стало стыдно брать деньги. Я перестал их требовать, но ты продолжал давать мне деньги. Теперь я понимаю, что с тобой было то же, что со мной, но наоборот. Тебе нужно было давать мне деньги, чтобы верить, что мы поступаем плохо. Тем самым ты хотел сохранить чистоту учения. Но нельзя ли просто бросить эту заморочку с деньгами и быть... быть теми, кто мы есть?

«Герцогиню» затрясло: все его защитные барьеры рухнули перед великодушием его друга. Он вцепился в юношу, чтобы не упасть, и это было первое его не театральное движение за весь вечер.

— Прости, — сказал он. — Прости!

И слезы полились по его лицу, размывая макияж. «Прости!» — он не мог сказать ничего больше. Он только плакал, сгорбившись, и пытался обнять юношу, насколько это позволял маскарадный костюм. Мужчина в военной форме вдруг стал выглядеть на свои тридцать лет. Он никогда не смущался, даже когда для этого были все основания, но именно он постарался отгородить священника от взглядов любопытных прохожих. Пятидесятник преодолел минутное колебание, опасаясь, что грим «Герцогини» измажет его одежду, но тоже протянул руку, защищая эту пару. Окружив их, вся группа двигалась по площади.

Костер пылал, и две маленькие девочки бросали в него хлопушки, которые с треском взрывались, а они зажимали уши. Молодые люди с плачущим священником в центре прошли мимо пары с детской коляской, которая вела за руку маленького мальчика. Женщина тихо засмеялась, а мужчина наклонился к своему пятилетнему сыну и показал ему на группу юношей. Юноша в военной форме закрыл собой священника от их улыбок. Несостоявшийся семинарист тоже решил его защищать от лишнего внимания, не понимая, что в этом уже нет необходимости. Когда начали взрываться первые фейерверки, молодые люди покинули площадь и направились в сторону бара, где можно было посидеть вдали от любопытных глаз. Владелец бара не имел ничего против тех, кому нужно было сначала привести себя в порядок в женском туалете, а уж потом возвращаться в другую жизнь, встречая день.

Никодим недоуменно пожал плечами, глядя, как группа покидала площадь. Неужели же учение о гомосексуалах действительно несовместимо с учением о страстях, хотя вроде бы тесно с ним связано? Не об этом ли сказано: «Таким образом вы устранили заповедь Божию преданием вашим»? Что такое плоть и что есть дух? Как различить их? Кто подскажет? И как он, такой осторожный, может помочь облегчить бремя на плечах таких людей, как эта «Герцогиня»? А вот с плеч юношей это бремя, похоже, соскользнуло без его помощи...

Никодим медленно перешел через площадь и вышел на дорогу, которая должна была привести его домой. На углу уличный проповедник — синий костюм, белая накрахмаленная рубашка, синий галстук и большая черная Библия — соловьем разливался перед всеми, кто был готов его слушать, о разрушении Содома. Проповедник мерил шагами пятачок земли и выразительно размахивал книгой, перемежая свои угрозы цитатами из Библии. Люди проходили мимо, но несколько человек остановились, чтобы послушать. Среди них Никодим увидел и Инквизитора; казалось, тот был полностью поглощен выступлением проповедника. Когда Никодим приблизился к нему, Инквизитор схватил его за рукав.

— Гляди, гляди! — вскричал он, указывая на площадь, где пламенел костер. А затем с каким-то воодушевлением и детским ликованием добавил: — Все те же старые слова, но никого на костре! Никого на костре! Вы сами все поймете! Вы сами все поймете!

Никодим уходил в ночь, размышляя, было ли это пророчеством или приказом.

Указатель

Авраам 43, 54–57, 61, 63–67, 71, 73, 74, 108
Амедьюр, Скотт Бернард 180
Архиепископская программа поддержки геев и лесбиянок 88
Архилох 148

Барахона, Анджел 69
Боуэр, Брюс 173
Берлин, Исайа 148
Бертоне, Тарчизио, архиепископ 161
Благая весть 89, 92, 107, 127, 186
Бытия, книга 8, 93, 139, 153, 176

Вавилон 92, 102
Вагнер, Рихард 173
Ватикан xv, 46, 47, 68, 97, 151, 163–165
Вениамин 70
вера xiv, 27, 30, 42, 77, 80, 81, 83, 91, 94, 97, 98, 100, 101, 102, 105, 108–110, 113, 120, 123, 124, 136, 141, 144, 146, 151–153, 157–158, 161, 168, 175, 179, 183, 189, 194, 195
военные, аргентинские, чилийские 14
воскресение 14, 30, 31, 38, 100, 133, 134, 137, 177
II Ватиканский собор 32, 144, 151

Гадаринский бесноватый 115, 120, 128, 130
Гэзер, Билли Джек 180
Галатам, послание к 29, 54
Галилей 93
Гильгамеше, сказание о 139
Гомес, Питер 170, 171, 174, 176
Грамик, Жанин 150, 151, 158, 159, 166
грех 3–5, 9, 11, 13-15, 17–18, 22, 54, 55, 60, 63, 71, 79, 80, 83, 86, 90, 104, 105, 109, 127, 138, 175, 185, 193, 195, 196
грех (первородный) 90, 175, 195
Гроер, Ганс Герман, кардинал 23

двойственность 107, 144
Деяния Апостолов 98–100, 122
Джордж, Фрэнсис, кардинал 151, 159
«Дон Карлос» 192, 193
Достоевский, Федор 144
Дрейфус, Альфред, капитан 147

Ефесянам, послание к 129

Жирар, Рене vii, xii, 115, 133, 135–139, 141, 143–149

закон природы 38, 90, 92–94, 176, 183

УКАЗАТЕЛЬ

Закон (Тора) 9, 10, 30, 116, 184, 187, 191, 192
Захария 152

Иаков 61, 69, 70
идеология национальной безопасности 14
Иезекииля, книга пророка 67, 107
Иеремия 84
Иерусалим, новый 32, 50
Иерусалима, падение 31, 103, 105–107
Илия 25–32
Иоанна, Евангелие от 44, 45, 51–54, 60, 71, 140, 146, 183, 188, 189
    глава 3: 187–189
    глава 4: 135, 189
    глава 5: 9, 52, 146
    глава 7: 189, 192
    глава 8: 43, 51, 53–58, 60–67
    глава 9: 4, 5, 7, 9, 11–13, 22, 23
    глава 12: 74
    глава 14: 43, 52, 140
    глава 15: 52
    глава 16: 14, 128
    глава 19: 152, 190
Иоанн Креститель, святой 156
Иоанн Павел II 158
Ионы, книга пророка 79, 83–85
Иосиф Аримафейский 190
Иосиф, приемный отец Иисуса 69
Иосиф, сын Иакова ix, x, 69, 70
Исав 69
Исайи, книга пророка 93, 104
Исход 170
Иуда 6, 70
Иудаизм 28, 51, 157

Йом Кипур 86

Кёниг, Франц, кардинал 21
Коззенс, Дональд 164
Колоссянам, послание к 37
Конгрегация доктрины веры 47
1 Коринфянам 50, 78, 92, 133, 153

Корнилий 155, 179, 196
крещение 6, 37, 141, 155, 179, 195

Леви-Стросс, Клод 145
лицемерие 17, 19, 20, 23, 24, 75, 110, 111, 166–168, 171
Луизиана 39
Луки, Евангелие от 38, 48, 71, 74, 86, 94, 122, 141, 189

Мария, мать Иисуса 71
Марка, Евангелие от 71, 74, 76, 93, 116, 117, 141, 142
Матфея, Евангелие от 18, 23, 43–45, 59, 60, 71, 74, 86, 141, 142, 153, 158, 191
«Мертвец идет» 39
Моисей 7, 26, 27, 38, 74, 99
Мопин, Армистед 169

Нугент, Роберт 150-154, 158–161, 166
непогрешимость 154, 155
Никодим 182, 183, 185, 187–193, 195-197, 199–202
Ницше, Фридрих 145, 151

обида i, iii, iv, ix, x, xv, 35, 39, 40, 43, 72, 77, 90, 96–98, 100–102, 111, 114, 128, 146
О'Коннор, Фланнери 180
Осия 18, 142

Павел, святой 29–32, 37, 40, 54, 55, 92, 98–102, 109, 128, 133, 153, 178
папство 68
Пентагон 125
1 Петра 146
Петрово служение 155, 158
плен, Вавилонский 139
позор 22, 87, 142
презервативы 196, 200
причастие 32, 38, 45
Пруст, Марсель 144

УКАЗАТЕЛЬ

Псалмов, книга 25, 93, 146
путаница 78, 143, 201

Ратцингер, Йозеф, кардинал 97, 152, 161
Ревекка 69
римская курия 93, 150, 154, 162, 163, 185
Римлянам, послание к 54, 76, 128
Россини, Джоакино 149

Салливан, Эндрю 80, 175
Самаритянин 62
Самарии, колодец в 135, 136, 189
Сан-Франциско, Калифорния vii, 169
Сарра 54, 169
Святое Сердце (Иисуса) 181
семинарии 162–164, 193, 195
Синьориле, Микеланджело 173
Содом 126, 202
сознание iv, x, xii, 17, 28, 36, 49, 50, 52, 53, 59, 66, 61, 75–78, 83, 87–89, 106, 116, 167, 176
сознание, слабое 78
СПИД xiii, 6, 171, 190
суббота 3, 4, 8, 9, 15, 49, 142

творение 6, 8, 9, 15, 18, 31, 90–93, 108, 113, 122, 123, 128, 138, 139, 140, 144, 148, 170, 175, 176, 177, 179
2 Тимофея 178
Тридентский собор i, vii, 173, 195, 198
Тэтчер, Маргарет 194

«Унесенные ветром в Ватикане» 163

фарисеи 4, 7–13, 16–18, 23, 45, 53, 100, 102, 108, 110–112, 122, 142, 162, 184, 185, 187–191
1 Фессалоникийцам 76
Фрейд, Зигмунд 59, 72, 144

Хики, Джеймс, кардинал 161
Холокост 88
Храм 28, 53, 67, 103–107, 110, 112, 114, 189

3 Царств 26, 27
целомудрие 47, 167, 198

Чайковский, Петр Ильич 173
Чикаго, Иллинойс vii, 88, 151
чулан, гомосексуальный 19, 88, 173, 174
чулан, церковный 23, 46–49, 110, 188–190

Шекспир, Уильям 144
Шепард, Мэттью 180

экс-геи 118

Яхве 25–31, 102, 106, 108, 113, 134, 143, 188

parrhēsia 179

Tablet, the (британский католический еженедельник) 151, 163, 164

www.ingramcontent.com/pod-product-compliance
Lightning Source LLC
Chambersburg PA
CBHW030110100526
44591CB00009B/350